Joachim Vogt

Abiturwissen

Raumstruktur und Raumplanung

Ernst Klett Verlag
Stuttgart München Düsseldorf Leipzig

Herausgeber der Abiturwissen-Bände
Geographie: Axel Borsdorf

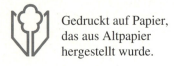 Gedruckt auf Papier,
das aus Altpapier
hergestellt wurde.

Die Deutsche Bibliothek – CIP-Einheitsaufnahme

Vogt, Joachim:
Abiturwissen Raumstruktur und Raumplanung / J. Vogt. –
2. Aufl. – Stuttgart ; München ; Düsseldorf ; Leipzig :
Klett, 1997
ISBN 3-12-929545-3

2. Auflage 1997
Alle Rechte vorbehalten
Fotomechanische Wiedergabe nur mit Genehmigung des Verlages
© Ernst Klett Verlag für Wissen und Bildung GmbH, Stuttgart 1994
Druck: Wilhelm Röck, Weinsberg
Einbandgestaltung: Bayerl & Ost, Frankfurt/M.
Graphiken: Joachim Vogt (sofern nicht anders angegeben)
ISBN 3-12-929545-3

Inhalt

Vorwort 6

1 Die Dynamik räumlicher Strukturen und ihre Analyse
1.1 Standortentscheidung, Raumnutzung und Raumstruktur 7
1.2 Erklärungsansätze zur Raumstruktur 11
1.3 Sozioökonomische Raumstrukturen der Bundesrepublik
 Deutschland im Überblick 28

2 Prognosen der raumstrukturellen Entwicklung
2.1 Die Notwendigkeit von Prognosen in der räumlichen Planung 60
2.2 Grundbegriffe der Prognostik 61
2.3 Arten von Prognosen 64
2.4 Aufbau einer Bevölkerungsprognose 68

**3 Die Entstehung des Raumordnungsgedankens und die Entwicklung
 von Zielen der Raumordnungspolitik in Deutschland**
3.1 Die Wurzeln der Landesplanung in Deutschland 76
3.2 Die Entwicklung von 1933 bis 1945 81
3.3 Die Anfänge der Landesplanung in den westlichen Besatzungszonen
 nach 1945 82
3.4 Die Anfänge der Territorialplanung in der sowjetischen Besatzungszone
 und die räumliche Planung in der DDR 84
3.5 Raumordnung im föderativen System der Bundesrepublik
 Deutschland 85
3.6 Der Weg zum Erlaß des Bundesraumordnungsgesetzes 87
3.7 Das gesellschaftspolitische Leitbild der Raumordnung 88

**4 Die Organisation der Raumplanung in der Bundesrepublik
 Deutschland im Überblick**
4.1 Der Verwaltungsaufbau in der Bundesrepublik Deutschland 92
4.2 Die Ebenen der Raumplanung 100
4.3 Die Organisation der Raumplanung auf Bundesebene 101
4.4 Die Ministerkonferenz und der Beirat für Raumordnung als
 Koordinationsgremien 102
4.5 Organisation der Landesplanung 103
4.6 Die kommunale Planungshoheit 110

5	**Die Erfassung regionaler Benachteiligung: Das Indikatorenkonzept**	
5.1	Die Funktion der Indikatoren zur Raum- und Siedlungsstruktur	111
5.2	Die Aggregierung von Indikatoren	112
5.3	Der Indikatorenkatalog der MKRO	114
6	**Konzepte der Raumordnungspolitik zur Entwicklung der Siedlungsstruktur**	
6.1	Probleme der Zielorientierung der Konzepte	116
6.2	Entstehung der ersten siedlungsstrukturellen Konzepte	117
6.3	Das Konzept der Zentralitätszuweisungen	118
6.4	Das Konzept der Entwicklungspole/Wachstumspole	121
6.5	Die Erweiterung um Entwicklungsachsen zum punkt-axialen Konzept	124
6.6	Das Konzept der ausgeglichenen Funktionsräume	129
6.7	Das Konzept der funktionsräumlichen Arbeitsteilung	132
6.8	Endogene Entwicklungsstrategien	135
6.9	Zusammenfassung: Die zeitliche Folge der raumordnerischen Konzepte	137
7	**Programme und Pläne als Instrumente der Raumordnung auf Bundes- und Landesebene**	
7.1	Rahmensetzende Programme auf Bundesebene	142
7.2	Landesentwicklungspläne und -programme	152
7.3	Regional- und Gebietsentwicklungspläne	159
7.4	Die Zulässigkeit landesplanerischer Festlegungen für Gemeindeteile	164
8	**Mittel zur Durchsetzung der Ziele von Plänen und Programmen**	
8.1	Die Durchsetzung der Ziele im öffentlichen und privaten Bereich	167
8.2	Die Unterscheidung von direkt und indirekt wirkenden Mitteln	167
8.3	Direkt wirkende Mittel und ihr Steuerungspotential	168
8.4	Indirekt wirkende Mittel und ihr Steuerungspotential	171
8.5	Regionale Wirtschaftsförderungsprogramme	175
9	**Die kommunalen Planungen**	
9.1	Die Entstehung gegenwärtiger Stadtstrukturen	178
9.2	Die funktionale Gliederung der Stadt und ihre Probleme	180
9.3	Die gemeindliche Planungshoheit, das Baugesetzbuch und die Bauleitpläne	184
9.4	Der Flächennutzungsplan	187
9.5	Der Bebauungsplan	192
9.6	Die Stadtsanierung als Sonderfall	195
9.7	Kommunale Entwicklungsplanung	196
9.8	Städtebauliche Rahmenplanung	198
9.9	Bürgerbeteiligung in der kommunalen Planung	199

10 Raumbedeutsame Fachplanungen
10.1 Die Koordination von Fachplanungen 201
10.2 Das Beispiel der Landschaftsplanung 202
10.3 Die Konkurrenz zwischen Fachplanung und Raumplanung 207

11 Planungsprobleme in Grenzräumen und grenzüberschreitende Raumplanung
11.1 Entstehung und Probleme von Grenzräumen 208
11.2 Aufgaben grenzüberschreitender Planung 211
11.3 Staatsgrenzen überschreitende Raumplanung 213
11.4 Ländergrenzen überschreitende Raumplanung 219
11.5 Zwischengemeindliche Planung in Nachbarschaftsverbänden 227
11.6 Fazit: Stellenwert grenzüberschreitender Planung 229

Anhang
Anhang A. Übersicht: Organisation der Regionalplanung in der Bundesrepublik Deutschland 230
Anhang B. Übersicht: Organisation, Pläne und Programme der Landesplanung in den Flächenländern 232

Literaturhinweise 237

Vorwort

Wir alle registrieren täglich Raumstrukturen in unserem Lebensumfeld, wenn wir zur Schule oder zum Arbeitsplatz fahren und dabei mehr oder weniger große Distanzen überwinden müssen, wenn wir durch Lärm und Gerüche der Industrie gestört werden oder zur Erholung ins Freibad gehen. Dabei begegnen wir Ergebnissen zielgerichteter staatlicher Steuerung der Raumstruktur. Deren Vorbereitung, die räumliche Planung, rückt immer mehr in das Interesse der Öffentlichkeit, sei es, daß wir fragen, ob denn die neue Straße gebaut, das Gewerbegebiet erschlossen oder die Mülldeponie erweitert werden muß. Und wenn schon, so hört man immer häufiger, dann bitte nicht hier! Und wer entscheidet, was hier geschieht?

Es ist deshalb sinnvoll, sich einen Einblick in die Dynamik räumlicher Strukturen, die Möglichkeiten gezielter Veränderungen und damit die Prozesse räumlicher Planung zu verschaffen. Dem tragen die Lehrpläne der Schulen und die Prüfungsordnungen der Universitäten in verschiedenen Fächern Rechnung. Schüler und Studenten sind neben dem interessierten, weil betroffenen Bürger die Adressaten dieses Buches, das die komplexen Zusammenhänge von Raumstruktur und Raumplanung transparent macht.

Unterschiedliche Zielgruppen bedingen die Schwierigkeit eines für alle passenden Einstiegs. Wem die ersten Kapitel, in denen die theoretischen Grundlagen angerissen werden, zu abstrakt erscheinen, der kann bei Kapitel 1.3 mit der Lektüre beginnen, ohne den roten Faden zu verlieren. Vielleicht ist er am Schluß motiviert, noch ein wenig über die Theorie zu erfahren.

Der Dank des Verfassers richtet sich vor allem an die Hochschullehrer, die ihn in die Raumplanung einführten: E. GIESE, dessen Einführung in die Regionalanalyse die Kapitel 1.1 und 1.2 verpflichtet sind, V. SEIFERT und bis zu seiner schweren Erkrankung W. MOEWES, die das Instrumentarium der Landes- und Regionalplanung vermittelten. Gedankt sei auch D. EBERLE für inhaltliche Verbesserungsvorschläge sowie den zahlreichen öffentlichen Planungsträgern, die Unterlagen zur Verfügung stellten.

Für die positive Aufnahme der ersten Auflage bin ich dankbar, auch erhoffe ich Kritik und Anregungen zur vorliegenden aktualisierten Neuauflage. Die schnelle Entwicklung der Raumplanung wird in nicht allzu ferner Zukunft eine völlige Neubearbeitung erforderlich machen, bei der ich die Kritik berücksichtigen werde.

1 Die Dynamik räumlicher Strukturen und ihre Analyse

1.1 Standortentscheidung, Raumnutzung und Raumstruktur

Jeder Mensch als Individuum und jede Gesellschaft lebt von der Nutzung der Ressourcen des Raumes. Diese erfolgt von einem frei gewählten oder übernommenen **Standort** aus. Jede Standortentscheidung zur Raumnutzung strebt einen optimalen Ertrag oder Nutzen bei geringst möglichem Aufwand an. Sowohl die Entscheidung eines Landwirts zum Anbau einer bestimmten Feldfrucht als auch die unternehmerische Standortentscheidung zur Produktion einer bestimmten Ware an einem Ort bezwecken dies, jedoch auch das Individuum mit seiner Wohnortwahl. Die Entfaltungsmöglichkeiten des einzelnen Menschen sind sehr stark von seinem Standort im Raum, dem Wohnort, bestimmt, denn durch ihn sind die Möglichkeiten bedingt, ebenfalls standortgebundene Versorgungseinrichtungen zu nutzen oder gesellschaftlichen Aktivitäten nachzugehen, also einzukaufen, Schulen, Theater- oder Sportveranstaltungen zu besuchen usw. Standorte bestimmen die Raumnutzung und sind Grundlage aller sozialen und wirtschaftlichen Prozesse im Raum.

Standorte als Ausgangspunkte der Raumnutzung

Ertrag oder Nutzen eines Standortes sind wesentlich von den vorhandenen räumlichen Bedingungen abhängig, z.B. für den Landwirt von der Bodenfruchtbarkeit, für den Unternehmer von der Verfügbarkeit von Arbeitskräften, Rohstoffen oder der Verkehrsverbindung zu anderen Standorten. Innerhalb einer Branche sind die Standortansprüche verschiedener Akteure gleich oder sehr ähnlich. Daher kommt es zwischen ihnen zur Konkurrenz um den optimalen Ort. Jeder Landwirt und jeder Unternehmer erstrebt optimale Produktionsbedingungen, ebenso wie jeder Bauherr ein möglichst günstig gelegenes Baugrundstück sucht. Die Folge sind **Raumnutzungskonkurrenzen** zwischen Individuen oder Gruppen, die in Raumnutzungskonflikten eskalieren können. Jede Gesellschaft ist bestrebt, diese Konflikte durch eine **Ordnung der Raumnutzungen** zu vermeiden. Beispiele für derartige Ordnungen lassen sich in jeder Epoche und in jedem gesellschaftlichen System finden, angefangen von den territorialen Regelungen der Sammler und Jäger über die komplizierten rechtlichen und religiösen Normen der Wassernutzung in den Flußkulturen des alten Orients bis hin zu den raumer-

Konkurrenzen um den optimalen Standort

Ordnung der Raumnutzungen zur Vermeidung von Raumnutzungskonflikten

schließenden Projekten des Merkantilismus im 17. und 18. Jahrhundert mit Städtegründungen, Straßen- und Kanalbauten. Über sie führt der Weg zur Ordnung der Raumnutzung im modernen Staat.

Einflußfaktoren auf die Raumnutzung

Wir können daraus lernen, daß es verschiedene Einflußfaktoren auf die Raumnutzung einer Gesellschaft gibt. Zunächst sind es die natürlichen Ressourcen mineralische Rohstoffe, Böden, Wasser, Luft, ferner die Bedürfnisse des Menschen sowie die Anforderungen und der Stand der Technik. Sie wirken ein auf das System der gesellschaftlichen Werte. Solche sind in Traditionen, Religionen, Ideologien oder gesellschaftspolitischen Leitbildern vorgegeben, die die Raumnutzung bestimmen oder auf sie einwirken. Sie schaffen vor allem den institutionellen Rahmen der Raumnutzung, z.B. die rechtlichen Normen, also Gesetze, die letztlich keine andere Funktion haben als die der Ordnung des menschlichen Zusammenlebens. Deutlich wird dies in seiner räumlichen Dimension z.B. im Bau- und Bodenrecht, im Nachbarschafts- oder Gewerberecht. Dort wird bestimmt, wer für die Erteilung von Baugenehmigungen zuständig ist und nach welchen Kriterien er zu entscheiden hat; welche Raumnutzung an einem Standort zulässig und welche unzulässig ist usw. Je entwickelter eine Gesellschaft und je intensiver ihre Raumnutzung ist, desto komplizierter ist das Geflecht der rechtlichen Normen, die direkt oder indirekt das Raumnutzungsverhalten bestimmen. Die rechtlichen Normen regeln auch die Techniken der Raumnutzung (z.B. Gewerbe- und Straßenverkehrsordnung), ihre Intensität (z.B. Umwelt- und Naturschutzrecht) und Nutzungssequenzen (z.B. Rekultivierung von Tagebaugruben oder Deponien).

Bedeutung der Rechtsnormen für die Raumnutzung

Dynamik des Raumnutzungsgefüges

Jede Standort- und Raumnutzungsentscheidung vollzieht sich im Raum und verändert ihn zugleich, insbesondere die auf Dauer angelegten Standortentscheidungen. Dadurch wiederum werden die die Raumnutzung bestimmenden Faktoren verändert. Die Determinanten der Standortentscheidungen anderer Individuen oder Gruppen verändern sich, unter veränderten Bedingungen werden ältere Entscheidungen revidiert und neue anders getroffen als in der Vergangenheit. Damit ist ein steter Wandel des Raumnutzungsgefüges angelegt.

Standortaufwertende Maßnahmen als Instrument der Raumnutzungsbeeinflussung

Die Standortqualität wird nicht nur durch natürliche oder ökonomische Faktoren bestimmt, sie wird auch bewußt durch staatliche Einflußnahme nach politischen Zielen verändert, besonders durch Infrastrukturinvestitionen. Solche standortaufwertenden **Maßnahmen** waren früher die Anlage und Befestigung von Städten zum Schutz der Kaufleute, die Anlage von Straßen oder der Bau von Brücken. Heute sind es vorwiegend staatliche Subventionen für gewerbliche Investitionen und, da die öffentliche Infrastruktur ein sehr wichtiger Standortfaktor ist, die Anlage von Verkehrswegen, Bildungs- oder Versorgungseinrichtungen und viele andere Investitionen, die der Staat tätigt. Zusammen mit anderen raumbeanspruchenden Tätigkeiten des Staates stellen sie ein kompliziertes System der Standort- und **Raumnutzungsbeeinflussung** dar.

Der Zustand des Raumes und die Dynamik seiner Entwicklung wird also nicht nur durch Standorte und Raumnutzungen bestimmt, sondern auch durch zahlreiche in wechselndem Maße wirksame naturräumliche und sozioökonomische Steuergrößen. Die Raumnutzung ist nur sichtbarer Ausdruck der **Raumstruktur**. Unter dieser verstehen wir die Summe und das Gefüge aller auf den Raum wirkenden Kräfte. Der Begriff wird vielfach zur besseren Handhabbarkeit in Teilstrukturen des Raumes gegliedert (Siedlungsstruktur, Wirtschaftsstruktur, Sozialstruktur, Verkehrsstruktur usw.), die alle miteinander in Beziehung stehen und in diesem zusammenhängenden Verständnis als Elemente der Raumstruktur bezeichnet werden.

Raumnutzung als sichtbarer Ausdruck der Raumstruktur

Das Beziehungsgefüge, das die Raumnutzung bestimmt, ist so kompliziert, daß es auch mit den Methoden moderner Systemforschung nur annäherungsweise erschließbar ist. Da es sich zudem in stetem Wandel befindet, kann es hilfreich sein, sich zum Verständnis des Modells des Ökosystems zu bedienen, wie es in jüngerer Zeit vielfach geschieht. Auch dieses versucht, komplizierte, miteinander vielfältig verflochtene und dynamische Prozesse zu veranschaulichen.

Die Raumstruktur steht also mit dem Raumnutzungsgefüge und dem System von Standorten in einem unmittelbaren kausalen, jedoch im Raum nicht unmittelbar sichtbaren Zusammenhang. Auf einen Standort wirken sehr viele Kräfte, die wir als Nutzungsansprüche verstehen können. Nur derjenige, der sich durchsetzt, gelangt zur Raumnutzung und ist von uns sofort erkennbar. Ebenso wichtig sind die nicht durch Raumnutzungen in Erscheinung tretenden Kräfte, denn es sind Ansprüche an den Raum, die unter gegebenen Umständen nicht befriedigt werden können.

Nicht durch Raumnutzung sichtbare Kräfte im Raum

Ein einfaches Beispiel mag dies veranschaulichen. Das Umland einer Stadt ist seit langem landwirtschaftlich genutzt. Der große Nutzungsdruck auf diese Flächen durch Ansprüche der Stadt nach Wohn- und Gewerbeflächen kann in der aktuellen Raumnutzung nicht sichtbar werden, weil eine gesetzliche Norm, der Flächennutzungsplan, andere Raumnutzungen verhindert. Wird diese Norm verändert, dauert es meist nur wenige Monate, bis sich die landwirtschaftliche Nutzfläche in eine große Baustelle verwandelt, auf der große Investitionen und hektische Aktivitäten nunmehr den Druck dokumentieren, der schon vorher auf diese Flächen von verschiedenen Nutzergruppen ausgeübt wurde.

Siedlungsstruktur

Der ständige Wandel der Raumstrukturen bewirkt den Wandel des Raumnutzungsgefüges. Als eine der sichtbaren und auffälligsten Ausdrucksformen der Raumstruktur ist die **Siedlungsstruktur** anzusehen. Darunter verstehen wir die Verteilung von Wohn-, Arbeits-, Versorgungs- und Erholungsstätten im Raum. Sie bestimmt wesentlich andere Strukturen, so die Verkehrsstruktur und damit die Erreichbarkeitsverhältnisse. Sie zeichnet sich jedoch durch eine relativ große **Persistenz**, also starke, einer Veränderung entgegenstehende Kräfte aus, denn die Verlagerung von Industrien, Verkehrswegen oder Siedlungen ist aufwendiger als z.B. die Veränderung landwirtschaftlicher Raumnutzungen.

Stabilität von Raumstrukturen

Die Stabilität von Raumstrukturen wird dadurch erhöht, daß sich jede neue Standortentscheidung an ihr orientieren muß, womit zur Verfestigung beigetragen wird. Großstädte und Agglomerationen sind bei der Ausnutzung von Standortvorteilen eines Teilraumes entstanden. Durch Fühlungsvorteile und Transportkostenminimierung der einzelnen Raumnutzer wird dieser Vorteil verstärkt, so daß mit wachsender Größe der Agglomeration ihre Anziehungskraft zunimmt, womit die bestehende Siedlungsstruktur verfestigt wird. Dies geschieht so lange, bis die negativen Kriterien einer Standortentscheidung überwiegen. Kann der Bürger die Bodenpreise im Verdichtungsraum nicht mehr bezahlen, wenn er seinem Wunsch nach einem Eigenheim entsprechen will, und bewertet er den Vorteil der niedrigeren Bodenpreise im Umland höher als die Vorteile eines kurzen Arbeitsweges, so verlagert er seinen Wohnstandort an die Peripherie oder in das Umland. Gleiches wird ein gewerblicher Raumnutzer tun, wenn die unmittelbaren Fühlungsvorteile im Agglomerationskern z.B. durch Telekommunikationsmöglichkeiten entfallen oder andere standortentscheidende Kriterien sich ändern.

Steuerung der Entwicklung der Siedlungsstruktur

Die Tätigkeiten von Regierungen, also der öffentlichen Verwaltungen, hatten historisch unterschiedliche Ziele. Heute verfolgen sie nicht nur den Zweck, das Sozialprodukt und damit sowohl den individuellen Wohlstand als auch die Staatseinnahmen zu steigern, sondern auch, räumliche Unterschiede in der Wirtschaftskraft auszugleichen. Dies geschieht durch die schon genannten standortaufwertenden Maßnahmen, die meist Teil eines **Konzeptes zur Steuerung der Siedlungsstruktur** sind. Der Staat bzw. die Verwaltung versuchen also, Standortentscheidungen zu beeinflussen, um so mittel- bis langfristig die Veränderung der

Siedlungsstruktur modifizieren zu können. Da die meisten Maßnahmen Geld kosten, sind finanzieller Einsatz und Effizienz gegeneinander abzuwägen. Es müssen Investitionsalternativen bewertet und ihre Verwirklichung mit den finanziellen Mitteln und den politisch vorgegebenen Zielen abgestimmt werden. Schließlich müssen die Einzelmaßnahmen funktional, räumlich und zeitlich aufeinander bezogen sein. Eine solche **in die Zukunft gerichtete Koordination von Einzelmaßnahmen und Integration in ein Gesamtkonzept** bezeichnet man sowohl in einem Unternehmen als auch in der Volkswirtschaft als **Planung**. Alle Maßnahmen staatlicher Hoheitsträger, welche auf die Standortqualität im Raum wirken oder wirken sollen und welche die Verteilung von Standortqualitäten regeln, bezeichnen wir als **Raumplanung**. Sie darzustellen und zu erläutern ist die Aufgabe dieses Buches.

Definition der Planung

Raumplanung

Im folgenden Kapitel werden zunächst zwei abstrakte Erklärungsansätze zur Raumstruktur vorgestellt. Daran anschließend werden die aktuellen Tendenzen der Entwicklung der Raumstruktur in der Bundesrepublik Deutschland aufgezeigt, bevor die entscheidende Frage gestellt wird, ob und wie auf die Entwicklung der Raumstruktur durch Raumplanung gezielt Einfluß genommen werden kann.

1.2 Erklärungsansätze zur Raumstruktur

1.2.1 Raumstrukturbestimmende Faktoren

Wesentliches sichtbares Merkmal der Raumstruktur ist die räumliche Verteilung der wirtschaftlichen Aktivitäten im Raum und die entsprechenden Interaktionen, d.h. der Austausch von Personen, Gütern und Informationen zwischen Raumpunkten. Wir müssen uns fragen, wie es zu der gegebenen ungleichförmigen Verteilung von Wohnplätzen, gewerblichen und Dienstleistungsstandorten im Raum kommt.

Einflußgrößen der Raumstruktur

Die Raumnutzung ist das Ergebnis einer Vielzahl von Einzelentscheidungen. Ein Unternehmen muß ebenso wie ein Privathaushalt bei jeder Standortentscheidung verschiedene – vorwiegend ökonomische – Variablen berücksichtigen, so den Flächenanspruch und die Bodenpreise, die räumlichen Nachbarschaften und die Distanzen zu anderen Standorten, mit denen Verflechtungen existieren oder aufgebaut werden sollen. Sie alle hängen zusammen. So schlägt sich die enge räumliche Nachbarschaft als Ersparnis oder Verlust bei der Produktion in Form der sogenann-

Standortentscheidung als Optimierung von verschiedenen Variablen

ten Agglomerationsvor- und -nachteile nieder. Mit zunehmender Dichte sinken die Transportkosten, aber die Bodenpreise steigen, möglicherweise auch Nutzungseinschränkungen, z.B. in Smog-Gebieten. Die räumlichen Verflechtungen bestimmen die Transportkosten und die Flächenansprüche die Nachfrage nach Land und über die Bodenpreise die Investitionskosten.

Raumstrukturbestimmende Faktoren

Die Einflüsse dieser Variablen sind je nach Haushaltstyp und nach Wirtschaftszweig des Unternehmens verschieden. Vereinfacht kann man sich eine Standortentscheidung als ökonomische Optimierung dieser Variablen vorstellen. Transportkosten und Nachfrage nach Land bezeichnet man als **externe raumstrukturbestimmende Faktoren**, weil sie nicht vom Betrieb selbst beeinflußt werden. Hinzu tritt als **interner raumstrukturbestimmender Faktor** die Betriebsgröße, die wiederum von den externen Faktoren, der Anzahl der Konkurrenten und der Abnehmer der Produkte abhängig ist.

Als eigenen raumstrukturbestimmenden Faktor kann man wegen seiner Bedeutung die **öffentliche Infrastruktur** betrachten, die direkt die Höhe externer Kosten bestimmt. So beeinflußt die Netzinfrastruktur (Verkehrswege, Ver- und Entsorgungsleitungen) sehr offensichtlich die Raumstruktur, doch auch öffentliche Punktinfrastrukturen wie Behörden, Schulen oder Krankenhäuser haben raumerschließende Funktionen. Ihre Bedeutung nimmt mit der Entfernung vom Standort ab. Sie begründen somit wesentlich die Agglomerationsvorteile.

Disaggregierte Siedlungsstruktur der vorindustriellen Zeit

Urbanisierung in der Industrialisierung

Suburbanisierung

Der Einfluß der genannten Faktoren unterlag im Laufe der wirtschaftlichen Entwicklung großen Schwankungen. Vor der industriellen Revolution hatte die Landwirtschaft, der primäre Sektor, den bedeutendsten Anteil am Bruttosozialprodukt. Damit war der Flächenanspruch der wichtigste Standortfaktor. Da ferner die Transportkosten sehr hoch waren, entstand eine weitgehend **disaggregierte Siedlungsstruktur**, also eine gleichförmige Verteilung der Nutzungen im Raum. Die Industrialisierung hat die relative Bedeutung interner und externer Ersparnisse erhöht, so daß es, verstärkt durch den Einfluß der sinkenden Transportkosten, zu einem Anwachsen der Agglomerationsvorteile und zu einem starken räumlichen Konzentrationsprozeß kam. Dies ist die Phase der **Urbanisierung**. Die wachsende Verdichtung bei gleichzeitiger Änderung der Transporttechnologie – von der Schiene auf die Straße und damit von der Linie in die Fläche – ließ nach dem zweiten Weltkrieg allmählich die Agglomerationsnachteile als externe Verluste ansteigen. Dabei kam es zunächst zum **Prozeß der Suburbanisierung**, der Ausdehnung der Agglomeration in die Fläche, der möglicherweise – bei weiterer Zunahme der Agglomerationsnach- und Abnahme der Agglomerationsvorteile – zu einer **Disurbanisierung** führt. Diese Wandlungen vollziehen sich jedoch nur langsam, da die historisch gewachsene Raumstruktur und das durch sie gebundene Kapital plötzlichen Veränderungen entgegenstehen. Daher darf die **bestehende Raumstruktur als weiterer raumstrukturbestimmender Faktor** nie übersehen werden. Unternehmen insbesondere des sekundären Sektors zeichnen sich durch relativ große Immobilität aus, weil die Mobilitätskosten, also die Aufwendungen für Standortanpassungen, sehr hoch sind. Häufig sind in der Vergangenheit getroffene Standortentscheidungen unter gewandelten Rahmenbedingungen betriebswirtschaftlich nicht mehr richtig. Das gebundene Kapital, z.B. in großindustriellen Anlagen, verhindert jedoch eine Standortveränderung, unter den entstandenen Standortnachteilen wachsen die Produktionskosten, womit das Kapital häufig nicht einmal für erforderliche Investitionen am alten Standort, geschweige denn für Verlagerungen von Produktionsstandorten an günstigere Standorte zur Verfügung steht. Häufig greift der Staat durch Subventionen ein, um die Produktion und damit Arbeitsplätze zu erhalten, oder er verzichtet auf Steuerschulden oder Umweltschutzauflagen.

Disurbanisierung

Staatliche Eingriffe in Form von Subventionen ...

Die staatliche Verwaltung versucht so, über die Beeinflussung externer Standortfaktoren bestehende Raumstrukturen zu konservieren. Auf diese Weise verfestigen sich die wirtschaftlichen und raumplanerischen Probleme altindustrialisierter Agglomerationen (z.B. an den Standorten der Stahlindustrie), deren teilweise nicht mehr standortgerechte, aus der Vergangenheit übernommene Raumstrukturen nur noch durch staatliche Subventionen erhalten werden. Auf die gleiche Weise beeinflußt der Staat betriebliche Standortentscheidungen, wenn er die Schaffung von Arbeitsplätzen im ländlichen Raum durch Investitionszuschüsse fördert.

... sichern alte ...

... und neue Standorte

Private und öffentliche Standortentscheidungen, Infrastrukturen und technische Innovationen unterliegen einem **laufenden Anpassungsdruck an sich permanent verändernde Bedingungen**. Die Raumstruktur ist das Ergebnis dieses Anpassungsprozesses durch die am Wirtschaftsprozeß Beteiligten. Es gibt Versuche, die Regelhaftigkeiten dieses Anpassungsprozesses zu ermitteln und damit die bestehende Raumstruktur zu erklären. Solche Erklärungen müssen aus der unübersehbaren Fülle von Einflußfaktoren auf individuelle Standortentscheidungen die wichtigsten herausgreifen und aus ihnen allgemeine Regeln ableiten. Jede einzelne Wirtschaftseinheit ist durch qualitativ und quantitativ unterschiedliche Interaktionen zu anderen Punkten im Raum gekennzeichnet, die die Transportkosten bestimmen. So wie dies für den Privathaushalt z.B. Schulen, Arbeitsstätten oder Ein-

Raumstrukturen als Ergebnis von Anpassungsprozessen der Raumnutzer

Regelhaftigkeiten des Anpassungsprozesses

13

kaufsorte sind, sind es für das Unternehmen die Rohstoff- oder Teilproduktlieferanten und die Abnehmer der Produkte. Wenn es gelingt, die zahllosen verschiedenartigen Parameter von Standortentscheidungen auf die wichtigsten und allgemeingültigsten zu reduzieren, so müßten daraus Erklärungen der Entstehung und Entwicklung von Raumstrukturen abzuleiten sein. Gesetzmäßigkeiten im naturwissenschaftlichen Sinne gibt es dabei nicht, da immer auch subjektive und irrationale Momente beteiligt sind.

Verständnis der Raumstruktur als System in der systematischen Regionalanalyse

Dies ist die Fragestellung der **Regionalwissenschaft**, die seit den fünfziger Jahren zwischen den traditionellen Disziplinen Wirtschaftswissenschaften, Geographie, Soziologie, Städtebau und Verkehrswissenschaften entstand. Sie versucht, die Entstehung und Entwicklung der Siedlungsstruktur und die einzelwirtschaftlichen Standortentscheidungen zu erklären und daraus regionalpolitische Entscheidungshilfen abzuleiten. Dabei muß das Geflecht sich gegenseitig beeinflussender Entscheidungen entwirrt werden, und es müssen die wesentlichen Einflußfaktoren herausgefunden werden, um so allgemeingültige Regeln zu erhalten. Die systematische Regionalanalyse versteht die **Raumstruktur als System**, d.h. als geordnetes Zusammenwirken von Elementen der Erdoberfläche.

Modell eines Systems

Ein Beispiel – und zugleich ein Modell – für ein solches Zusammenwirken ist das Heizungssystem eines Hauses. Ein Motor (der Heizkessel) treibt ein System an. Er wird mit Hilfe von Energie (Öl oder Gas) in Gang gesetzt und gehalten. Dabei erhitzt er einen Energieträger (das Wasser), der durch den Motor in Bewegung gerät. Die Bewegung erfolgt über Kanäle (Leitungen) und die Verteilung über Knotenpunkte (Ventile). Dieses Modell kann die Entwicklungen im Raum veranschaulichen. Eine Menge von Objekten, den Siedlungen des zu untersuchenden Systems, ist durch Bewegungsprozesse verknüpft. Solche sind wandernde Personen, transportierte Güter, Kapitalbewegungen usw. Sie werden durch Energiezufuhr, in diesem Fall wirtschaftliche oder soziale Bedürfnisse, ausgelöst. Die Analyse der Raumstruktur beginnt mit dem Studium der Bewegungen. Dieses erschließt das Netzwerk der Verkehrswege, auf denen die Bewegungen vonstatten gehen, und führt zur Betrachtung der Knotenpunkte im Netzwerk – der Siedlungen. Da Netzwerk und Knotenpunkte einer hierarchischen Ordnung folgen, wird diese ebenfalls analysiert. Im letzten Schritt der Regionalanalyse werden die Zwischenräume der Erdoberfläche mit einbezogen.

Frage nach Knotenpunkten

Am Anfang der systematischen Regionalanalyse stand zunächst die Frage nach den Gründen der Existenz von Knotenpunkten, also Siedlungen, und ihrer Hierarchie.

1.2.2 Die Theorie der zentralen Orte als Erklärungsmuster der Raumstruktur

1.2.2.1 Der Begriff der Zentralität

Einer der wichtigsten Erklärungsansätze der Raumstruktur stammt von dem Geographen WALTER CHRISTALLER, der 1933 versuchte, das Verteilungsmuster der Siedlungen, insbesondere der zentralen Orte, am Beispiel von Süddeutschland zu erklären. Er ging davon aus, daß es ein entscheidendes Charakteristikum einer Siedlung ist, Verflechtungen mit einem Umland zu haben, indem dieses von der Siedlung aus mitversorgt wird. Diesen Umstand nannte er **Zentralität**. Der Begriff beinhaltet die Eigenschaften, Mittelpunkt zu sein sowie einen Bedeutungsüberschuß zu besitzen. Da CHRISTALLER allgemeine Gesetzmäßigkeiten der Lage von zentralen Orten zueinander ermitteln wollte, mußte er von realen Besonderheiten abstrahieren und vereinfachende Modellannahmen treffen. So nahm er einen idealen, d.h. homogenen Raum an, also eine gleichmäßige Verteilung sowohl der Bevölkerung als auch der Ressourcen im Raum. Ferner seien als Modellbedingung die Transportkosten überall gleich und damit lediglich distanzabhängig. Es wird unterstellt, daß sich der Mensch als Anbieter oder Abnehmer einer Ware oder Dienstleistung ausschließlich an ökonomischen Überlegungen orientiert; deshalb wird er als homo oeconomicus bezeichnet.

Zentralität

Vereinfachende Modellannahmen

In arbeitsteilig organisierten Gesellschaften wird eine unüberschaubar große Zahl von Gütern oder Dienstleistungen erbracht, für die unterschiedliche ökonomische Bedingungen gelten. Einige zeichnen sich dadurch aus, daß sie nicht transportfähig sind und daher vom Nachfrager am Produktionsort nachgefragt werden müssen, z.B. Schulen oder Krankenhäuser. Ein weiteres Kennzeichen ist, daß die jeweilige Produktion im öffentlichen und privaten Sektor in typischen Mindestgrößen erfolgt, die durch betriebswirtschaftliche (z.B. Einzelhandel) oder politische Vorgaben (z.B. Schulen) bestimmt werden. Die Betriebsgröße, die Konsumgewohnheiten oder -notwendigkeiten und die Konkurrenz der Angebotsstandorte bestimmen die räumliche Reichweite dieser Leistungen. Ausgehend von diesen Annahmen konnte CHRISTALLER zeigen, daß sich die Standorte dieser zentralen Leistungen nach bestimmten Gesetzmäßigkeiten im Raum verteilen.

Beschränkung auf Dienstleistungen

Dieser theoretische Erklärungsansatz ist in den folgenden Jahren insbesondere von AUGUST LÖSCH, der von den gleichen Modellannahmen ausging, über den Dienstleistungssektor hinaus auf den produzierenden Sektor erweitert worden. Er hat das von CHRIST-

ALLER nicht hinreichend gedeutete Phänomen der lokalen Konzentration unterschiedlicher zentraler Leistungsangebote an einem Standort, das erst die Herausbildung zentraler Orte im analytischen Sinne bewirkt, mit dem Konzept der Agglomerationsvorteile erklärt.

1.2.2.2 Der Agglomerationseffekt

Agglomerationseffekt als Folge der Transportkostenminimierung

Eine Agglomeration ist zunächst nur die räumliche Ballung von Menschen oder menschlichen Aktivitäten bzw. Einrichtungen. Die Vorteile solcher Agglomerationen liegen vor allem in der Minimierung von Distanzen begründet und sind sowohl ökonomischer (Transportkosten) als auch psychologischer (Fühlungsvorteile) Natur. Das Agglomerationsprinzip ist ein sehr wichtiger Faktor für Standortentscheidungen. Jeder Mensch und jede Firma ist auf Interaktion mit anderen Menschen bzw. anderen Firmen angewiesen. Beim Ausbau und der Aufrechterhaltung dieser sozialen und ökonomischen Beziehungen wird versucht werden, mit geringstem Aufwand den größtmöglichen Effekt zu erzielen. Schon das Dorf ist eine Folge des Agglomerationsprinzips, es liegt zentral in den von Landwirten genutzten Flächen. Es ist in vielen Fällen die effektivste Form für die sozialen und ökonomischen Belange der Bewohner, da die Distanz, die für die sozialen Beziehungen und die Bewirtschaftung der Felder aufgewendet werden muß, insgesamt minimiert werden kann.

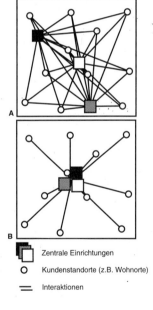

Abb. 1:
Erforderliche Interaktion bei disaggregierten (A) und agglomerierten (B) zentralen Einrichtungen

■ Zentrale Einrichtungen
○ Kundenstandorte (z.B. Wohnorte)
= Interaktionen

Die weiter fortschreitende Arbeitsteilung, die immer auch eine räumliche Arbeitsteilung ist, ist die Folge des Strebens nach erhöhter Effektivität der Produktion. In der Siedlung werden vielleicht einige, aber nicht alle Güter produziert, die zum Lebensunterhalt notwendig sind. Damit wird das Selbstversorgungssystem gesprengt, und die Bewohner müssen die Produkte benachbarter Siedlungen kaufen. Im Extremfall spezialisiert sich jedes Dorf auf ein Produkt. Die Konsumenten müssen dann in jedes Dorf fahren, um alle zum Leben notwendigen oder gewünschten Güter zu erwerben. Es ist einleuchtend, daß die so zurückgelegte Wegstrecke und damit die Transportkosten minimiert werden, wenn alle Produkte an einem Ort erworben werden können (Abb. 1). Das Prinzip der Distanzminimierung ist also für die Agglomeration von verschiedenen Dienstleistungen und Produkten in einem Zentrum verantwortlich. Solche Zentren bezeichnen wir als **zentrale Orte**. Die Produkte und Dienstleistungen, die an solchen Orten angeboten werden, sind **zentrale Güter** und die Einrichtungen, über die diese Güter vertrieben werden, **zentrale Einrichtungen**.

Aus der Erklärung der Existenz zentraler Orte aus dem Agglomerationsprinzip heraus folgt, daß zu den zentralen Orten Bereiche gehören, deren Bevölkerung die Einrichtungen dieser zentralen Orte in Anspruch nimmt. Diese Bereiche im Umland des zentralen Ortes nennen wir **Verflechtungsbereiche**. Zu jedem zentralen Ort gehört ein Verflechtungsbereich und zu jedem Verflechtungsbereich ein zentraler Ort.

Verflechtungsbereiche

1.2.2.3 Das Umland eines zentralen Ortes nach den Ansprüchen des Anbieters

Wenn wir uns weiter dem Ziel der Erklärung der Siedlungsstruktur nähern, müssen wir nun fragen, ob es Regelhaftigkeiten bei der Herausbildung zentraler Orte und ihrer Verflechtungsbereiche gibt. Diese Frage kann beantwortet werden, wenn die Mechanismen der Herausbildung des Umlandes einer zentralen Einrichtung bestimmt werden. Dazu differenzieren wir nach den Ansprüchen der beteiligten Gruppen in diejenigen der Anbietenden, also der Händler oder Produzenten, und diejenigen der Kunden. Wir behalten die Modellannahmen von CHRISTALLER und LÖSCH – homogener Raum und gleichmäßige Bevölkerungsverteilung – bei. Die entsprechenden Beziehungen sind in Abbildung 2 graphisch dargestellt.

Frage: Gibt es Regelhaftigkeiten der Entstehung zentraler Orte?

Der Anbieter wird eine Optimierung seines Gewinnes anstreben und danach seinen Betrieb organisieren. Bei der Herstellung eines Produktes und beim Anbieten einer Dienstleistung entstehen Kosten, die als Vorleistungen zu investieren sind, bevor das erste Produkt verkauft ist. Sie müssen sich später amortisieren. Ferner muß eine gewisse Minimalmenge verkauft werden, unterhalb derer die Produktionskosten höher sind als die Erträge, die erwirtschaftet werden können. Für einen Bäcker beispielsweise ist es unwirtschaftlich, täglich nur einen Laib Brot zu backen. Die hohen Produktionskosten würden den Bäcker zwingen, das Brot so teuer anzubieten, daß die potentiellen Kunden ihren Bedarf an einem anderen Standort decken würden. Oder er verlangte einen Preis, der niedriger ist als die Produktionskosten, womit das Wirtschaften unsinnig würde. Der Bäcker muß eine bestimmte minimale Menge Brote herstellen, um wirtschaftlich arbeiten zu können. Dies ist der **Schwellenwert der minimalen Produktionsmenge**. Die betriebswirtschaftliche Bestimmung dieser Menge ist produktabhängig, sie soll uns hier nicht interessieren.

Minimale Produktionsmenge

Hersteller oder Zwischenhändler müssen versuchen, die **Transportkosten** als wesentlichen Anteil an den Gesamtkosten möglichst niedrig zu halten. Daraus folgt, daß zunächst diejenige

Räumliche Wirkung der Transportkosten

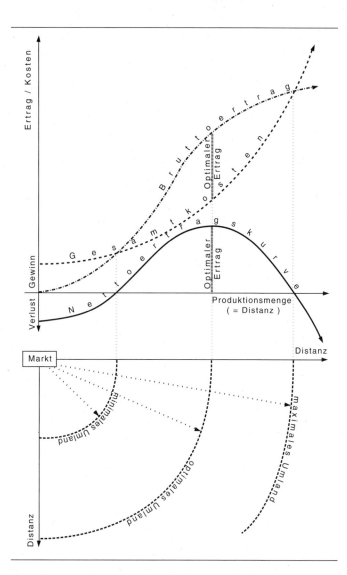

Abb. 2
Ausbildung eines Umlandes nach den Ansprüchen des Produzenten

Bevölkerung zu versorgen ist, die in der Nähe des Herstellungsortes wohnt. Sollen die Erträge gesteigert werden, muß der Markt über den Herstellungsort hinaus vergrößert werden. Damit steigen auch die Transportkosten, zunächst jedoch in geringerem Maße als die Erträge. Bei weiter steigender Produktionsmenge werden jedoch die Kosten relativ stärker steigen als der Ertrag, da der Rationalisierungsgewinn ab einer bestimmten Menge nach dem **Gesetz vom abnehmenden Ertragszuwachs** geringer wird, die Transportkosten jedoch weiter steigen. Der Nettoertrag nimmt also ab, bis auch die Gesamtkosten die Erträge übersteigen (Abb.2, Nettoertragskurve). Da Hersteller oder Händler an diesem Verlust nicht interessiert sind, werden sie diese Produktionsmenge nicht anstreben. Der Nettoertrag läßt sich in Abhängigkeit von der Produktionsmenge so beschreiben, daß es bis zu einer produktspezifischen minimalen Produktionsmenge einen Verlust gibt, dann steigende Gewinne bis zu einem optimalen Ertrag, danach wieder abnehmende Nettoerträge, bis oberhalb einer maximalen Produktionsmenge wieder mit Verlust zu rechnen ist.

Wie wirken sich diese Beziehungen nun auf den Raum aus? Aufgrund der Modellannahmen besteht folgender Zusammenhang: Je mehr Waren produziert werden, desto mehr Kunden müssen erreicht werden und desto größer ist das zu versorgende Umland. Die Produktionsmenge ist im Modell proportional der Entfernung zum Standort. Damit ist es möglich, die Abszisse, die bislang die Produktionsmenge angab, mit der Distanz vom Produktionsort gleichzusetzen. Die Nettoertragskurve, die die Beziehung zwischen Produktionsmenge und Gewinn abbildet, ist damit eine Funktion der Distanz. In der Abbildung ist dies dadurch veranschaulicht, daß die Abszisse mit den drei Schwellenwerten um den Nullpunkt des Koordinatensystems, den Standort der Produktion oder den Markt rotiert. Dadurch erhält man konzentrisch angeordnete Kreisscheiben, die das Umland aus der Sicht des Produzenten oder Händlers darstellen.

Nettoertragskurve als Funktion der Distanz vom Markt

Der erste Schwellenwert definiert eine minimale Grenzlinie. Der Einzugsbereich der zentralen Einrichtung muß mindestens diese Größe haben, um mit Ertrag wirtschaften zu können. Diese Linie umgrenzt das **minimale Umland**. Bei Erweiterung des Umlandes wird sich dann der Gewinn vergrößern bis zu einer durch den zweiten Schwellenwert markierten Grenze, die das Umland umgrenzt, das für den Produzenten oder Händler optimale Gewinne erwarten läßt. Wir bezeichnen es als **optimales Umland**. Bei weiterer Vergrößerung des Umlandes werden sich die Gewinne wieder vermindern, ehe sie ganz verschwinden. Dadurch wird das **maximale Umland** als äußere Begrenzung definiert.

Minimales, optimales und maximales Umland

Der Händler oder Produzent wird für seine zentrale Einrichtung eine Größe anstreben, die der optimalen Größe des Umlandes entspricht. Als Minimalbedingung muß die Größe zwischen der des minimalen und der des maximalen Umlandes liegen.

1.2.2.4 Das Umland eines zentralen Ortes nach den Ansprüchen des Kunden

Fragen wir nun nach den Regeln der Umlandausbildung eines zentralen Ortes aufgrund der Ansprüche des Kunden oder Käu-

Vereinfachende Modellannahmen

fers. Auch hier arbeiten wir zunächst mit folgenden stark vereinfachenden **Modellannahmen**:
1. Die Bevölkerung ist gleichmäßig über den Raum verteilt.
2. Der Preis der Ware am Markt hat eine konstante Höhe.
3. Infolge der Annahme des homogenen Raumes sind die Transportkosten allein entfernungs-, also nicht richtungsabhängig.
4. Alle Kunden können gleich viel Geld zum Kauf der Ware aufbringen.
5. Die angebotene Ware ist kein Mangelprodukt und ist stets ausreichend verfügbar.

Infolge der zweiten Bedingung wird am Markt ein fester Preis gezahlt, der zumindest die Produktionskosten abdecken muß. Der Preis der Ware für den Kunden ergibt sich aus dem Marktpreis zuzüglich der Transportkosten zum Marktort. Ein Kunde, der weiter entfernt wohnt, muß also mehr für den Erwerb einer Ware oder die Inanspruchnahme einer Dienstleistung aufwenden als ein am Standort der Produktion wohnender Kunde. Da nach der vierten Bedingung jedem Kunden nur eine begrenzte Menge an Mitteln zur Verfügung steht, kann der am Markt wohnende Kunde mehr Waren kaufen als ein weiter entfernt wohnender Kunde. Bezogen auf die Nachfrage bedeutet dies: Mit wachsender Entfernung vom Markt nimmt die Nachfrage ab, bis sie nicht mehr vorhanden ist. Die graphische Veranschaulichung (Abb. 3) macht deutlich, daß die Warenmenge pro Geldeinheit mit zunehmender Distanz abnimmt (mittlere durchgezogene Gerade). Lassen wir auch hier die Abszisse um den Nullpunkt rotieren, so ergibt sich eine Kreisscheibe, die vom Kunden aus gesehen als maximales Umland des zentralen Ortes in Frage kommt.

Umlandbereich eine Menge konzentrischer Kreise

Durch Änderung der restriktiven Modellannahmen, können wir das Modell der Realität annähern. Legen wir z. B. verschiedene Preise für das Produkt oder die Dienstleistung zugrunde, ändert sich damit der Einzugsbereich. Bei konstanten Finanzmitteln des Kunden wird er geringer, je höher der Preis der Ware ist. So ergibt sich eine Schar paralleler Geraden und eine ebenso große Zahl konzentrischer Kreise um den zentralen Ort, die das maximale Umland aus der Sicht des Kunden begrenzen. Die äußerste Grenze des Einzugsbereichs ist erreicht, wenn allein die Transportkosten die Aufwendungen des Kunden bestimmen. Dann ist die Inanspruchnahme der Dienstleistung oder das Produkt am Markt kostenlos. Wir wollen jedoch das Modell nicht weiter verfeinern, sondern festhalten, daß sowohl aus der Sicht des Produzenten oder Händlers als auch aus der Sicht des Kunden das Umland eines zentralen Ortes eine Kreisscheibe ist, in deren Mittelpunkt der Markt des zentralen Gutes bzw. der Standort der

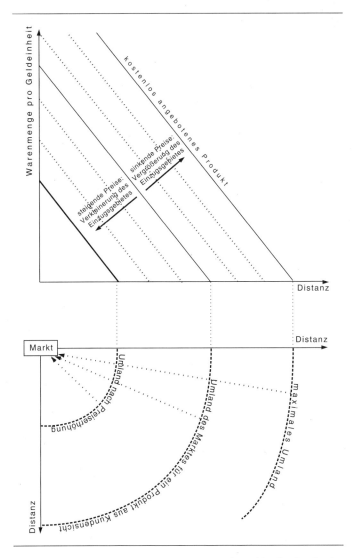

Abb. 3
Ausbildung eines Umlandes nach den Ansprüchen des Kunden

Produktion liegt. Der Radius der Kreisscheibe, d.h. die Größe des Umlandes, ist dabei abhängig von verschiedenen Parametern, etwa der Bevölkerungsdichte, dem Preis des Produktes oder der Dienstleistung am Markt, der Intensität der Nachfrage nach diesem Gut, der Höhe des Angebotes oder den Transportkosten. Voraussetzung ist natürlich auch, daß sich Produzent oder Händler vom Prinzip der Gewinnmaximierung und der Kunde vom Prinzip der Kostenminimierung leiten lassen.

Wir sind bisher immer davon ausgegangen, daß auch der Kunde, der weiter vom Markt entfernt wohnt als die Distanz zur minimalen Grenzlinie, hier einkauft. Dann erst kann sich ein Umland ausbilden, das gewährleistet, daß der Produzent oder Händler nicht mit Verlusten arbeitet. Es ist jedoch auch denkbar, daß dies nicht so ist, etwa bei sehr dünner Besiedlung oder schwierigen Verkehrsverhältnissen. Die Entfernung, die der Kunde gewillt ist für den Erwerb des Gutes in Kauf zu nehmen, wäre geringer als der Radius des minimalen Umlandes. Der Händler würde also mit Verlust arbeiten. Er muß nun versuchen, sein Umland mindestens soweit zu vergrößern, daß er einen Bereich versorgt, der der Größe des minimalen Umlandes entspricht. Da zum Markt aber nicht mehr Kunden kommen, muß der Händler seinen Markt z. B. zeitweise in die Nähe der Kunden verlagern. Es entsteht so mitunter ein System periodischer Märkte im Raum. Beispiele für solche Formen von Verflechtungen sind etwa mobile Dienstleistungsangebote von Banken, landfahrende Händler, Auswärtsaufführungen von Theatern oder episodische Märkte.

Versorgungsformen bei hohen Transportkosten

1.2.2.5 Das System zentraler Orte

Bislang haben wir jeweils nur einen Markt analysiert, an dem eines oder mehrere zentrale Güter angeboten werden. Das Umland eines solchen Marktes ist unter den Modellprämissen ein kreisförmig abgegrenztes Gebiet mit dem Markt als Mittelpunkt. Dort kauft die Bevölkerung des Umlandes das angebotene zentrale Gut. Doch auch die weiter entfernt wohnende Bevölkerung muß mit Gütern und Dienstleistungen versorgt werden. Es werden sich also weitere Märkte bilden, die diese Bevölkerung, die der erste nicht mehr erreicht, versorgen. Für sie gelten ebenfalls die erarbeiteten Regelhaftigkeiten. Da wir die Raumstruktur insgesamt erklären wollen, müssen wir danach fragen, ob es auch Regeln in der Anordnung dieser Märkte bzw. der Verflechtungsbereiche untereinander gibt.

Umlandbildung bei mehreren Märkten

Für die Lagebestimmung der neu entstehenden Märkte wird es drei Prinzipien geben:
1. Die Anbieter von Waren und Dienstleistungen werden versuchen, sich möglichst weit von bereits bestehenden Märkten anzusiedeln, da sich ihr Einzugsbereich sonst mit denjenigen anderer Märkte überschneiden würde. Kunden- und damit Gewinneinbußen wären die Folge für beide Märkte.
2. Die Anbieter werden neue Märkte möglichst dicht an bereits bestehende Märkte heranlegen, damit sich ihre Einzugsbereiche zwar berühren, nicht aber überschneiden. So können sie verhindern, daß sich unversorgte Zwischenräume bilden, denn diese wären potentielle Standorte für weitere Märkte, die dann in Konkurrenz zu den bestehenden treten würden, was wiede-

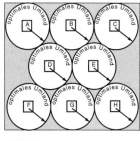

unversorgtes Umland

Märkte A bis H

Abb. 4
Lage der zentralen Orte und Verflechtungsbereiche zueinander

rum zu Gewinneinbußen führen müßte. Die Prinzipien eins und zwei führen leicht nachvollziehbar zur dichtesten Kugel- oder Kreispackung, wie es in Abbildung 4 skizziert ist.
3. Es soll jedoch die gesamte Bevölkerung mit zentralen Gütern versorgt werden, also auch jene Bereiche, die nicht innerhalb der optimalen Verflechtungsbereiche der zentralen Orte liegen. Dazu müssen die zentralen Orte entweder näher zusammenrücken, oder ihren Umlandbereich über das optimale Umland hinaus ausdehnen. Beides hat zur Folge, daß aus der Kugelpackung ein **Hexagonalgitter der Verflechtungsbereiche** entsteht (siehe Abb. 5). Unter den genannten Modellannahmen – Versorgung sämtlicher Raumpunkte, gleiche Marktpreise und gleiche Transportkosten – bietet das Hexagonalmuster als weitestgehende Annäherung an das Kreissystem eine optimale Anordnung der zentralen Orte im Raum. Da das optimale Umland nicht erreicht wird, kommt es zu – geringfügigen – Gewinneinbußen der Anbieter.

Unter den bisherigen Modellannahmen ist vor allem diejenige unrealistisch, die alle angebotenen Waren und Dienstleistungen gleich einstuft. Wir wissen, daß zentrale Güter und Dienstleistungen verschiedene Einzugsbereiche haben. Ein Möbelmarkt hat einen größeren Einzugsbereich als ein Lebensmittelgeschäft, ein Krankenhaus einen größeren als ein praktizierender Arzt. Entsprechend gibt es mehr Lebensmittelgeschäfte als Möbelmärkte. Bei zentralen Gütern oder Dienstleistungen gibt es also eine Hierarchie. Ein Produkt oder eine Dienstleistung hat eine umso höhere zentrale Stufe, je größer der Einzugsbereich, also das wegen der geringeren Nachfrage notwendig größere minimale Umland ist. Man kann die zentralen Güter nach verschiedenen Kriterien ordnen:
– nach der Zahl der zentralen Orte, die dieses zentrale Gut anbieten,
– nach der Zahl der Bevölkerung, die durch einen Markt dieses Gutes versorgt wird,
– nach der Fläche des Umlandes, das zu dem zentralen Gut oder der zentralen Dienstleistung gehört,
– nach der Entfernung zum entferntesten Kunden,
– nach der Häufigkeit der Nachfrage nach diesem Gut oder dieser Dienstleistung. Dabei ist die Ordnung umso größer, je geringer die Häufigkeit der Nachfrage ist.

Unter den getroffenen Modellannahmen sind die sich dabei ergebenden Hierarchien zentraler Güter und Dienstleistungen gleich. In der Praxis ergeben sich vor allem drei Hauptgruppen zentraler Güter:
1. Güter des **täglichen Bedarfs** oder Güter niederer Ordnung, z.B. Backwaren, Lebensmittel,

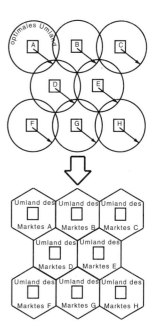

Abb. 5
Entstehung des Hexagonalgitters der Verflechtungsbereiche als Annäherung an die dichteste Kreispackung

Verflechungsbereich eines zentralen Gutes niedrigerer Ordnung

Verflechungsbereich eines zentralen Gutes höherer Ordnung

Abb. 6
Zuordnung von Verflechtungsbereichen niedrigerer und höherer Ordnung

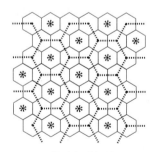

 Zentraler Ort und Verflechungsbereich niedrigerer Ordnung

Zentraler Ort und Verflechungsbereich höherer Ordnung

Abb. 7
Verknüpfung unter Versorgungsaspekten: K=3

2. Güter des **mittelfristigen Bedarfs** oder Güter mittlerer Ordnung, z.B. Kleidung, Werkzeug,
3. Güter des langfristigen Bedarfs oder Güter höherer Ordnung, z.B. Fahrzeuge, Möbel.

Es sind auch genauere Differenzierungen möglich, die wir jedoch nicht benötigen. Die Rangfolge zentraler Güter entspricht der **Hierarchie zentraler Einrichtungen**. So ist z.B. ein Lebensmittelgeschäft eine zentrale Einrichtung niedriger Ordnung, ein Bekleidungsgeschäft eine solche mittlerer Ordnung und ein Möbelfachgeschäft eine zentrale Einrichtung höherer Ordnung.

Über die Rangfolge zentraler Einrichtungen läßt sich eine **Hierarchie der zentralen Orte** bestimmen. Es gibt zwei mögliche Ableitungen:
1. Ein zentraler Ort besitzt die Ordnung desjenigen Gutes, welches unter den zentralen Gütern die höchste Ordnung besitzt.
2. Die Ordnung eines zentralen Ortes definiert sich aus der Anzahl der hier angebotenen zentralen Güter gleicher Ordnung, z.B. der Anzahl der zentralen Einrichtungen höherer Ordnung.

Beide Verfahren führen zu fast gleichen Ergebnissen. Bei Zentralitätsbestimmungen werden sie meist miteinander gekoppelt. Ein zentraler Ort höherer Ordnung ist jedoch immer zugleich ein zentraler Ort niedrigerer Ordnung.

Unter den getroffenen Modellannahmen sind verschiedene hierarchische Systeme der Zuordnung zentraler Orte möglich. Bei einem zentralen Gut niederer Ordnung sind die Verflechtungen wie abgeleitet und nebenstehend dargestellt. Da ein zentraler Ort der nächsthöheren Stufe zugleich die Bevölkerung der zentralen Orte niedrigerer Stufe mitzuversorgen hat, wird er zentral zu diesen Orten liegen (Abb. 6). Jedoch sind auch andere Verknüpfungen denkbar und unter bestimmten Gesichtspunkten sinnvoller. Dazu werden die verschiedenen Verknüpfungsmuster durch sogenannte K-Werte folgendermaßen beschrieben: Einem hierarchischen System zentraler Orte wird der Wert „K" zugeordnet, wenn jeder zentrale Ort insgesamt K zentrale Orte der nächstniedrigeren Stufe versorgt. In Abb. 6 hat das System den K-Wert sieben.

Eine unter **Versorgungsaspekten** der Bevölkerung sinnvolle Verknüpfung ist bei K=3 gegeben, wenn also ein zentraler Ort drei Orte der nächstniedrigeren Stufe versorgt (Abb. 7). Jeder der durchschnittenen Orte wird zu einem Drittel vom nächsthöheren zentralen Ort mit versorgt. Dieses Prinzip der Zuordnung erfolgt nach der Forderung, daß ein zentraler Ort niederer Ordnung einem möglichst nahen Ort der nächsthöheren Ordnung zugeordnet wird. Bei dieser Zuordnung werden die Distanzen minimiert, daher ist es ein unter dem Gesichtspunkt der flächendeckenden Versorgung der Bevölkerung günstiges System.

Die Erreichbarkeit richtet sich auch nach der Möglichkeit der Verkehrserschließung. Wenn in das Netz zentraler Orte ein Verkehrssystem eingearbeitet wird, ergibt sich ein die höheren zentralen Orte verbindendes Netz von Diagonalen, das keinen der zentralen Orte niederer Ordnung erfaßt. Wenn die Verkehrsachsen auch die zentralen Orte niederer Ordnung mit einbeziehen sollen, ergibt sich eine andere Form der Verknüpfung, ein zentralörtliches System nach dem **Verkehrsprinzip**. Dieses hierarchische System hat den K-Wert vier. Alle zentralen Orte niederer Ordnung liegen nun direkt auf den Achsen (Abb. 8). Die Verflechtungsbereiche von vier Orten niederer Ordnung ergeben einen Ort höherer Ordnung.

Abb. 8
Verknüpfung nach dem Verkehrsprinzip: K=4

Bei den K-Werten drei und vier wird das Umland der zentralen Orte niederer Ordnung sehr ungünstig zerschnitten, indem es verschiedenen Orten höherer Ordnung zu gleichen Teilen zugeordnet wird. Unter **Verwaltungsgesichtspunkten** ist dies als negativ zu bewerten. Dafür ist der K-Wert sieben angemessener. Innerhalb des Verflechtungsbereiches des zentralen Ortes höherer Ordnung liegen sieben Verflechtungsbereiche von Orten niederer Ordnung, wobei die Zuordnung der Orte und ihrer Umlandbereiche weit eindeutiger ist.

Diese Zuordnungen nach dem Versorgungs-, Verkehrs- und Verwaltungsprinzip sind Folge der vereinfachenden Modellannahmen. In der Realität überlagern sie sich vielfach zu auch im Modell komplizierten Systemen, die LÖSCH entwickelt hat.

Die Modelle von CHRISTALLER und LÖSCH sind die ersten Versuche, die Bildung von Städten verschiedener Größe, die räumliche Anordnung dieser Städte und damit das Bild der Siedlungsstruktur auf der Basis von einzelnen Standortentscheidungen und räumlichen Verflechtungen theoretisch zu begründen. Dies gelingt ihnen aufgrund sehr restriktiver und von der Realität abstrahierender Modellannahmen. Ein Mangel ist z.B. die Vernachlässigung von Bevölkerungsbewegungen. Gerade das Entstehen von zentralen Orten impliziert diese, womit die ursprüngliche und wesentliche Modellannahme einer homogenen Bevölkerungsverteilung unhaltbar wird. Ein weiterer Kritikpunkt ist der statische Charakter des Systems. Raumstrukturen befinden sich in einem steten Wandel, während die dargestellte Theorie einen Zustand der Stabilität abbildet.

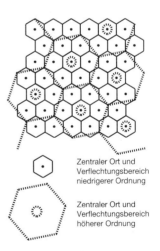

Abb. 9
Verknüpfung nach dem Verwaltungsprinzip: K=7

Vielfach wurde versucht, die Theorie der zentralen Orte zu erweitern, und dabei ihre Gültigkeit auch auf die Industrie auszudehnen, denn die zentralörtliche Struktur der Bundesrepublik ist entscheidend von der räumlichen Wirtschaftsstruktur bestimmt. Überwiegt z.B. die Industrie, treten in der Realität mehrpolige Oberzentren mit einer ausgeprägten zentralörtlichen Funktionsteilung auf. Es handelt sich um zusammenhängende industriell geprägte Verdichtungsgebiete mit zentralörtlichen Schwerpunkten. Auch die weitmaschigen Abstände von zentralen Orten gleicher Stufe, wie sie in der Theorie abgeleitet werden, gibt es nicht, sondern zahlreiche zentrale Orte gleicher Stufe auf engstem Raum mit unterschiedlichen, sich teilweise ergänzenden zentralörtlichen Funktionen. So sieht die Regionalwissenschaft heute in der Theorie der zentralen Orte einen sektoralen – nämlich auf den tertiären Sektor beschränkten – Erklärungsansatz der Siedlungsstruktur, dessen stark vereinfachende Modellannahmen und dessen statischen Charakter ihn, ungeachtet der historischen Leistung der Begründer, als unzureichend erscheinen lassen. Dennoch stellt das Modell der zentralen Orte bis heute eine Grundlage raumordnerischer Konzepte dar, wie in Kapitel 6 gezeigt wird.

1.2.3 Die Theorie der Entwicklungspole

Dynamisches Modell ...

Die wesentliche Aufgabe weiterführender Erklärungsmuster der Siedlungsstruktur muß ihre **Dynamisierung** sein. Neben räumlichen Strukturen gilt es räumliche Prozesse zu analysieren. Sie sind Ansatzpunkte für die Theorie der Entwicklungspole, die die Entwicklung der Raumstruktur erklären soll. Sie entstammt dem französischen Sprachraum und wurde entscheidend durch FRANÇOIS PERROUX geprägt. Es handelt sich um einen primär sektoral ausgerichteten Erklärungsansatz, der im Gegensatz zur Theorie der zentralen Orte den sekundären Sektor als Träger der wirtschaftlichen Entwicklung hervorhebt. Er geht von der Beobachtung aus, daß sich das wirtschaftliche Wachstum einer Volkswirtschaft räumlich gesehen nicht gleichmäßig, sondern in Form regionaler Schwerpunkte vollzieht.

... bezogen auf den sekundären Sektor

Existenz motorischer Industrien

Innerhalb der Industrie gibt es Branchen, die die wirtschaftliche Entwicklung stärker beeinflussen als andere, da von ihnen starke Impulse auf andere Branchen ausgehen. Sie sind **Pole eines funktionalen Beziehungsgeflechts**, von denen Wachstumsimpulse ausgehen. Da sie die Funktion eines Motors der wirtschaftlichen Entwicklung haben, werden sie als **motorische Industrien** bezeichnet. Ihre strukturellen Merkmale sind:

1. eine quantitative Mindestgröße,
2. ein hoher Grad an Dominanz über andere Branchen,

3. ein hoher inner- und intersektoraler Verflechtungsgrad und
4. hohe Wachstumsraten.

Ein Entwicklungspol ist eine Industrie, deren Verflechtungen mit anderen Industrien dadurch gekennzeichnet ist, daß sie mehr Impulse abgibt als von diesen empfängt. Es handelt sich dabei z.B. um die Einführung von neuen Produkten oder Produktionstechniken, die Erschließung neuer Märkte usw. Sie hat einen Impulsüberschuß, sie ist ein **Wachstumspol**, wobei es sich meist nicht nur um ein quantitatives, sondern in Form von Innovationen um ein qualitatives Wachstum handelt. Von dieser motorischen Industrie gehen nun sektorale Polarisierungseffekte aus, die die von ihr abhängigen Industrien, also zuliefernde und weiterverarbeitende Betriebe, erfaßt (sogenannte Input-Output-Verflechtungen) und ebenfalls zum Wachstum oder zur Innovation anregt. Dies setzt eine Mindestgröße des Betriebs voraus. Über produktionsbedingte Verflechtungen sind die Wirkungen zunächst technischer, dann aber auch wirtschaftlicher und psychologischer Art. Die technischen Verflechtungen bewirken Produktionssteigerungen und Innovationen bei Produkten und Fertigungsverfahren. Die durch die Wachstumseffekte herbeigeführte Steigerung des Bruttosozialprodukts schlägt sich in den Einkommen nieder und entfaltet darüber auch Wirkungen auf den Dienstleistungssektor. Psychologisch erhöht der Wachstumspol die Investitionsneigung anderer Branchen der Region. Damit erhält der bislang sektorale Polarisierungseffekt eine räumliche Dimension. Die von der motorischen Industrie ausgehende Wirkung entfaltet sich sektoral und räumlich. Die Ansiedlung einer motorischen Industrie hat die Folge, daß abhängige Industrien Wachstumsimpulse erhalten. Durch Minimierung der Transportkosten und Ausnutzung von Fühlungsvorteilen gewinnt der gesamte Standort an Attraktivität. Durch Ausnutzung der Agglomerationsvorteile entsteht ein räumlich sichtbarer Entwicklungspol. Dieser Begriff bedeutet nicht, daß in diesen Räumen ein allgemeines Wachstum in allen Sektoren und Branchen stattfindet. Wachstum ist immer mit Umstrukturierung und damit auch mit partieller Schrumpfung verbunden. Entwicklungspole sind jedoch die Kristallisationskerne der räumlichen Entwicklung mit all ihren Neben- und Folgewirkungen.

Sektorale Polarisierungseffekte ...

... entfalten räumliche Wirkungen

Derartige sektorale Entwicklungspole waren beispielsweise in der Phase der Urbanisierung die Schwerindustrie, insbesondere der Eisenbahnbau, heute sind es die sogenannten High-tech-Industrien. Für erstere ist räumlich das Ruhrgebiet ein anschauliches Beispiel, für letztere das Silicon Valley um San José im amerikanischen Bundesstaat Kalifornien oder in kleinerem Maßstab in der Bundesrepublik die Standorte München und Stuttgart.

Beispiele

1.3 Sozioökonomische Raumstrukturen der Bundesrepublik Deutschland im Überblick

1.3.1 Die Grenzen raumstruktureller Modelle

Vor- und Nachteile raumstruktureller Modelle

Bislang wurden zwei grundlegende Erklärungsansätze vorgestellt, die räumliche Strukturen, insbesondere Siedlungsstrukturen, und deren Entwicklung theoretisch begründen. Solche Theorien abstrahieren vom realen Raum durch ihre vereinfachenden Modellannahmen. Doch können mit ihnen Standortentscheidungen einzelner Gruppen unter der Voraussetzung völlig rationalen Handelns abgeleitet und damit Standortgefüge, wenn auch zunächst rudimentär, erklärt werden. Raumstrukturen sind allerdings nicht nur das Ergebnis jüngerer oder gegenwärtiger wirtschaftlich bestimmter Standortentscheidungen, sie sind immer auch Abbild nichtökonomischer Inwertsetzungen des Raumes und historisch-politischer Prozesse. Jeder Veränderungsdruck auf die bestehende Siedlungsstruktur, der etwa durch sich wandelnde Standortansprüche oder -bewertungen entsteht, muß stets die bestehende Raumstruktur als wichtigen Faktor mit einbeziehen. Auch im homogenen Raum entspricht keine Siedlungsstruktur der Theorie. Sie ist Ergebnis einer historischen Folge von Standortbewertungen und -entscheidungen und ihrer Anpassung an sich ändernde Rahmenbedingungen. Am krassesten widerspricht die angenommene Homogenität des Raumes der Realität. Jeder Raum zeichnet sich durch unterschiedliche naturräumliche Voraussetzungen aus, die der Mensch vorfindet, je nach sozioökonomischem Kontext bewertet und bei der Inwertsetzung der natürlichen Ressourcen berücksichtigt. Raumstrukturen gehorchen nie starren Gesetzen, sondern zeigen jene Individualität, die im geographischen Sinne als Landschaft beschrieben und erklärt wird und die eine räumliche Planung auch als ein individuelles Gebilde wahrzunehmen und zu gestalten hat. Ein umfassendes Erklärungsmodell der Raumstruktur kann es nicht geben. Es ist auch nicht möglich, die Einflußgrößen realer Raumstrukturen vollständig zu analysieren, dies kann immer nur näherungsweise geschehen.

Individualität von Raumstrukturen

Die gegenwärtige Raumstruktur der Bundesrepublik Deutschland macht als Folge der Vereinigung der beiden Nachkriegs-Teilstaaten in besonderem Maße deutlich, wie persistent ältere Standortbewertungen und auf ihnen basierende Raumstrukturen sind und wie schwierig die Anpassung an veränderte wirtschaftliche Rahmenbedingungen ist.

1.3.2 Unterschiedliche Raumstrukturen und Lebensbedingungen im Vergleich: Vier Fallbeispiele

Raumstrukturen bestimmen in vielfältiger Weise die Lebenssituation der Menschen. Dies sollen vier Beispiele verdeutlichen.

Fallbeispiel 1: Oberhausen ...

Wilhelm Olschewski ist 46 Jahre alt. Er wohnt mit seiner Familie in einem Arbeiterwohnviertel in **Oberhausen** im Ruhrgebiet. Diese sehr junge Stadt ist ein Kind der industriellen Revolution, gerade 130 Jahre alt. Man hat die Stadt wegen der Aufbruchsstimmung, die hier einst herrschte, die „Wiege der Ruhrindustrie" und „Preußischer Wilder Westen" genannt. Kohle- und Stahlindustrie haben der Stadt bis zum ersten Weltkrieg einen ungeheuren wirtschaftlichen Boom gebracht, der jedoch nicht durch eine planerische Konzeption gesteuert wurde. So wuchs sie ringförmig um die Standorte der Schwerindustrie herum, weil für die Arbeiter vor allem die Nähe zum Arbeitsplatz entscheidend war. Damals beschäftigte ein einziger Betrieb, die Gutehoffnungshütte, allein 30.000 Menschen. Das Ruhrrevier war der industrielle Kernraum des Deutschen Reiches und blieb bis nach dem zweiten Weltkrieg, trotz Zerstörungen und Demontage, ein Wachstumspol bis Mitte der sechziger Jahre.

Wilhelm Olschewski arbeitete auf der Zeche, auf der er gelernt hatte und zu der er sich wie zu einer großen Familie hingezogen fühlte. So nahm er es hin, daß er seit Mitte der siebziger Jahre immer häufiger kurzarbeiten mußte, bis er, nach 28 Jahren Arbeit, seine Anstellung verlor. Vielen seiner ehemaligen Kollegen ging es ähnlich. Sie sind zwar im Rahmen eines Sozialplans abgefunden worden, doch neue Arbeit, die sie suchen, finden sie nicht. Er lebte zunächst vom Arbeitslosengeld und jetzt von der bescheidenen Arbeitslosenhilfe. Die Arbeitslosenquote, der Anteil der Arbeitslosen an den Arbeitnehmern, beträgt (1993) 12,6 %, Wilhelm Olschewski gehört zu den Dauerarbeitslosen, die schon mehr als ein Jahr arbeitslos sind. Ihr Anteil an allen Arbeitslosen beträgt im Arbeitsamtsbezirk bereits 36,7%. Früher war Arbeitslosigkeit hier kaum bekannt; 1961 waren es 0,5% und 1980 erst 5,6%, doch heute ist sie in aller Munde.

Margarete Olschewski, die als Verkäuferin arbeitet, kann nur noch stundenweise beschäftigt werden. Die Krise der Kohle- und Stahlindustrien wirkt sich auch auf sie aus. Mit der sinkenden Beschäftigung nimmt die Kaufkraft der Einwohner ab und zudem ziehen viele, vor allem junge Leute, aus Oberhausen fort. 1961 hatte die Stadt 258.500 Einwohner, 1991 nur noch 224.600. Zwar hat auch Oberhausen im Zuge der Vereinigung der beiden deutschen Teilstaaten eine vorübergehende Unterbrechung der Wanderungsverluste und eine wirtschaftliche Stabilisierung erfahren, doch seit 1991 nimmt die Bevölkerungszahl wieder ab und die Arbeitslosenquote zu. Unter den Fortgezogenen ist auch einer der beiden Söhne der Olschewskis. Nach seiner Schulausbildung hat er in Oberhausen keine Arbeit finden können. Heute arbeitet er in Frankfurt am Main und verdient mehr, als sein Vater jemals in Oberhausen hätte verdienen können. Wegen dieses Fortzugs jüngerer Menschen hat die Stadt zudem einen Sterbeüberschuß – also mehr Sterbefälle als Geburten – von 2,1 auf 1000 Einwohner, der ohne Ausländer noch größer wäre.

Der wirtschaftlichen Situation entsprechend problematisch ist die kommunale Finanzlage. Die Steuereinnahmen je Einwohner von 1143 DM (1994) reicht noch nicht einmal für den Erhalt bestehender Infrastruktureinrichtungen, und schon gar nicht für zusätzliche Investitionen, die erforderlich wären. Die Stadt ist stark überschuldet, pro Einwohner mit 2522 DM. Wenn die Olschewskis nicht in ihrer alten Arbeitersiedlung einen großen Nutzgarten hätten und auf die Hilfsbereitschaft ihrer Nachbarn bauen könnten, wäre ihre Lage noch aussichtsloser. Zwar versucht die Stadt den Standort für junge aufstrebende Unternehmen attraktiv zu machen, doch selbst wenn dies erfolgreich wäre und Arbeitsplätze angeboten würden, rechnet sich Wilhelm Olschewski in seinem Alter keine Chance aus. Die Erreichbarkeitsverhältnisse zu benachbarten Oberzentren sind ausgezeichnet, doch das nutzt der Familie wenig, denn die Beschäftigungslage ist dort ebenso schlecht wie in Oberhausen.

... als Beispiel altindustrialisierter Raumstrukturen

Die immer noch bestehenden Folgen der einseitig montanindustriell geprägten Wirtschaftsstruktur sind das entscheidende Merkmal der Stadt, unter ihnen haben auch die Olschewskis zu leiden. Sie blicken wenig zuversichtlich in die Zukunft, denn eine Trendwende kündigt sich nicht an. Infolge der zu großen Teilen noch aus dem 19. Jahrhundert stammenden Wirtschaftsstruktur wird diese Situation als „altindustrialisiert" bezeichnet.

Fallbeispiel 2: Böblingen ...

Ganz anders geht es der Familie von Christoph Häuptle in **Böblingen** in Baden-Württemberg. Der Familienvater arbeitet als Elektrofacharbeiter beim Konzern Hewlett-Packard, der medizinische und elektronische Geräte, Computer usw. herstellt, und verdient dort mit seinen Zulagen fast 7000 DM monatlich. Auch Böblingen ist eine junge Stadt. Erst am Ende des 19. Jahrhunderts entstand eine Textil- und Schuhindustrie, und noch 1915 hatte Böblingen nur 7000 Einwohner. Auf der Gemarkung des benachbarten Sindelfingen wurden damals die Daimler-Motorenwerke errichtet, die zunächst Flugzeugmotoren herstellten, Folge des Militärflughafens der Garnisonsstadt Böblingen. 1934 wurde die Optima-Maschinenfabrik in Sindelfingen durch die Deutsche Hollerith-Maschinenfabrik Berlin – die spätere IBM – übernommen. Daher kam nach dem Zweiten Weltkrieg auch IBM nach Böblingen. Ihr folgte das Werk von Hewlett-Packard, bei dem Christoph Häuptle arbeitet, und weitere kapitalkräftige und stark prosperierende Unternehmen. Im Jahrzehnt von 1965 bis 1975 erlebte die Stadt einen rasanten Aufstieg. Die Einwohnerzahl stieg von 28.000 auf 41.000 und das Haushaltsvolumen von 45 auf 112 Millionen also um 150%, 1980 waren es 250 Millionen DM. Diese günstige Finanzlage liegt in einem Steueraufkommen von 2019 DM (im Jahr 1994) je Einwohner begründet, das ist fast das Doppelte von Oberhausen. Der anhaltende Arbeitskräftebedarf von Industrie und Dienstleistungsbetrieben übt auch heute noch eine Sogwirkung vor allem auf junge Arbeitskräfte aus. Der Raum hat einen Wanderungsgewinn von 16 auf 1000 Einwohner pro Jahr, und infolge der relativ jungen Bevölkerung hat sie auch einen – wenn auch geringen – Geburtenüberschuß. Sorgen um seinen Arbeitsplatz braucht sich Christoph Häuptle nicht zu machen. Seine Firma gehört zu den Branchenführern und an Arbeitslosigkeit hat er noch nicht gedacht.

Auch für seine Kinder sieht er keine Probleme, nach Abschluß des Gymnasiums oder nach dem Studium Arbeit zu finden. Er ist sich sicher, daß sie „im Ländle", sogar im Bereich Böblingen, bleiben werden, und hat ihnen schon vor einigen Jahren die Grundstücke erworben, auf die sie später „ihr Häusle" bauen können. Das war gut so, denn die Preise für baureifes Land sind auf fast 1000 DM/qm gestiegen. Frau Häuptle hat ihre Stelle als Sekretärin aufgegeben. Wenn die Kinder aus dem Haus sind, will sie wieder arbeiten. Probleme bei der Stellensuche erwartet sie nicht, denn jede Woche findet sie genügend Stellenangebote in der Zeitung. Hinsichtlich des kulturellen Angebots, der Bildungs- und Freizeiteinrichtungen läßt der Raum Böblingen-Sindelfingen kaum etwas zu wünschen übrig, und für sehr Anspruchsvolle ist Stuttgart nur 20 km entfernt. Innerhalb eines Radius von 20 km um ihren Wohnort haben die Häuptles nicht nur die Landeshauptstadt, sondern auch zwei Universitäten, die verschiedensten Aus- und Fortbildungsmöglichkeiten, Einrichtungen für fast alle Freizeitaktivitäten sowie eine gut ausgebaute Infrastruktur bis hin zum internationalen Verkehrsflughafen, von dem aus sie jedes Jahr in den Urlaub fliegen. Zu klagen haben die Häuptles wenig, höchstens über die Verkehrsbelastung ihrer Stadt. Fast 60.000 Fahrzeuge täglich auf dem zentralen innerstädtischen Knotenpunkt, den sie alle täglich mindestens zweimal überschreiten müssen, werten sie als Ausdruck einer lebendigen und prosperierenden Stadt. Sie sehen voll

... als Beispiel von jungindustrialisierten Raumstrukturen	Zuversicht der zukünftigen Entwicklung entgegen. Diese Art von Wirtschaftsstrukturen werden im Gegensatz zu den altindustrialisierten Raumstrukturen als „jungindustrialisiert" bezeichnet.
Fallbeispiel 3: Heide ...	Das dritte Beispiel ist die Familie Christiansen aus einem Vorort von **Heide** im schleswig-holsteinischen Landkreis Dithmarschen. Holger Christiansen hat wie Herr Häuptle in Böblingen nach der Schulausbildung eine Lehre gemacht, und zwar als Bauschreiner. Häuser werden immer gebaut werden, so hatte er gedacht, und da werden Bauschreiner gebraucht. Nach der Lehre hatte ihn auch sein Lehrbetrieb übernommen, und anfangs waren die Aussichten von Holger Christiansen sehr gut. Er hatte Arbeit und mußte oft Überstunden machen. So konnte seine Frau zu Hause bleiben und sich der Erziehung der beiden Kinder widmen. Doch nachdem der Betrieb in finanzielle Schwierigkeiten kam, wurden die Mitarbeiter auf Kurzarbeit gesetzt. Die Suche nach anderen Arbeitsstellen war vergeblich. Holger Christiansen merkte, daß es anderen Betrieben ähnlich ging. 1994 wurden in Heide ganze 92 Wohnungen neu gebaut, das sind 44 auf 10.000 Einwohner und damit ähnlich wenig wie in Oberhausen (28 auf 10.000 Einwohner). Im prosperierenden Böblingen wurden 762 Wohnungen fertiggestellt, das sind 163 auf 10.000 Einwohner, fast viermal soviel wie zur gleichen Zeit in Heide. In den folgenden Jahren konnte Herr Christiansen nur noch unregelmäßig je nach Auftragslage arbeiten. Das ist zwar, denkt er sich, besser als arbeitslos, doch hat er kein geregeltes Einkommen. Schon länger sieht er sich nach einer sicheren und vor allem regelmäßigen Beschäftigung um, doch das Fehlen von Erwerbsmöglichkeiten läßt ihm kaum Hoffnung, in seinem Beruf an diesem Standort eine Beschäftigung zu finden.

Das gilt nicht nur für ihn, sondern auch für junge Menschen. Seine Tochter Ulrike ist deshalb gleich nach der Schule nach Hamburg gezogen, wo sie eine Ausbildung als Zahntechnikerin erhält. Sie hatte gar nicht erst nach einem Ausbildungsplatz in Heide gesucht. Das kulturelle Angebot, die Einkaufsmöglichkeiten und Bildungseinrichtungen empfand sie als nicht ausreichend. Auch die Mehrzahl ihrer Klassenkameraden wohnt nicht mehr in Heide. Einige studieren, meist in Hamburg oder Kiel, andere haben in größeren Städten Ausbildungsplätze erhalten. Es fehlen Erwerbsmöglichkeiten, aber auch Chancen zur Weiterqualifikation. Um die Familie vor dem Gang zum Sozialamt zu bewahren, hat die Mutter eine Stelle als ungelernte Aushilfskraft in einem Supermarkt angenommen. Das war das einzige, was ihr nach langer Suche angeboten wurde. Da dieser weit draußen vor der Stadt liegt, würde sie gern das Auto der Familie benutzen. Das braucht aber ihr Mann, denn die Baustellen, auf denen er gelegentlich arbeitet, liegen infolge der dünnen Besiedlung weit auseinander und sind mit öffentlichen Verkehrsmitteln überhaupt nicht zu erreichen. Zwei Autos können sie sich nicht leisten. Auch Familie Christiansen überlegte sich, aus Heide und damit dem Landkreis Dithmarschen fortzugehen, doch waren die Bindungen an die Heimatstadt trotz der wenig aussichtsreichen Lage stärker. Die nächsten Großstädte sind so weit entfernt, daß ein Pendeln nicht in Frage kommt. Mittlerweile fühlen sie sich zu alt für einen völligen Neuanfang in fremder Umgebung.

Die Stadt Heide und der Landkreis Dithmarschen zeichnen sich dadurch aus, daß sie hinter der Entwicklung der stärker verdichteten und prosperierenden Räume zurückgeblieben sind. Derartige Räume werden daher auch als „**hinter der allgemeinen Entwicklung zurückgebliebene Räume**" bezeichnet. Da ihre Entwicklung wesentlich von anderen Räumen bestimmt ist, insbesondere von Entwicklungspolen, die eine Sogwirkung auf Bevölkerung und Arbeitsplätze ausüben, werden sie im Gegensatz zu diesen **Aktivräumen** auch als **Passivräume** bezeichnet.

... als Beispiel eines „hinter der allgemeinen Entwicklung zurückgebliebenen ländlichen Raumes" der alten Länder

Eine vergleichbare Situation besteht für die Familie Wolf aus einem Vorort von **Neubrandenburg** im Bundesland Mecklenburg-Vorpommern. Klaus Wolf hat ähnlich wie Herr Häuptle aus Böblingen nach der Schulausbildung eine Lehre als Landmaschinenschlosser absolviert. Die Landwirtschaft war stets der beherrschende Wirtschaftszweig, noch 1989 waren 42,4% der Beschäftigten im primären Sektor, nur jeweils 28,8% im sekundären und tertiären Sektor beschäftigt. Da immer mehr mechanisiert wird, so hatte er gedacht, werden Landmaschinenschlosser immer gebraucht werden, und die LPG, die landwirtschaftlichen Produktionsgenossenschaften, boten berufliche Sicherheit und Perspektiven. Klaus Wolf hatte Arbeit und ihm war ebensowenig wie seiner Frau Ingeborg, die in der betriebseigenen Kinderkrippe arbeitete, bewußt, daß der geringe Wohlstand, den sie sich erarbeiteten, nur aufgebaut werden konnte, weil die Wirtschaft vom Weltmarkt isoliert nach staatlichen Vorgaben gelenkt wurde und kein Beschäftigter sich um die Arbeitsproduktivität Gedanken machen mußte. Das merkten sie, als zuerst als Folge der Wirtschafts- und Währungsunion 1989, dann mit der Vereinigung im Oktober 1989 für die LPG die Notwendigkeit bestand, marktwirtschaftlich zu kalkulieren. Es wurde deutlich, daß eine Überbeschäftigung bestand, die sich nun nicht mehr halten ließ. Der Verkauf landwirtschaftlicher Produkte war rückläufig und es fand sich kein Investor, der den Betrieb übernommen hätte. Zuerst verloren viele weibliche Beschäftigte ihre Arbeit, unter ihnen Ingeborg Wolf. Wenig später wurde auch Klaus Wolf mitgeteilt, daß sein Arbeitsverhältnis zum Jahresende gekündigt würde.

Fallbeispiel 4: Neubrandenburg ...

Die Zahl der Entlassungen und damit die der Arbeitslosen stieg von Monat zu Monat. Im Oktober 1990 waren es in Stadt- und Landkreis noch 7,3% der Erwerbstätigen, im September 1993 schon 14,7%. Zwar werden auch neue Arbeitsplätze geschaffen, so im Dienstleistungsbereich und im Bauwesen, doch sind dies stets weniger als die verlorengegangenen.

Die Familie Wolf hoffte, daß die von privaten und staatlichen Trägern getätigten und überwiegend durch Gelder aus den alten Bundesländern finanzierten Investitionen, ihnen auch bald wieder eine Beschäftigung bieten werden. Daher hatte sie nicht, wie die Familie im Nachbarhaus, die Koffer gepackt und ist fortgezogen. Die Bevölkerungsabnahme der Stadt allein im Jahr 1993 von 2,5% ist dabei kein Einzelfall, eher typisch für die ländlichen Bereiche im Nordosten Deutschlands, in denen es kaum außerlandwirtschaftliche Erwerbsmöglichkeiten gibt. Der einzige nennenswerte industrielle Bereich, die Werftindustrie an der Küste, ist ebenfalls von Betriebsschließungen betroffen.

Als Klaus Wolf im Rahmen des kommunalen Wohnungsbauprogramms schließlich eine Arbeitsstelle bekam, konnte die Entscheidung zum Fortzug noch einmal verschoben werden. Angesichts einiger positiver Entwicklungstendenzen hoffen nun alle, daß sie weiterhin im Raum bleiben können, auch wenn die Finanzierung des Haushaltes bei steigenden Lebenshaltungskosten mit nur einem Erwerbstätigen schwirig ist.

... als Beispiel eines peripheren ländlichen Raumes der neuen Länder

Auch hier handelt es sich um einen dünn besiedelten, durch die Landwirtschaft geprägten peripheren Raum, aber mit ausgeprägteren strukturellen Defiziten als im Landkreis Dithmarschen. Es sind vier konstruierte Beispiele, wobei die gewählten Räume nicht einmal extreme, sondern eher typische Strukturmerkmale aufweisen. Doch sind auch die dargestellten Lebenssituationen der vier Familien typisch? Sicher ist es falsch, die dargestellten Bedingungen zu generalisieren. Sie können jedoch aufzeigen, wie stark Lebensumstände durch Raumstrukturen bestimmt werden und welche Bedeutung sie für den einzelnen Betroffenen haben.

Bestimmung regionaler Verwandtschaften der Raumstruktur

Beim Vergleich der genannten Räume mit anderen werden wir Ähnlichkeiten feststellen. Zunächst einmal gibt es **regionale Verwandtschaften**. Die raumstrukturelle Situation in Oberhausen ist vergleichbar mit Essen, Bochum oder anderen Städten des Ruhrgebietes. Der Standort Böblingen ist vergleichbar mit den Nachbargemeinden Filderstadt und Leinfelden-Echterdingen, schließlich auch anderen zentralen Orten im Umland des Verdichtungsraumes Stuttgart. Der ländlich geprägte Landkreis Dithmarschen hat ähnliche Probleme wie die angrenzenden Landkreise

Nordfriesland, Schleswig-Flensburg oder Steinburg. Die peripheren, fast ausschließlich durch die Landwirtschaft geprägten Kreise im Raum Neubrandenburg (z.B. Waren, Altentreptow, Neustrelitz oder Pasewalk) weisen hinsichtlich ihrer Siedlungs-, Wirtschafts- und Sozialstruktur nur geringe Unterschiede auf.

Doch es gibt noch weitergehende räumliche Ähnlichkeiten. So werden wir viele Strukturmerkmale aus dem Ruhrrevier in anderen altindustrialisierten, von der Montanindustrie bestimmten Räumen finden, z.B. im Saarland oder den Werftstandorten an der Küste. Die Situation der Stadt Böblingen wird sich im Umland anderer prosperierender Verdichtungsräume immer wieder finden, z.B. um München oder Frankfurt herum. Der Landkreis Dithmarschen schließlich hat ganz ähnliche Probleme wie andere periphere, d. h. zentrumsfern gelegene ländliche Räume, z.B. in der Oberpfalz, Westniedersachsen oder der Osteifel.

Die in den ersten drei Szenarien skizzierten Raumtypen gibt es in den alten Ländern der Bundesrepublik. Anders sieht es in den neuen Ländern aus. Zwar gibt es auch hier altindustrialisierte Räume oder periphere ländliche Gebiete, doch sind deren Probleme als Folge einer unterschiedlich verlaufenen Entwicklung in der gesamten Nachkriegszeit anders gelagert als im Westen. Da das System der Zentralverwaltungswirtschaft der DDR keinen regionalen Ausgleich schaffen wollte, sondern gezielt eine räumlich-funktionale Arbeitsteilung anstrebte, sind dort Monostrukturen weitaus stärker ausgeprägt als in den alten Ländern, in denen seit den sechziger Jahren versucht wird, periphere ländliche Räume durch gewerbliche Ansiedlungen zu entwickeln und altindustrialisierte Räume durch Umstrukturierungen zu modernisieren. Im folgenden wird versucht, die raumstrukturelle Situation der Bundesrepublik anhand einiger Parameter, die für die Lebensqualität der Menschen Bedeutung haben, zu beschreiben. Zuvor sind einige Überlegungen zum Analysemaßstab anzustellen.

Extremere Ausprägung von Raumstrukturen in den neuen Ländern

1.3.3 Die Frage des Maßstabes der Raumanalyse

Beschreibung von Raumstrukturen anhand statistischer Einheiten

Die Beschreibung von Raumstrukturen beginnt bei Einzelstandorten. Diese sind als Gesamtphänomen nicht zu überschauen – man denke nur an die Gesamtzahl der Wohnstandorte der Bevölkerung in der Bundesrepublik –, wenn wir sie nicht mittels statistischer Kenngrößen zusammenfassen und beschreiben. Solche sind z. B. die Einwohnerdichte, also die Bevölkerungszahl je Flächeneinheit, oder die Arbeitsplatzdichte, die Zahl der Beschäftigten je Flächeneinheit. Da von statistischen Einheiten im Raum sowohl die Flächengröße als auch die absoluten Zahlen des zu erfassenden Objektes bekannt sind, lassen sich diese Kenngrößen berechnen.

Die räumliche Einheit ...

Es gibt jedoch unterschiedliche räumliche Einheiten, angefangen von den Ortsteilen einer Gemeinde über die Gemeinde selbst, den Kreis, die Region bis zu Regierungsbezirk oder Land. Dabei ist es nicht gleichgültig, welche Einheit gewählt wird. Je kleinräumiger die Einheit ist, desto genauere Aussagen sind möglich. Damit wird ein großräumiger Überblick erschwert. Eine Betrachtung auf Ortsteilebene mag für Strukturuntersuchungen eines Kreises sinnvoll sein; ist die gesamte Bundesrepublik Untersuchungsgegenstand, wird eine solche Darstellung, sofern sie kartographisch möglich ist, eher zur Verwirrung als zur Klärung beitragen. Für Untersuchungen im Maßstab des Bundesgebietes eignen sich besser Kreise oder Regionen als statistische Einheiten.

... hat Auswirkungen auf das Ergebnis

Die Wahl der statistischen Einheit hat jedoch nicht nur Auswirkungen auf die Quantität, sondern auch auf die Qualität der zu treffenden Aussage. Weist das zu untersuchende Phänomen starke kleinräumige Unterschiede auf, so werden diese durch Anhäufung zu größeren Gebietseinheiten nivelliert. Daher wird z.B. die hohe Arbeitslosigkeit in einer Gemeinde nicht wiedergegeben, wenn sie in einem Kreis mit allgemein geringer Quote liegt. Ein Mittelwert einer Region erlaubt noch keine Aussage darüber, wie stark die Einzelwerte um ihn streuen, wie gut der Mittelwert die Gesamtheit beschreibt. Es ist also eine grundlegende Frage, in welchen Gebietseinheiten Untersuchungen erfolgen.

Analyseräume für das Bundesgebiet

Für die Analyse großräumiger Unterschiede im Bundesgebiet werden 97 Analyseräume verwendet. Ihre seit 1996 gültige Abgrenzung und Bezeichnung ist aus Abbildung 10 ersichtlich.

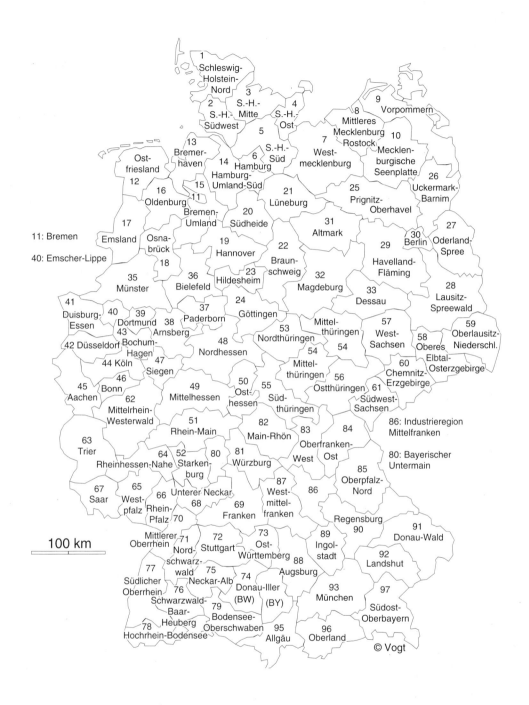

Abb. 10
Raumordnungsregionen und Analyseräume der Bundesraumordnung ab 1.6.1996

1.3.4 Die siedlungsstrukturellen Gebietstypen

Suche nach Regelhaftigkeiten der siedlungsstrukturellen Entwicklung

Die Analyse der Raumstruktur hat nicht nur das Ziel, einzelne Daten über die Gebietseinheiten zu ermitteln und räumlich zu vergleichen. Sie will auch Regelhaftigkeiten der Entstehung, Auflösung oder Verfestigung räumlicher Strukturen erarbeiten. Dem kommt zugute, daß sich räumliche Strukturen nicht regellos verändern, sondern daß es Raumtypen gibt, die diesbezüglich sehr ähnlich sind. So weisen beispielsweise Randbereiche von Ballungsräumen vergleichbare Entwicklungen auf, ob dieser Ballungsraum nun Hamburg, Köln oder München heißt. Dabei steht die Siedlungsstruktur als wichtigstes Merkmal der Raumstruktur an erster Stelle.

Ein wesentlicher Schritt zur Raumanalyse wird dadurch vollzogen, daß solche geeigneten siedlungsstrukturellen Typen gebildet werden, in denen räumliche Entwicklungen gleich oder ähnlich ablaufen. Diese lassen dann leichter die Ursachen und Folgen von Veränderungen erkennen und ermöglichen es, im Falle unerwünschter Entwicklungen durch raumplanerische Maßnahmen gegenzusteuern.

Größenordnungen siedlungsstruktureller Typisierung

Die siedlungsstrukturellen Betrachtungen auf Bundesebene erfolgen meist in **siedlungsstrukturellen Regionstypen**, die vor allem der großräumigen Raumstruktur des Bundesgebietes Rechnung tragen. Kleinräumige, innerregionale Unterschiede können anhand der **siedlungsstrukturellen Kreistypen** beschrieben und analysiert werden. Eine letzte Ebene ist dann eine **siedlungsstrukturelle Gemeindetypisierung**, auf die wir jedoch im folgenden nicht zurückgreifen werden.

Kriterien

Zwei entscheidende Kriterien der Siedlungsstruktur sind die Verdichtung und die Zentralität, also die Einwohnerdichte und die Ausstattung mit zentralen Orten.

Siedlungsstrukturelle Grundtypen

In einem ersten Arbeitsschritt werden drei **siedlungsstrukturelle Grundtypen** unterschieden, wobei Abgrenzungskriterien die Bevölkerungsdichte (Einwohner je qkm) und die Zentralität (Einwohner im größten Oberzentrum, das die Versorgung mit Gütern des langfristigen Bedarfs sichert) sind:

1. **Regionen mit großen Verdichtungsräumen**
   sind Regionen mit einer Einwohnerdichte von 300 und mehr Einwohnern je qkm und/oder einem Oberzentrum von über 300.000 Einwohnern (im folgenden bezeichnet als RT I).

2. **Regionen mit Verdichtungsansätzen**
   sind Regionen mit einer Einwohnerdichte von durchschnittlich über 150 Einwohner je qkm (E/qkm) und in der Regel einem Oberzentrum von mindestens 100.000 Einwohnern (im folgenden bezeichnet als RT II).
3. **Ländlich geprägte Regionen**
   sind Regionen mit einer Einwohnerdichte von ca. 100 Einwohnern je qkm und ohne Oberzentrum von 100.000 und mehr Einwohnern.
   Sie werden noch einmal differenziert in
   - stärker besiedelte, nicht peripher gelegene ländliche Regionen:
     Regionen ohne Oberzentrum über 100.000 Einwohner, verdichtungsraumnähere Lage und/oder Bevölkerungsdichte um 100 E/qkm und weniger (im folgenden bezeichnet als RT III.1) und
   - gering besiedelte, peripher gelegene ländliche Regionen:
     Regionen ohne Oberzentrum über 100.000 Einwohner, Bevölkerungsdichte unter 100 E/qkm und weniger (im folgenden bezeichnet als RT III.2).

Nach diesen Kriterien werden die 97 Analyseräume, die der Beobachtung raumstruktureller Entwicklungen dienen, zugeordnet. Das Ergebnis der siedlungsstrukturellen Typisierung (nach der bis 1.6.1996 geltenden Abgrenzung) enthält die Karte auf der folgenden Seite (Abb. 11).

Nun ist die Zentralität allein durch das Vorhandensein oder Fehlen eines Oberzentrums noch unzureichend erfaßt. Entscheidend sind auch die Lagebeziehungen zu diesem Oberzentrum. Ebenso wird die Verdichtung allein durch die Einwohnerdichte zu ungenau erfaßt. Daher wurden bei der siedlungsstrukturellen Typisierung der Kreise folgende Typen innerhalb der Raumordnungsregionen gebildet:

Siedlungsstrukturelle Kreistypen

1. **In Regionen mit großen Verdichtungsräumen:**
   Typ 1: **Kernstädte,**
   d.h. kreisfreie Städte mit 100.000 und mehr Einwohnern (im folgenden bezeichnet als KT I.1)
   Typ 2: **Hochverdichtete Kreise,**
   d.h. Kreise mit einer Bevölkerungsdichte von um oder über 300 E/qkm sowie kreisfreie Städte unter 100.000 Einwohner (KT I.2)
   Typ 3: **Verdichtete Kreise,**
   d.h. Kreise mit einer Bevölkerungsdichte zwischen 150 und 300 E/qkm (KT I.3)

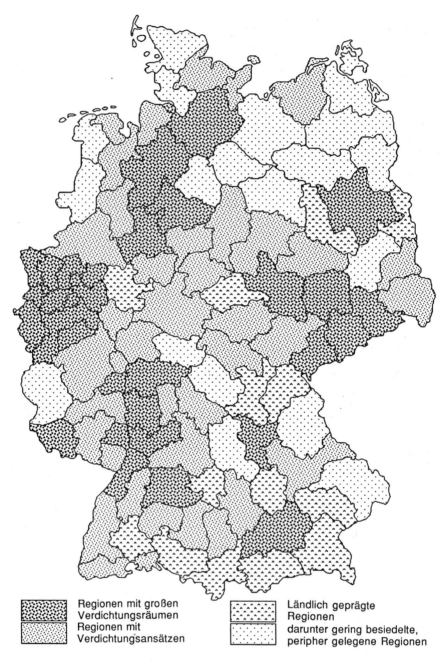

Abb. 11
Siedlungsstrukturelle Regionstypen in den bis 1996 gültigen Abgrenzungen

Typ 4: **Ländliche Kreise,**
d.h. Kreise mit einer Bevölkerungsdichte unter 150 E/qkm (KT I.3).
2. **In Regionen mit Verdichtungsansätzen:**
Typ 5: **Kernstädte,**
d.h. Kreisfreie Städte um oder über 100.000 Einwohnern (KT II.1),
Typ 6: **Verdichtete Kreise,**
d.h. Kreise mit einer Bevölkerungsdichte über 150 E/qkm, kreisfreie Städte unter 100.000 Einwohner und umliegende Kreise von Kernstädten mit einer Bevölkerungsdichte von zusammen mindestens 150 E/qkm (KT II.2),
Typ 7: **Ländliche Kreise,**
d.h. Kreise und kreisfreie Städte mit einer Bevölkerungsdichte unter 150 E/qkm (KT II.3).
3. **In ländlich geprägten Regionen:**
Typ 8: **Verdichtete Kreise,**
d.h. Kreise mit einer Bevölkerungsdichte um oder über 150 E/qkm, kreisfreie Städte und umliegende Kreise mit einer Bevölkerungsdichte von insgesamt um oder über 150 E/qkm, kreisfreie Städte um 50.000 Einwohner und mehr und umliegende Kreise mit einer Gemeinde über 50.000 Einwohner (KT III.1),
Typ 9: **Ländliche Kreise,**
d.h. sonstige Kreise und kreisfreie Städte in ländlich geprägten Regionen (KT III.2).

Diese siedlungsstrukturellen Gebietstypen haben sich bei den Untersuchungen auf gesamtstaatlicher Ebene bewährt. In ihnen erfolgt die amtliche laufende Raumbeobachtung und nach ihnen sollen im folgenden ausgewählte Parameter der Raumstruktur angesprochen werden.

1.3.5 Die Bevölkerungsstruktur der Bundesrepublik Deutschland

Die Charakterisierung der Bevölkerung nach demographischen Merkmalen ist eine wichtige Grundlage bei der Analyse der Raumstruktur. So wirkt sich z.B. der Altersaufbau auf die Bildungs- und Beschäftigungsmöglichkeiten aus. Die Bevölkerungszahl und -entwicklung in den Regionen, die abhängig vom generativen Verhalten und dem Wanderungssaldo ist, bestimmt das Angebot an Arbeitskräften und die Nachfrage nach Infrastruktureinrichtungen, Konsumgütern usw. Die Bevölkerungsstatistik ist somit eine unverzichtbare Grundlage jeder Raumanalyse und Planung.

Bedeutung der Bevölkerungsstrukturen für die Raumanalyse

Am 31.12.1994 lebten in der Bundesrepublik ca. 81,5 Millionen Menschen auf einer Fläche von 357.000 qkm. Davon entfielen auf die alten Länder einschließlich West-Berlins 66 Millionen auf 249.000 qkm, auf die neuen Länder ca. 15,5 Millionen auf 108.000 qkm. Aufschlußreich ist ein diesbezüglicher Rückblick auf vergangene Bevölkerungsbewegungen.

Bevölkerungsentwicklung in Deutschland seit 1871

In den 100 Jahren zwischen 1871 und 1971 hat sich die Bevölkerung auf der Fläche der alten Länder der Bundesrepublik ungefähr verdreifacht. Sie stieg von 20,4 Millionen auf 60,5 Millionen. Bis in den zweiten Weltkrieg war diese Zunahme hauptsächlich auf die hohen Geburtenüberschüsse zurückzuführen, die eine Folge der sinkenden Sterblichkeit und hoher Geburtenzahlen waren. Vor allem die Säuglingssterblichkeit ist von 25% am Ende des letzten Jahrhunderts auf heute 1,2% zurückgegangen. Parallel dazu stieg die Lebenserwartung an. Nach dem zweiten Weltkrieg bis ca. 1950 war die Hauptkomponente der Bevölkerungszunahme die Aufnahme von Flüchtlingen aus den Ostgebieten des Deutschen Reiches und den deutschen Siedlungsgebieten im Ausland. 1950 betrug der Anteil der Vertriebenen im Bundesgebiet (alte Länder) 16% der Gesamtbevölkerung. Zwischen 1950 und 1961 ist die stetige Bevölkerungszunahme vor allem auf den Flüchtlingsstrom aus der DDR und den anderen Ostblockstaaten zurückzuführen. Seit 1961, als der Arbeitskräftebedarf der Industrie infolge des Mauerbaus nicht mehr durch deutsche Zuwanderer gedeckt werden konnte, wurden ausländische Arbeitskräfte angeworben.

Negativer natürlicher Bevölkerungssaldo

Von 1972 bis 1989 gab es in der damaligen Bundesrepublik kein natürliches Bevölkerungswachstum mehr, die Anzahl der Gestorbenen überwog die der Neugeborenen. Für die deutsche Bevölkerung erreichte das jährliche Geburtendefizit 1975 den Höchststand von 235.000, 1989 waren es 16.000. Infolge des Geburtenüberschusses macht sich bei der gesamten ausländischen Wohnbevölkerung (1986: 50.000) dieses Defizit in geringerem Maße bemerkbar. Dennoch hat die Gesamtbevölkerung im Zeitraum 1980 bis 1985 um 630.000 Einwohner abgenommen. Dies ist auch darin begründet, daß der Außenwanderungssaldo der Bundesrepublik von 1982 bis 1984 eine negative Tendenz hatte. Seit 1985 haben wir wieder einen positiven Außenwanderungssaldo durch Ostaussiedler und eine zunehmende Zahl Asylsuchender.

Abnahme der Gesamtbevölkerung 1980 bis 1985

Bevölkerungsentwicklung in der ehemaligen DDR

In der ehemaligen DDR und Ostberlin war die Bevölkerungszunahme durch Flüchtlingsströme nach dem Krieg ähnlich wie im Westen. 1948 hatte die damalige sowjetische Besatzungszone 19 Millionen Einwohner. Danach ging die Zahl bis zum Mauerbau als Folge einer starken Abwanderung in den „goldenen Westen"

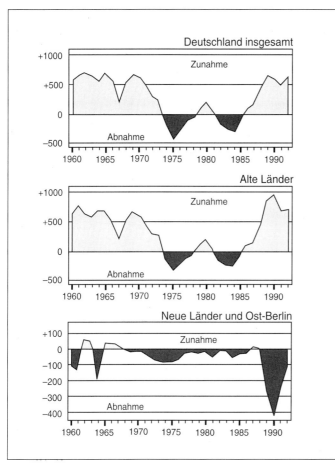

Abb. 12
Jährliche Bevölkerungs-
veränderung in Deutschland
1960 – 1992

bis zum Mauerbau 1961 auf 1,1 Millionen zurück. Die Mauer konnte den Flüchtlingsstrom bremsen, durch Geburtendefizite ging jedoch die Bevölkerungszahl weiter zurück, bis sie in den siebziger Jahren die 17-Millionen-Grenze unterschritt. Seit 1989 hat der Raum wieder starke Wanderungsverluste. 1994 hatten die neuen Länder nur noch 15,5 Millionen Einwohner (Abb. 12).

Nach der Vereinigung der beiden Staaten setzte sich die Ost-West-Bewegung fort. Vor allem die altindustrialisierten Regionen in Sachsen-Anhalt und Sachsen, die aufgrund von Arbeitsplatzverlusten, Umwelt- und Wohnbedingungen besonders belastet sind, haben eine starke Bevölkerungsabnahme. Hier verbindet sich eine überdurchschnittliche Abwanderung mit einem negativen natürlichen Bevölkerungssaldo.

Die Motive der Binnenwanderung waren in der DDR und der alten Bundesrepublik unterschiedlich. In der DDR hatten die

Wanderungsmotive in Ost und West

Süd-Nord-Gefälle in den alten Ländern

industriellen Kernräume und Großstädte Wanderungsgewinne zu verzeichnen; sie waren auch Schwerpunkte des staatlichen Wohnungsbaues. Während damit das Wohnungsangebot die Binnenwanderung bestimmte, war es in den westlichen Ländern das Arbeitsplatzangebot. Die Arbeitsmarktlage führte im Süden der alten Bundesrepublik zur Zuwanderung, vor allem von jungen Arbeitskräften, was einen positiven natürlichen Bevölkerungssaldo zur Folge hatte. So entstand ein stabiles Süd-Nord-Gefälle in den westlichen Ländern, das heute durch Standortaufwertungen des ehemaligen Zonenrandgebietes teilweise aufgehoben sowie durch das neue West-Ost-Gefälle massiv überlagert wird.

Altersaufbau der Bevölkerung 1910 bis 1990

Das generative Verhalten zeigt sich auch im **Altersaufbau der Bevölkerung**. Die Geburten und Sterbefälle sind von der Stärke der einzelnen Altersjahrgänge abhängig. Andererseits bestimmen Veränderungen der Sterblichkeit und der Geburtenquote die Anzahl der Bevölkerung eines Jahrganges. Langfristig hat das generative Verhalten zu einer Veränderung der Altersstruktur der Gesamtbevölkerung geführt. Damit verschieben sich auch die Relationen z.B. zwischen Erwerbstätigen und Rentnern oder zwischen Erwachsenen und Jugendlichen. Vor dem ersten Weltkrieg lag der Anteil der über 65-jährigen bei knapp 5%, heute liegt er bei 15,4%. Die Veränderung der Altersstruktur wird deutlich in der Alterspyramide, in der die einzelnen Jahrgänge, getrennt nach Geschlecht, dargestellt werden. Die klassische Pyramidenform, die die Bevölkerung noch zu Beginn des Jahrhunderts hatte, ist heute kaum noch gegeben, man würde anschaulicher von einer Ruine sprechen (Abb. 13).

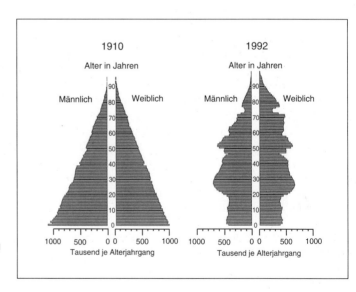

Abb. 13
Altersaufbau der Bevölkerung in Deutschland 1910 und 1992

Die Ursachen der regionalen Bevölkerungsentwicklung sind also unterschiedlich, die Wanderungsbewegungen und der Altersaufbau sind dabei die wichtigsten Einflußgrößen. Das in der Übersichtskarte (Abb. 14) zum Ausdruck kommende West-Ost-Gefälle wird durch regionale Gefälle ergänzt. Dabei ist der wichtigste Prozeß derjenige der **Suburbanisierung**, also die absolute oder relative Bedeutungsabnahme bestimmter Funktionen der jeweiligen Kernstadt gegenüber ihrem Umland, vor allem als Wohn- und Arbeitsstätte oder als Betriebsstandort. Sie ist bis heute das prägende Merkmal der Entwicklung der Siedlungsstruktur in den alten Ländern. Dieser Vorgang vollzieht sich durch intraregionale Standortentscheidungen von Haushalten und Unternehmen und setzt die **Urbanisierung**, also den vorausgegangenen Konzentrationsprozeß, voraus. Dieser läuft heute verlangsamt ab, es gibt jedoch keine ausreichenden Hinweise dafür, daß er sich völlig umkehrt. Die zu beobachtende Abwanderung von Erwerbspersonen und von Betrieben in das Umland hat für die Kernstädte negative Auswirkungen, denn die kommunalen Einnahmen sinken. Viele Aufgaben bleiben jedoch erhalten oder neue kommen hinzu, z.B. in der Verkehrsinfrastruktur infolge wachsender Pendlerzahlen. Die Suburbanisierung der Bevölkerung ist ein räumlicher Segregations- oder Entmischungsprozeß, denn vor allem Familien mit Kindern verlassen die Kernstädte und lassen soziale Problemgruppen wie alte Menschen und Ausländer zurück. Zuweilen bestehen auch nicht mehr verlagerungsfähige gewerbliche Betriebe am alten Standort weiter, vor allem in altindustrialisierten Regionen. Da Aufgaben im Bereich der Versorgung und die Funktion als Dienstleistungszentrum erhalten bleiben, steigt das Verkehrsaufkommen, welches größtenteils über den Individualverkehr abgewickelt wird, und damit die Umweltbelastung. Dies verstärkt wiederum die Suburbanisierung ebenso wie die absolute und relative Zunahme des tertiären Sektors in den Kernstädten, der die Wohn- und Gewerbenutzung verdrängt.

Suburbanisierung in den alten Ländern

Der **suburbane Raum** zeigt eine entsprechend starke Zunahme der bebauten Fläche zu Lasten der Freiflächen, so der individuell oder allgemein nutzbaren Grünflächen wie Kleingärten oder Parks oder der landwirtschaftlichen Nutzfläche. Damit ändern sich die Standortqualitäten, indem die negativen Folgen der Verdichtung wie Verkehrs- und damit Lärm- und Emissionsbelastung oder Verminderung der Freifläche zunehmen. Es entstehen ähnliche Probleme wie in den Kernstädten, womit der Trend einer immer weiteren Verlagerung von Wohn- und Arbeitsstandorten in das Umland angelegt ist. So wachsen die Verdichtungsgebiete ringförmig nach außen und haben teilweise schon das ländliche Umland erfaßt.

Folgen im suburbanen Raum

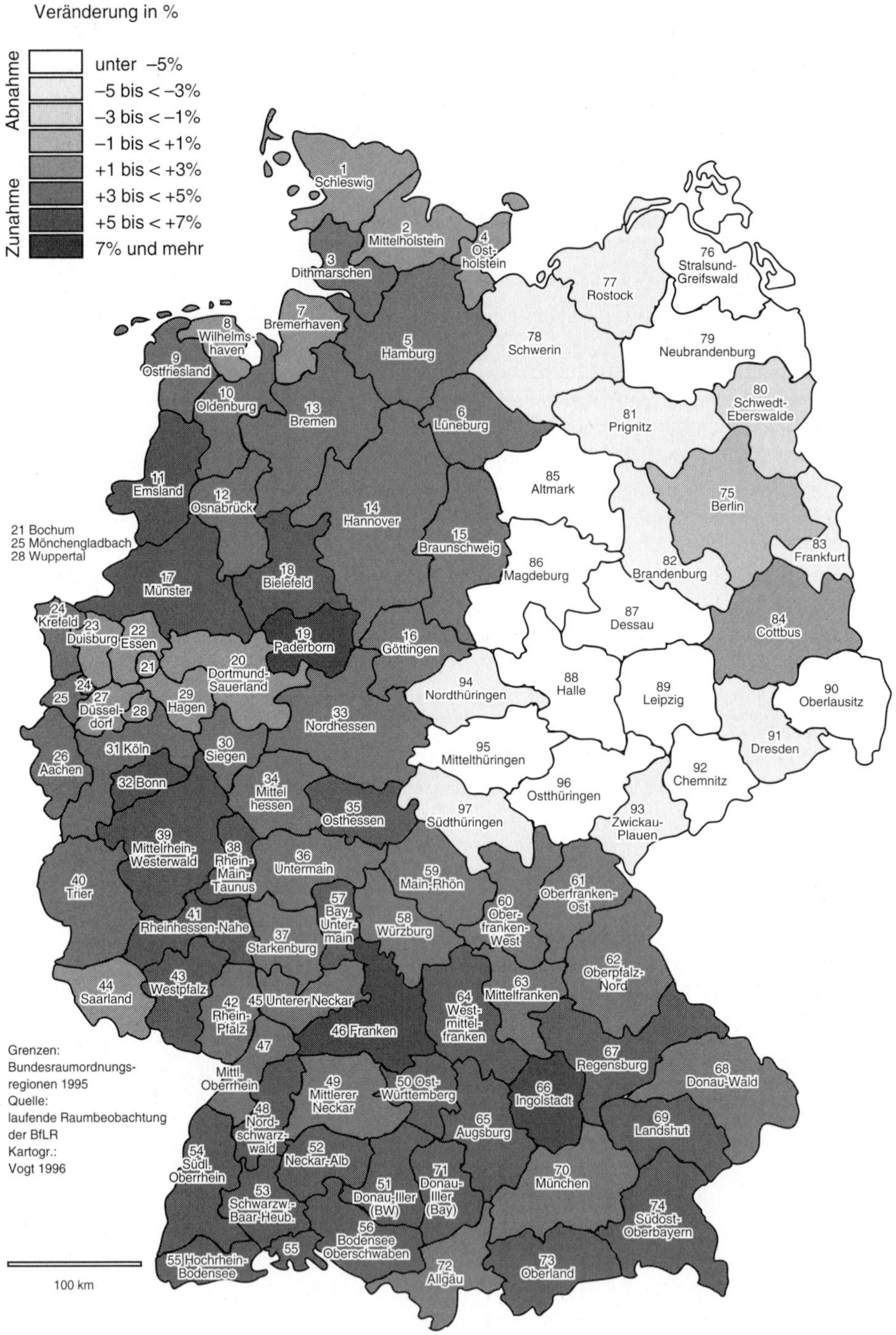

Abb. 14
Bevölkerungsentwicklung in Deutschland 1989 bis 1992

Interessant dabei ist, daß der Suburbanisierungsprozeß in den alten Ländern sowohl in der Phase der wirtschaftlichen Rezession 1980 bis 1983 als auch während der folgenden belebten Konjunktur anhielt. Hinsichtlich der Suburbanisierung von Bevölkerung und Wohnungen ist allerdings festzustellen, daß dieser Vorgang seit 1983/84 eine sinkende Tendenz zeigt. Die Kernstädte haben eine leichte relative Bedeutungszunahme zu verzeichnen, besonders als Wohnstandorte. Darin bildet sich der jüngste Trend zum innerstädtischen Wohnen in gut ausgestatteten Luxusappartements ab, welcher vor allem von Ein-Personen-Haushalten getragen wird, deren Anteil kontinuierlich steigt. Es ist möglich, daß sich hier ein Prozeß der **Reurbanisierung** ankündigt.

Suburbanisierung ist konjunkturunabhängig

Reurbanisierung?

Die Suburbanisierung hatte die Individualmotorisierung zur Voraussetzung. Beide haben mit dazu beigetragen, daß sich die **Polaritäten der räumlichen Entwicklung verändert** haben. Während in den westlichen Ländern bis in die siebziger Jahre die Raumstruktur durch den Unterschied zwischen den Verdichtungsräumen und den ländlichen Räumen geprägt war, wobei erstere als entwickelt und letztere als entwicklungsbedürftig angesehen wurden, haben sich seitdem andere räumliche Differenzierungen herausgebildet. Der starke Gegensatz zwischen Verdichtungsräumen und ländlichen Räumen, der in fast allen Lebensbereichen bestand, hat sich deutlich abgeschwächt. In Regionen mit großen Verdichtungsräumen leben zwar auf über einem Viertel der Fläche des Bundesgebietes immer noch über die Hälfte der Bevölkerung, und hier konzentriert sich auch die Mehrzahl der Arbeitsplätze, doch hat sich das große Gefälle zum ländlichen Raum im Westen verringert. Die infrastrukturelle Versorgung ist nahezu gleichwertig, die Wirtschaftsentwicklung, gemessen an den Beschäftigtenzahlen, ist im ländlichen Raum sogar günstiger, auch die Arbeitslosenquote ist geringer. Lediglich an hochqualifizierten Arbeitsplätzen herrscht ein Mangel und infolge des höheren Anteils Jugendlicher sind auch deren Aus- und Fortbildungsmöglichkeiten schlechter. Vor allem aufgrund des gewandelten Umweltbewußtseins erfahren diese Räume heute eine wesentlich positivere Bewertung ihrer Lebensqualität als vor 20 Jahren. Von einer allgemeinen Benachteiligung ländlicher Räume kann heute mit Bezug auf die alten Länder nicht mehr gesprochen werden.

In den westlichen Ländern: Überwindung der Polarität Verdichtungsraum – ländlicher Raum

Keine allgemeine Benachteiligung des ländlichen Raumes mehr

In den neuen Ländern jedoch gab es nicht die über Jahrzehnte hindurch erfolgten staatlichen Maßnahmen zur Aufwertung des ländlichen Raumes. Dort finden wir heute verbreitet ähnliche strukturelle Merkmale wie in den fünfziger Jahren in der Bundesrepublik im peripheren ländlichen Raum. Damit sind diese Räume wegen ihrer schlechten infrastrukturellen Ausstattung und

In den östlichen Ländern: weiterhin große Strukturschwächen im ländlichen Raum

Bevölkerungsveränderung nach Regionstypen: Ost-West-Unterschiede der Entwicklung

ihrer fehlenden Arbeitsplätze unattraktiv und weisen Bevölkerungsabwanderungen auf.

Schon die Betrachtung der Bevölkerungsveränderung in den siedlungsstrukturellen Regionstypen der alten und neuen Länder offenbart, daß die Bevölkerungsverschiebungen im Osten und Westen sehr unterschiedlich verlaufen (Abb. 15). In den alten Ländern haben die stärker besiedelten nicht peripheren ländlichen Regionen (RT III.1) und die Regionen mit Verdichtungsansätzen (RT II) die stärksten Zuwachsraten. In den neuen Ländern dagegen haben letztere einen besonders ausgeprägten Bevölkerungsverlust.

Bevölkerungsveränderung nach Kreistypen

Alle Kreistypen der neuen Länder haben nach 1989 teilweise dramatische Bevölkerungsverluste hinnehmen müssen. In den Regionen mit großen Verdichtungsräumen sind sie am ausgeprägtesten in den hochverdichteten und verdichteten Kreisen (KT I.2 und KT I.3) mit Ausnahme der Kernstädte (KT I.1). In den Regionen mit Verdichtungsansätzen (KT II) sind auch die Kernstädte (KT II.1) voll vom negativen Trend mit erfaßt, was auch für die Kreise der ländlich geprägten Regionen unabhängig von ihrer Verdichtung (KT III.1 und KT III.2) gilt. In den alten Ländern ist der allgemeine Bevölkerungszuwachs in den Kernstädten der Verdichtungsräume am geringsten, er nimmt in den Regionen mit

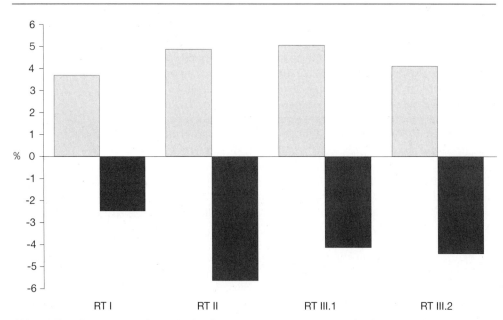

Abb. 15: Bevölkerungsveränderung in den Regionstypen 1989–1992, alte (hell) und neue Länder (dunkel)

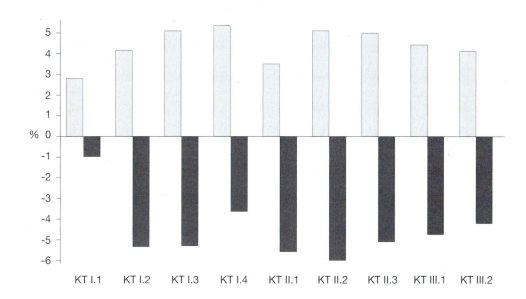

Abb. 16: Bevölkerungsveränderung in den Kreistypen 1989–1992, alte (hell) und neue Länder (dunkel)

Verdichtungsräumen (KT I) mit abnehmender Verdichtung zu, so daß er im ländlichen Umland (KT I.4) den höchsten Wert erreicht. Diese Suburbanisierungstendenz erfolgt zu derjenigen der neuen Länder umgekehrt und weist somit auf gegenläufige raumstrukturelle Entwicklungsprozesse hin. Gleiches gilt für die Kreise der Regionen mit Verdichtungsansätzen.

Im Vergleich zu den Tendenzen in der zweiten Hälfte der achziger Jahre verstärkt sich in den alten Ländern in der Bevölkerungsbilanz der Suburbanisierungstrend. Die Ansätze zu einer Reurbanisierung, die sich damals in den neuen Ländern abzeichneten, sind in den neunziger Jahren nur noch für einige Kernstädte zu beobachten.

Suburbanisierung im Westen

Die **regionalen Unterschiede in der Altersstruktur der Bevölkerung** sind besonders für die gegenwärtige und zukünftige Auslastung von Sozial- und Bildungseinrichtungen relevant. Der Anteil der Einwohner unter 5 Jahren an allen Einwohnern wird als Kleinkinderquote bezeichnet. Sie beträgt in Bundesdurchschnitt 5,5% mit überdurchschnittlichen Werten in den alten und unterdurchschnittlichen in den neuen Ländern. Zwischen 1989 und 1992 hat die Kleinkinderquote in den Regionstypen der alten Länder zwischen 10,8 und 12,1 % zugenommen und damit zu Engpässen in der Versorgung mit Kindergartenplätzen geführt.

Bedeutung regionaler Unterschiede der Bevölkerungsstruktur

Die dramatischen Rückgänge in den neuen Ländern zwischen –21% (hochverdichtete Regionen) und –29,9% (ländliche Regionen) haben hingegen zu Überkapazitäten geführt. Dies setzt sich fort bei Betrachtung der Schülerquote, die durch den Anteil der 5- bis unter 18-jährigen an der Gesamtbevölkerung bestimmt ist. Er liegt im Bundesdurchschnitt bei 14% und nahm im Beobachtungszeitraum 1989 bis 1992 um 2,4% zu. Die regional unterschiedliche Bevölkerungsentwicklung führte in den alten Ländern zu einer Zunahme um 3,9%, der in den neuen Ländern eine Abnahme um 1,6% gegenüberstand. Die ausgeprägtesten Entwicklungen bestanden in den Regionen mit Verdichtungsansätzen, in denen in den alten Ländern die Schulkinderquote um 4,5% zunahm, während sie sich in den neuen Ländern um 3,6% verringerte. In den ländlichen Regionen sind dagegen die Unterschiede in der Entwicklung zwischen Ost und West am geringsten.

Wichtigste Einflußfaktoren der Bevölkerungsentwicklung

Die regionale Bevölkerungsentwicklung ist das Ergebnis aus der natürlichen Bevölkerungsentwicklung, Geburtenziffern, Sterbeziffern und Säuglingssterblichkeit, sowie dem Wanderungssaldo. Sinnvollerweise differenzieren wir in einen Binnenwanderungssaldo, also Bevölkerungsbewegungen innerhalb der Bundesrepublik, und einen Außenwanderungssaldo. Diese Bestimmungsgrößen der Bevölkerungsveränderung sind regional sehr unterschiedlich. Ihre Kenntnis ist insbesondere für die Prognose zukünftiger Entwicklungen der regionalen Bevölkerungszusammensetzung von Bedeutung, wenn der Bedarf an Kindergärten, Schulen oder Altenpflegeeinrichtungen zu ermitteln ist.

Vgl. Kapitel 2.4

1.3.6 Wirtschaftsstruktur und Arbeitsmarkt

Wirtschaftsstruktur und Arbeitsmarkt sind grundlegende räumliche Merkmale, die die Lebensumstände der Menschen entscheidend bestimmen und wesentliche Wanderungsmotive darstellen. Das umfassendste Maß für die wirtschaftliche Leistungsfähigkeit ist das Bruttosozialprodukt, zu dem alle von den Bewohnern eines Landes oder Raumes erarbeiteten Leistungen zusammengefaßt werden. 1995 betrug es in der Bundesrepublik Deutschland 3445 Milliarden DM, das war elfmal soviel wie 1960, inflationsbereinigt etwa zweieinhalbmal soviel.

Bruttosozialprodukt als Maß der Wirtschaftskraft

Als Folge der niedrigen Produktivität in den Betrieben der ehemaligen DDR unter den Bedingungen der Zentralverwaltungswirtschaft besteht weiterhin ein extremes West-Ost-Gefälle des Bruttosozialproduktes. Nach vorläufigen Berechnungen belief es sich in den neuen Ländern im Jahr 1994 auf 355,2 Milliarden DM, das sind nur 10,7% der gesamtdeutschen Summe. Pro Einwohner

West-Ost-Gefälle des Bruttosozialproduktes

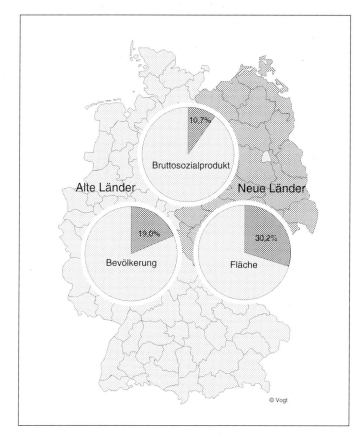

Abb. 17
Anteil der neuen Länder und Ost-Berlins an Fläche, Bevölkerung und Bruttosozialprodukt 1994

wurden in den neuen Ländern 22.916 DM, in den alten hingegen 44.806 DM erwirtschaftet. Dieses Gefälle verringert sich jedoch (Abb. 17).

Es ist aufschlußreich, die Wertschöpfung auf die einzelnen Wirtschaftsbereiche aufzuteilen, um die Unterschiede zwischen West und Ost zu erklären. Dies kann aufgrund des Anteils der Beschäftigten erschlossen werden. Der Anteil des primären Sektors, also der in der Land- und Forstwirtschaft Beschäftigten, ist (1993) mit 1,5 % gering. Während es in den alten Ländern 1% sind, liegt die Quote in den neuen Ländern bei 3,2%. Im sekundären Sektor, worunter die Wirtschaftsbereiche der industriellen Produktion zusammengefaßt werden, beträgt das Verhältnis als Folge der Deindustrialisierung 44,2 zu 35,1%. Den größten Anteil haben heute die Dienstleistungen mit 56,3% aller Beschäftigten im Bundesdurchschnitt, wobei der Anteil in den alten Ländern 56,3%, in den neuen 61,7% beträgt. Doch unterscheiden sich die Verhältnisse der Wirtschaftsbereiche auch innerhalb der alten und neuen Länder. In der noch immer stark landwirtschaftlich

Unterschiede im Beschäftigtenanteil der Wirtschaftssektoren

geprägten Altmark im Norden Sachsen-Anhalts liegt das Verhältnis bei 8,4 : 31,8 : 59,7%, in der sächsischen Region Zwickau-Plauen dagegen bei 2,8 : 44,2 : 53,1%. Deutlich höher sind die Anteile des sekundären Sektors in den alten Ländern, doch nicht so sehr in den altindustrialisierten Regionen (z.B. Essen mit 0,7 : 43,4 : 55,4), die als Folge der vergangenen Umstrukturierungen einen hohen Tertiärisierungsgrad aufweisen, sondern in ländlich geprägten Regionen, z.B. den württembergischen Regionen Schwarzwald-Baar-Heuberg (0,6 : 62,0 : 37,4) oder Ostwürttemberg (1,1 : 62,8 : 36,1). Den Anteil der in der Industrie Beschäftigten an der Gesamtzahl der Erwerbstätigen bezeichnen wir als **Industriebesatz**. Er ist für das Jahr 1993 in Abb. 18 für die Raumordnungsregionen wiedergegeben. Das für die ehemalige DDR typische ausgeprägte Süd-Nord-Gefälle hat sich infolge des erdrutschartigen Abbaus industrieller Arbeitsplätze verringert.

Lohn- und Gehaltssummen als Indikator für die Wirtschaftskraft

Über die Wirtschaftskraft der Region ist mit dem Verhältnis der Wirtschaftssektoren jedoch noch nichts ausgesagt, denn eine wirtschaftsstarke Region wie München hat (mit 0,7 : 32,4 : 67,0%) ein ähnliches Verhältnis wie die strukturschwache Region Rostock (mit 4,6 : 28,2 : 67,2%). Dazu wären die Produktivität und andere Parameter der Wirtschaftsstruktur einzubeziehen, die jedoch nur schwer statistisch regionalisiert erfaßbar sind. Man bedient sich daher der Lohn- und Gehaltssummen. Unterschiede in Löhnen und Gehältern sind wesentliche Motive für Wanderungsentscheidungen - insbesondere zwischen alten und neuen Ländern - und sie sind ein Indikator für die Wirtschaftsstrukturen im jeweiligen Sektor. Ein geeigneter Indikator ist die Lohn- und Gehaltssumme der im industriellen Sektor Beschäftigten. Er ist in Abb. 19 auf der Basis der Raumordnungsregionen für den Stichtag des 30.6.1993 wiedergegeben. Der Bundesdurchschnitt lag bei 4867 DM, jedoch mit einem wesentlich höheren Wert in den alten Ländern (5099 DM) als in den neuen einschließlich Ost-Berlins (3128 DM). Spitzenreiter ist die Region München (6202 DM), Schlußlicht Südthüringen (3226 DM). Darüber hinaus bildet die Verteilung sowohl Unterschiede zwischen den Tarifbezirken (z.B. zwischen Bayern und Baden-Württemberg) als auch raumstrukturelle Unterschiede ab. Daher ist es auch in diesem Falle hilfreich, sich der Raumtypisierung zu bedienen, wobei auf die Kreise als Einheiten zurückgegriffen wird (Abb. 20).

In den alten Ländern (helle Säulen) sind die Lohn- und Gehaltssummen und damit die Verdienstmöglichkeiten in den Kernstädten am größten und nehmen nach außen in den ländlichen Raum hin kontinuierlich ab. Dies gilt sowohl für die Kreise in den Regionen mit Verdichtungsräumen (KT I) als auch in denjenigen mit Verdichtungsansätzen (KT II). Auch in den Kreisen der

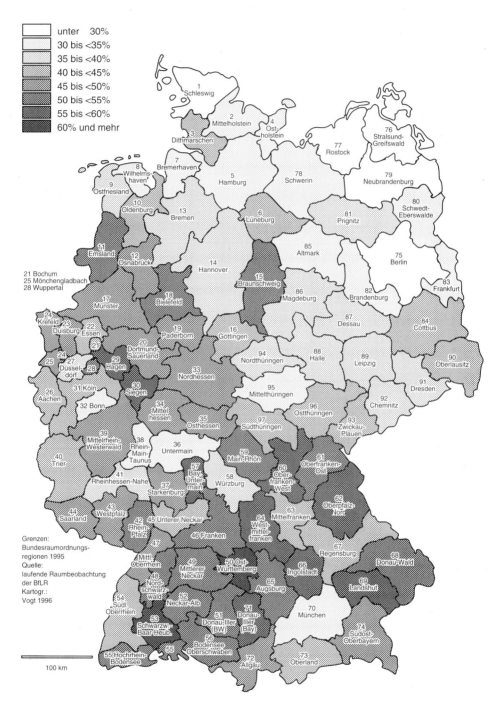

Abb. 18
Anteil der Beschäftigten im sekundären Sektor an den sozialversicherungspflichtig Beschäftigten 1993

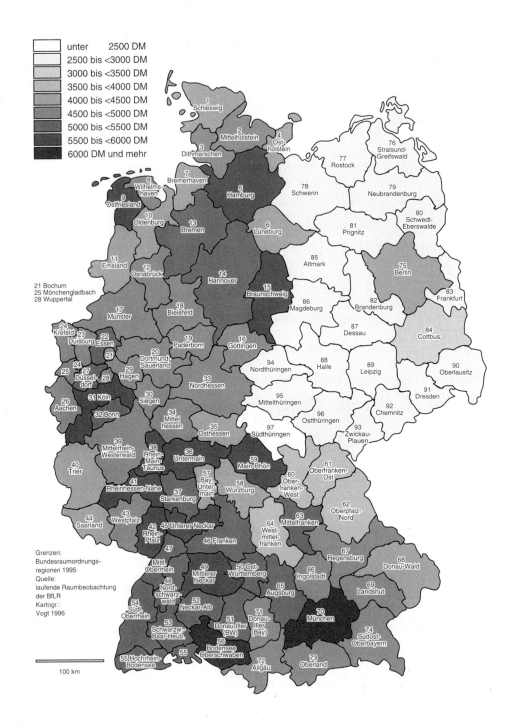

Abb. 19
Monatliche Lohn- und Gehaltssumme je Industriebeschäftigten in DM (am 30.6.1993)

ländlich geprägten Regionen (KT III) ist ein Gefälle von den verdichteten Kreisen (KT III.1) zu den ländlichen Kreisen (KT III.2) gegeben. Bezüglich der neuen Länder gilt dies nicht. Zwar liegt auch hier die Lohn- und Gehaltssumme in den Kernstädten deutlich an der Spitze, doch alle übrigen Kreistypen haben nur geringfügig differierende Werte, die sogar in den hochverdichteten Kreisen der Agglomerationsräume (KT I.2) den absolut niedrigsten Wert (2495 DM) aufweisen. Während sich in den alten Ländern ein homogenes Feld um die Verdichtungskerne ausgebildet hat, von dem auch das Umland profitiert, ist für die neuen Länder eine Verteilung typisch, die am Rande des - häufig wirtschaftlich prosperierenden - Verdichtungskernes eine scharfe Grenze in ein strukturschwaches Umland aufweist. Hier bilden sich bis heute die politisch gewollten Raumstrukturen der ehemaligen DDR ab, die im Umland der Agglomerationszentren isolierte Siedlungskörper in Form von Großsiedlungen geschaffen haben, die vielfach an wirtschaftliche Monostrukturen gebunden waren und nach deren Ende kaum Alternativen für die Einwohner bieten. Neben den geringen Verdienstmöglichkeiten tritt dort ein weiteres grundlegendes Merkmal auch der Raumstruktur auf, die Arbeitslosigkeit.

Ist die Zahl der Erwerbsfähigen einer Region, also der Personen im erwerbsfähigen Alter, größer als die Zahl der sozialversicherungspflichtig Beschäftigten, mit der das Arbeitsplatzan-

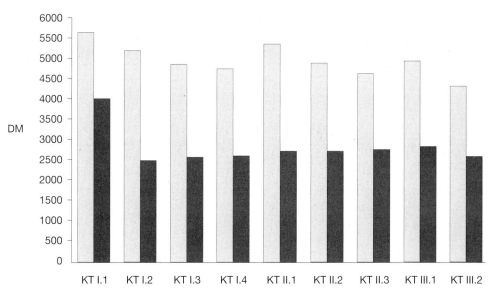

Abb. 20
Die Lohn- und Gehaltssumme in den Kreistypen der alten (hell) und neuen (dunkel) Bundesländer

Arbeitskräfteüberhang, Arbeitslosigkeit, Arbeitswanderung

gebot beschrieben wird, liegt ein Arbeitskräfteüberhang und damit potentielle Arbeitslosigkeit vor. Diese ist dann häufig Anlaß für Wanderungsentscheidungen. In Zeiten hoher Arbeitslosigkeit ist die **Arbeitsplatzwanderung** in die wirtschaftsstrukturstärkeren Regionen wesentlicher Bestandteil der Gesamtmobilität. Zwar haben sich in den alten Ländern seit den siebziger Jahren die demographischen Merkmale der verdichteten und der ländlichen Regionen angeglichen, jedoch wirkt sich die in den sechziger Jahren höhere Geburtenrate des ländlichen Raumes heute immer noch dahingehend aus, daß dort mehr junge Menschen in das Erwerbsleben eintreten als in den Verdichtungsgebieten. Damit ist ein Überhang der nachrückenden gegenüber den ausscheidenden Erwerbstätigen gegeben, der auch durch den relativ stärkeren Anstieg der Beschäftigtenzahlen von 1984 bis 1993 nicht aufgefangen werden konnte, womit weiterhin eine Abwanderung junger Menschen aus dem ländlichen Raum verbunden ist.

Seit 1989 sind in diesem Bereich die Arbeitsplatzwanderungen zwischen den Regionstypen und zwischen Nord und Süd in den alten Ländern dominant überlagert vom Gegensatz der alten und neuen Länder.

Wirtschaftliche Folgen der Arbeitslosigkeit

Arbeitslosigkeit ist nicht nur ein soziales, sondern auch ein wirtschaftliches Problem; denn Arbeitslose kosten Geld, ohne mit ihrer Arbeitskraft zur gesamtwirtschaftlichen Leistung beitragen zu können. Daher muß Vollbeschäftigung vorrangiges Ziel der Wirtschaftspolitik sein. Dies bedeutet jedoch nicht das Fehlen von Arbeitslosigkeit, denn saisonale Arbeitslosigkeit, z.B. im Baugewerbe während der Wintermonate oder in der Landwirtschaft außerhalb der Erntezeiten, wird es immer geben. Deshalb spricht man von Vollbeschäftigung, wenn die Zahl der offenen Stellen diejenigen der Arbeitslosen übersteigt.

Entwicklung der Arbeitslosenquote

Nach dem zweiten Weltkrieg war im Westen erst wieder Anfang der sechziger Jahre Vollbeschäftigung erreicht. Der damals bei andauerndem Wirtschaftswachstum entstehende Arbeitskräftemangel führte zu der bereits erwähnten Anwerbung ausländischer Arbeitskräfte. Seit 1974 liegt die Zahl der Arbeitslosen wieder weit über der Zahl der offenen Stellen, 1975 wurden bereits über eine Million Arbeitslose registriert. 1988 waren es 2,241 Millionen, davon waren 15,6% mehr als zwei Jahre und 16,3% zwischen einem und zwei Jahren arbeitslos. Die Arbeitslosenquote betrug 8,7%. Als Folge des wirtschaftlichen Aufschwungs mit der Vereinigung ging die Quote in den alten Ländern bis März 1992 auf 6,3% zurück. In den neuen Ländern dagegen stieg sie auf 14,9% an. Danach erfolgte im früheren Bundesgebiet bis 1995 ein Anstieg auf 9,3%. In den neuen Ländern und Ost-Berlin wurde die

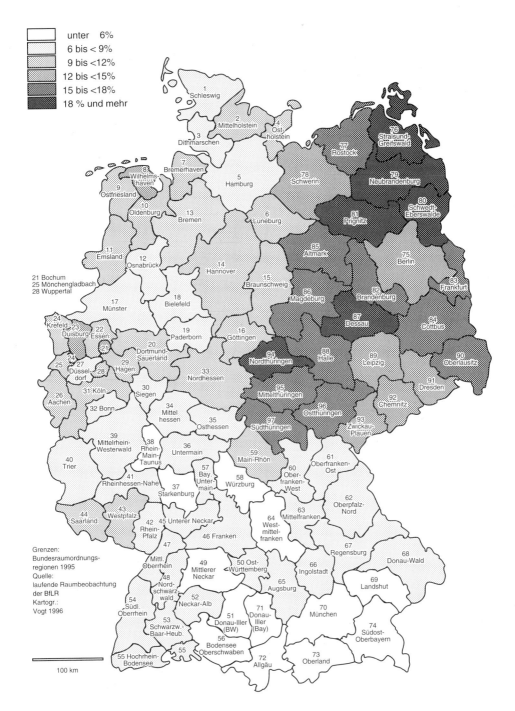

Abb. 21
Anteil der Arbeitslosen an den Arbeitnehmern in % (Arbeitslosenquote) 30.9.1993

Spitze mit 16,0% 1994 erreicht, seitdem erfolgt eine langsame Entspannung (1995: 14,9%).

Regionale Unterschiede der Arbeitslosenquote

Deutlich wird in der räumlichen Verteilung der Arbeitslosenquote in der Bundesrepublik nicht nur das West-Ost-Gefälle, sondern auch das Süd-Nord-Gefälle innerhalb der alten Länder (Abb. 21). Räume mit meist überdurchschnittlicher Arbeitslosenquote sind oft ländliche Regionen in Norddeutschland sowie Werft- und Montanstandorte. In Süddeutschland gibt es eine überdurchschnittliche Arbeitslosenquote nur in der Westpfalz und dem Saarland. Die Region Wilhelmshaven hat mit 13,2% im Jahr 1993 die höchste Quote aller Raumordnungsregionen, das bayerische Oberland mit 4,0% die geringste. In den neuen Ländern ist die Region Nordthüringen mit 20,0% Spitzenreiter, die geringste Quote hat Dresden mit 13,7%.

Länderunterschiede der Arbeitslosenquote

Diese starke großräumige Differenzierung führt auch zu ausgeprägten Unterschieden zwischen den Bundesländern. Das Land mit der höchsten Arbeitslosigkeit ist Mecklenburg-Vorpommern mit 16,9%. Die geringste Arbeitslosenquote hat Bayern mit 6,2%.

Siedlungsstrukturelle Differenzierung der Arbeitslosenquote

In der siedlungsstrukturellen Differenzierung (Abb. 22) ergibt sich in den alten Ländern eine überdurchschnittliche Arbeitslosenquote in den Kernstädten sowohl der Regionen mit großen Verdichtungsräumen (KT I.1), als auch der Regionen mit Verdichtungsansätzen (KT II.1), in den übrigen Kategorien ist die Differenzierung gering. In den neuen Ländern hingegen haben die Kernstädte der Regionen mit großen Verdichtungsräumen, die auch als einzige einen Bevölkerungszuwachs haben, die geringste Arbeitslosenquote. Diese nimmt mit abnehmender Dichte und Zentrumsferne zu. Die höchste Arbeitslosenquote hat der Regionstyp der gering besiedelten peripher gelegenen Kreise mit 18,8%. Somit sind auch in der Arbeitslosigkeit die Stadt-Umland-Verhältnisse in den alten und neuen Ländern, ebenso wie bei den Wanderungen, gegenläufig.

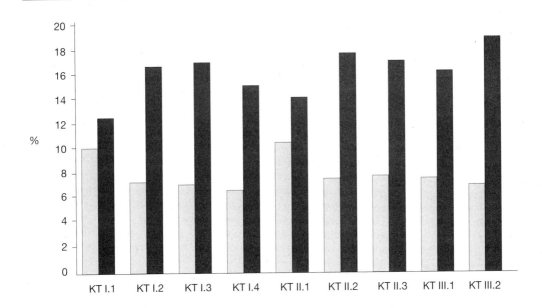

Abb. 22
Arbeitslosenquoten in den Kreistypen 1993, alte (hell) und neue Bundesländer (dunkel)

2 Prognosen der raumstrukturellen Entwicklung

2.1 Die Notwendigkeit von Prognosen in der räumlichen Planung

Raumstruktur als Prozeß

Die Erfassung der bestehenden Raumstruktur ist stets eine Momentaufnahme aus einem laufenden Prozeß, die das Ziel hat, die Einflußfaktoren, die den gegenwärtigen Zustand geschaffen haben und ihn gegenwärtig verändern, herauszuarbeiten. Es wurde davon ausgegangen, daß Raumstrukturen das Abbild sich ständig wandelnder Standortbedingungen und -bewertungen sowie von Standortanpassungen der Raumnutzer sind.

Ziel: Einflußnahme auf die Raumstruktur

Die Politik hat das Ziel der Beeinflussung der Raumstruktur und der Ordnung der Raumnutzungen durch Planung. Dies kann nur geschehen, indem in die gegenwärtig laufenden Prozesse durch Veränderung der Standortbedingungen eingegriffen wird, damit die Entwicklung qualitativ oder quantitativ anders verläuft als ohne Einflußnahme. Das bedingt Voraussagen über die zu erwartende Entwicklung, da

Voraussetzung: Aussagen über erwartete Veränderung der Raumstruktur

1. nur auf der Basis solcher Voraussagen die Frage beantwortet werden kann, ob die gegenwärtig ablaufenden Entwicklungen einer solchen Beeinflussung bedürfen,
2. Maßnahmen der Beeinflussung zum Zeitpunkt der Planung auf einen späteren Zustand des Raumes bezogen sein müssen; denn zwischen Planung und Realisierung liegt immer ein Zeitraum, in dem auch Veränderungen stattfinden. Raumplanung ist nicht die Veränderung eines ohne sie statischen Zustandes, sondern es ist eine Einflußnahme auf die Entwicklung. Dies hat Aussagen über die gegenwärtige und zu erwartende Entwicklung zur Voraussetzung.

Mindestanforderungen an Voraussagen ...

Solche Voraussagen dürfen jedoch nicht einfache subjektive Schätzungen sein, sie müssen eine Reihe von **Mindestanforderungen** erfüllen:
1. Nichttrivialität, d.h. sie müssen die sehr komplexen Einflußfaktoren berücksichtigen,
2. Objektivität, d.h. intersubjektive Überprüfbarkeit der Methode,
3. Überprüfbarkeit der Voraussage selbst.

Das zweite Kriterium bestimmt, daß sämtliche Bedingungen, von denen das Eintreffen des vorausgesagten Ereignisses abhängig gemacht wird, genannt und die Art der Einflußnahme angegeben werden. Damit liegt eine Wenn-Dann-Struktur vor: Wenn die genannten Randbedingungen erfüllt sind, dann tritt eine Ereignisfolge ein. Das dritte Kriterium, die Überprüfbarkeit, bedeutet, daß die Voraussage so beschaffen sein muß, daß ihre Richtigkeit anhand der tatsächlichen Entwicklung getestet werden kann.

Sind diese Voraussetzungen erfüllt, sprechen wir von **Prognosen**. Im folgenden muß also die Frage beantwortet werden, wie die weitere Entwicklung der Raumstruktur und entsprechend der verschiedenen genannten Teilstrukturen prognostiziert werden kann. Dazu müssen einige Grundbegriffe der Prognostik eingeführt werden.

... definieren die Prognose

2.2 Grundbegriffe der Prognostik

Raumstrukturen sind komplizierte dynamische, d.h. in ständiger Veränderung begriffene Systeme, deren Analyse nicht einfach ist. Die Schwierigkeiten einer längerfristigen dynamischen Systemanalyse sind auch die der Prognose. Systeme werden durch verschiedene Einflußfaktoren gesteuert. Es gibt stabile und labile Systeme. Labile Systeme variieren schon bei geringfügigen Änderungen der Einflußgrößen und haben nicht die Tendenz zur Beharrung im ursprünglichen Zustand, stabile Systeme tendieren hingegen immer zum Ausgangszustand. Man kann sich dies gut anhand des physikalischen Modells vom stabilen und labilen Gleichgewicht vorstellen. Bei einem Anstoß von außen kehrt die obere Kugel im Gegensatz zur unteren nicht mehr in ihren Ausgangszustand zurück (Abb. 23). Komplizierte Systeme sind nur schwer analysier- und prognostizierbar. Sie werden daher in Teilsysteme zerlegt, die überschaubarer sind. Ihre Abgrenzung ist immer problematisch, denn die Entwicklung ist dann nicht nur von **internen Variablen** abhängig. Durch die Zerlegung verbleiben **externe Variable**, also Steuergrößen, die das System von außen her beeinflussen.

Stabile und labile Systeme

Dies soll ein kurzes Beispiel verdeutlichen:
Um die in Zukunft anfallende Abwassermenge einer Gemeinde für eine neue Kläranlage zu prognostizieren, geht man von der gegenwärtigen Abwassermenge und ihren Einflußgrößen aus, also der Zahl der Wohnbevölkerung sowie der Arbeitsplätze, und wird den Abwasseranfall pro Kopf und pro Arbeitsplatz ermitteln. Dann wird die Zahl der Wohnbevölkerung aufgrund ihrer Altersstruktur, der Wanderungen usw. sowie die Zahl der Arbeitsplätze prognostiziert und daraus die erforderliche Kapazität der Kläranlage für einen zukünftigen Zeitpunkt errechnet. Dieser Prognose liegt ein einfaches stabiles System zugrunde, das eine eindeutige

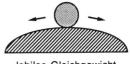
labiles Gleichgewicht

stabiles Gleichgewicht

Abb. 23
Modell vom labilen und stabilen Gleichgewicht

lineare Beziehung zwischen den Steuergrößen und der zu prognostizierenden Größe annimmt. Ein solches reicht häufig nicht aus. So kann sich die Bevölkerungszahl und -zusammensetzung aufgrund von externen Faktoren ändern, etwa indem ein konjunktureller Einbruch zu Abwanderungen zwingt oder die Neuansiedlung eines großen Werkes neue Arbeitsplätze schafft. Ferner kann sich der Wasserverbrauch und damit der Abwasseranfall stark verändern, indem ein Betrieb mit starkem Wasserbedarf, z.B. der Papierindustrie, oder ein Kreiskrankenhaus den Verbrauch schlagartig erhöht. Dies sind einige der vielen externen Variablen, die mit zu berücksichtigen sind und die kein stabiles System bilden. Sie können jedoch nicht alle separat prognostiziert und dann verrechnet werden, damit würde die Prognose keine Grenze kennen und nie abgeschlossen sein. Man muß sich stets auf einige wesentliche externe Variable beschränken und diese entweder anderen Prognosen entnehmen, z.B. einer Prognose der regionalen Wirtschaftsentwicklung, oder sie mit verschiedenen alternativen Werten ansetzen, z.B. steigende, stagnierende oder rückläufige Wirtschafts- oder Bevölkerungsentwicklung.

Prognosemodelle

Diesem Beispiel liegt schon ein einfaches **Prognosemodell** zugrunde, d.h. eine Vorstellung über die Einflußgrößen und ihre wechselseitige Beeinflussung. Diese Modelle sind immer Vereinfachungen der Wirklichkeit. Selbst wenn das System exakt abgegrenzt worden ist und keine externen Variablen verbleiben, sind die Regelhaftigkeiten oder Gesetzmäßigkeiten des Zusammenwirkens der einzelnen Faktoren häufig nicht oder nicht ausreichend bekannt. Ferner können Diskontinuitäten der Entwicklung auftreten. So kann beispielsweise die Erfindung neuer Produktionsverfahren dazu führen, daß der gewerbliche Wasserbedarf sich sprunghaft verändert oder der steigende Wasserpreis dazu führt, daß Betriebe eine eigene Ver- und Entsorgung aufbauen (z.B. eigene Kläranlagen).

Probleme von Prognosen in der Raumplanung

Prognosen in der Raumplanung sind also Systemanalysen, die mit folgenden Schwierigkeiten verbunden sind:
- Es handelt sich meist um komplizierte und schwer abgrenzbare Systeme.
- Je länger die Prognosezeiträume sind, um so größer ist die Wahrscheinlichkeit, daß das System durch unberücksichtigte externe Faktoren beeinflußt wird.
- Die Regelhaftigkeiten des Systems sind oft nicht transparent.
- Mit längeren Prognosezeiträumen wächst die Wahrscheinlichkeit von sprunghaften Änderungen (Diskontinuitäten), die einen quantitativen Wandel in eine qualitative Änderung umschlagen lassen. Daraus ist zu schließen, daß die Eintritts-

wahrscheinlichkeit eines prognostizierten Zustandes (die „Trefferwahrscheinlichkeit") um so geringer ist, je langfristiger die Prognose ist.

Ein sehr anschauliches Beispiel ist die Öffnung der Grenzen in Deutschland und Osteuropa seit 1988. Die daraus resultierende, sprunghafte Veränderung des Außenwanderungssaldos der damaligen Bundesrepublik überholte alle Bevölkerungsprognosen, die von den relativ stabilen Entwicklungen der ersten Hälfte der achtziger Jahre ausgegangen waren.

Nicht prognostizierbare Variable

Die Anforderung an eine Prognose ist jedoch nicht nur eine hohe Eintrittswahrscheinlichkeit, da man davon ausgehen muß, daß wissenschaftliche Prognosen über zukünftige Entwicklungen sozialer und wirtschaftlicher Systeme prinzipiell unmöglich sind. Möglich sind nur hypothetische Vorausschätzungen. Solche Prognosen sollen Erklärungsschemata für die gegenwärtigen Bedingungen sein, welche die zukünftige Entwicklung bestimmen. Es kommt nicht nur darauf an, ob prognostizierte Entwicklungen auch tatsächlich eintreffen, sondern auch, ob sie dazu beitragen können, gegenwärtige Prozesse besser zu verstehen, um daraus Informationen darüber ableiten zu können, ob und wie man sie beeinflussen kann.

Prognosen sind Erklärungen für gegenwärtige Entwicklungen

Trotz dieser Einschränkung braucht jeder Entscheidungsträger im privaten und öffentlichen Bereich einen Rahmen, innerhalb dessen sich die Entwicklung mit hoher Wahrscheinlichkeit vollzieht und an dem er seine Investitionen orientieren kann. Diese sind in der Regel langfristig, z.B. Schulgebäude oder Verkehrsanlagen. In der öffentlichen Planung unterscheidet man kurzfristige Prognosen bis zu einem Zeitraum von fünf Jahren, mittelfristige Prognosen von fünf bis 15 Jahren und langfristige Prognosen (über 15 Jahre).

Erforderlichkeit von Prognosen in der Raumplanung

Ein als stabil angenommenes System ist relativ einfach prognostizierbar. Wenn ein Autofahrer ein Viertel seiner Strecke zurückgelegt hat, so wird er davon ausgehen, für den Rest des Weges die dreifache Zeit zu benötigen. Unter der Voraussetzung eines stabilen Systems ist die Annahme richtig, doch ist das System wirklich stabil? Schon der nächste Stau kann den Autofahrer eines besseren belehren. Das weiß er, und trotzdem wird er, wenn er einen Stau für weniger wahrscheinlich hält, diesen nicht einkalkulieren. Dies ist verallgemeinerungsfähig, denn die Erfahrung lehrt, daß zwar ökonomische und soziale Systeme im Gegensatz zu physikalischen immer labil sind, man jedoch bei kurzfristigen Prognosen mit einer gewissen Stabilität rechnen kann. Daher ist es plausibel, wenn beispielsweise der Direktor der

Ökonomische und soziale Systeme sind labil

Annahme der Stabilität

Einfache Extrapolation Stadtwerke, der die Abwassermenge des nächsten Jahres prognostiziert, der Prognose die mittlere Veränderung der letzten fünf Jahre zugrundelegt und der Unternehmer seine Umsatzerwartung des nächsten Monats anhand der Umsatzentwicklung der zurückliegenden Monate bestimmt. Solche meist linearen **Extrapolationen** sind die einfachsten Formen der Prognose. Die ihnen zugrunde liegende Annahme der Stabilität des Systems bleibt jedoch falsch, sie ist nur unter der Randbedingung einer kurzfristigen Abschätzung zulässig. Extrapolationen eignen sich in der räumlichen Planung nicht für längerfristige Voraussagen. Diese erfolgen anhand von anderen Prognosearten wie dem einfachen Prognosemodell im ersten Beispiel.

2.3 Arten von Prognosen

2.3.1 Heuristische Methoden

Expertenurteil bei heuristischen Methoden
Heuristische Prognoseverfahren arbeiten ohne ein schematisiertes Prognosemodell. Denn dies kann nicht erstellt werden, wenn die zugrunde liegende Theorie zu schwach ist, z.B. wenn der Einfluß der einzelnen Variablen nicht bekannt ist, oder wenn viele subjektive, d.h. nicht überprüfbare Kriterien einbezogen werden müssen. Diese Prognosen erfolgen weniger mit statistisch-mathematischen Verfahren als durch die Einbeziehung des subjektiven Urteils von Experten. Sie werden besonders bei langfristigen Voraussagen eingesetzt. Die verbreitetsten heuristischen Methoden sind die Szenario-Technik und die Delphi-Methode.

Szenario
Ein **Szenario** ist die Beschreibung der zukünftigen Entwicklung des Prognosegegenstandes bei alternativen Rahmenbedingungen. Dabei werden die gegenwärtige Situation und die sie steuernden Einflußgrößen analysiert und verschiedene Entwicklungsmöglichkeiten aufgezeigt, die sich bei der qualitativen Änderung dieser Größen in Zukunft ergeben können. Ein Szenario zeigt die Möglichkeiten künftiger Entwicklungen und die sich daraus ergebenden Konsequenzen auf. Ein Beispiel ist die langfristige

Anwendungsbereiche
Verkehrsplanung. Soll das Verkehrsaufkommen der Bundesrepublik im Jahre 2050 bestimmt werden, so lassen sich dessen Determinanten, die Bevölkerungsentwicklung, die wirtschaftliche und die technische Entwicklung nicht mit der erforderlichen Sicherheit vorausbestimmen. Man kann aber verschiedene Entwicklungen dieser Größen plausibel machen und die sich ergebenden Konsequenzen ableiten, die das zukünftige Verkehrsaufkommen in Abhängigkeit von der Bevölkerungsentwicklung und

Vor- und Nachteile
anderen Variablen beschreiben. Die Vorteile des Verfahrens

bestehen darin, daß verschiedene alternative Entwicklungen ausgelotet werden. Die Randbedingungen sind Bestandteil des Szenarios. Die Beziehungen der Einflußfaktoren untereinander lassen sich anschaulich machen. Der Nachteil ist die Subjektivität einzelner Einschätzungen. Das Szenario hat gerade im komplexen Gebiet der Prognose von Entwicklungen räumlicher Strukturen, bei denen keine einfache Trendextrapolation möglich ist, seinen Wert. Es wird daher vor allem bei Planungen, die längerfristige Investitionen zum Gegenstand haben, angewendet.

Die **Delphi-Methode** ist eine in Nordamerika entwickelte Form der Gruppenprognose mit folgenden Charakteristika: *Delphi-Methode*
1. Die Prognose wird von Experten abgegeben, die sich mit unterschiedlichen Aspekten des Problems beschäftigen.
2. Die Experten lernen sich nicht kennen, sie bleiben anonym. Damit soll verhindert werden, daß die Prognosen sich gegenseitig beeinflussen.
3. Die Prognose vollzieht sich in mehreren (meist drei) Runden, sogenannten Iterationen, wobei jeweils das sich aus Teilprognosen ergebende Endergebnis vollständig oder teilweise dem Gutachter bekanntgegeben wird. Damit wird vermieden, daß sich die Prognosen widersprechen.
4. Die Einzelprognosen werden statistisch ausgewertet, dadurch werden subjektive Einflüsse durch Mittelung ausgeschaltet.

Anwendungsmöglichkeit der Delphi-Methode ist z.B. eine Prognose des Aktienkursindex. Die Theorie reicht für ein Prognosemodell bei weitem nicht aus, andererseits gibt es sehr viele Experten mit subjektiven, durchaus begründeten Einschätzungen der Entwicklung. Vorteil des Verfahrens ist die Möglichkeit der wechselseitigen Kontrolle subjektiver Einschätzungen, ohne daß die Teilnehmer einem Gruppendruck ausgesetzt sind. Nachteile sind ein starres Befragungsschema, die Unterbewertung der Interdependenzen der Einflußgrößen zugunsten des Endergebnisses sowie ein hoher Zeitaufwand durch die Rückkopplungen.

Anwendungsbereiche

Vor- und Nachteile

2.3.2 Extrapolationen

Extrapolationen sind die Fortsetzung eines für die Vergangenheit ermittelten Entwicklungsverlaufs in die Zukunft, also korrekt **Zeitreihenextrapolationen**. Diese können rechnerisch oder graphisch durchgeführt werden. Liegt die Entwicklung einer Größe von der Vergangenheit bis zur Gegenwart in einer Reihe vor, so kann man versuchen, diese Reihe graphisch in die Zukunft zu verlängern. Dies ist bei einfachen stabilen Systemen möglich, vor allem bei linearen Abhängigkeiten. Falsch wäre es hingegen, die

Zeitreihenextrapolationen

Bevölkerungsentwicklung der Vergangenheit graphisch in die Zukunft zu extrapolieren.

Lineare und nichtlineare Extrapolationen

Beim rechnerischen Verfahren wird die zurückliegende Entwicklung als Funktion in Abhängigkeit von der Zeit beschrieben. Anschließend wird der Wert dieser Funktion für den Prognosezeitraum ermittelt. Man unterscheidet lineare und nichtlineare Extrapolationen, je nachdem, ob der prognostizierte Zusammenhang durch eine Gerade oder durch eine Funktion höheren Grades beschrieben wird. Am einfachsten ist die Ermittlung linearer Trends, schwieriger schon die Ermittlung der Funktionen von exponentiellen Trends. Extrapolationen eignen sich besonders für Prognosen der Entwicklung stabiler Systeme mit konstanten Einflußgrößen. Dieses Prognoseverfahren reagiert besonders empfindlich auf Trendänderungen oder Diskontinuitäten. Es ist

Frage der Zulässigkeit

deshalb erforderlich, Überlegungen über die Zulässigkeit von Extrapolationen anzustellen. Dabei muß geprüft werden, ob die in der Vergangenheit bestimmenden Entwicklungsfaktoren auch zukünftig wirksam sein werden. Auf kleinräumiger Ebene ist die Wahrscheinlichkeit von kontinuierlichen Entwicklungen geringer als für das Gesamtgebiet. Daher sind Trendextrapolationen für regionale Prognosen weniger geeignet.

Vor- und Nachteile

Der Vorteil von Extrapolationen besteht in der einfachen und schnellen Anwendbarkeit und in der vollen Nachvollziehbarkeit. Der wesentliche Nachteil ist, daß die zukünftige Entwicklung nur als Ganzes, nicht in ihren Bestandteilen prognostiziert werden kann. Damit ist es nicht möglich, verschiedene Entwicklungen von Variablen zu berücksichtigen.

2.3.3 Prognosemodelle

Prognosemodelle sind Komponentenmethoden

Die Berücksichtigung der Variablen-Entwicklung ist bei Komponenten-Methoden möglich. Dabei liegt der Prognose ein Modell des Einflusses der Variablen zugrunde. So wird die Bevölkerungszahl einer Gemeinde durch die Komponenten „natürliche Bevölkerungsveränderung", gegeben durch Geburten und Sterbefälle, und „Wanderungsbilanz", gegeben durch Zu- und Fortzüge, prognostiziert. Dabei wird jede dieser Komponenten separat fortgeschrieben und dann in die Gesamtprognose einbezogen. Die in Kapitel 2.4 vorgestellte Bevölkerungsprognose ist ein Beispiel für ein derartiges Verfahren.

Simulationen als Anwendung von Modellen

Prognosemodelle bieten die Möglichkeit, den Ablauf von Entwicklungsprozessen nachzuvollziehen, d.h. zu simulieren. **Simulationen** sind alle Methoden, die eingesetzt werden, um einen

Teilbereich der Wirklichkeit modellhaft nachzubilden. Sie haben das Ziel, an diesem Modell die Wirkungen der Veränderung von Variablen zu simulieren. In einem ersten Schritt wird versucht, ein mathematisch-statistisches Modell zu entwickeln, das den in der Vergangenheit beobachteten Prozeß mit hinreichender Genauigkeit abbildet. Daran anschließend können die Variablen verändert und die Auswirkungen auf andere Variable oder den angestrebten Prognosesachverhalt ermittelt werden. So kann man die Stadtentwicklung als Variable der Bevölkerungsstruktur und -verteilung, der Verkehrsverbindungen und der gewerblichen Standorte ebenso simulieren wie die Verkehrsbeziehungen zwischen verschiedenen Stadtteilen. Graphische Veranschaulichungen abstrakter Simulationsmodelle sind z.B. **Flußdiagramme**, die ein dem experimentellen Rechengang entsprechend geordnetes System von Schaltstellen darstellen. Ist ein solches Modell hinreichend zuverlässig, dann kann man z.B. die Auswirkungen zukünftiger Baumaßnahmen im Straßenbau abschätzen oder ermitteln, welche Auswirkungen ein neues Wohngebiet auf das Verkehrsaufkommen an städtischen Knotenpunkten haben wird.

Da Simulationen einen beträchtlichen Rechenaufwand erfordern, sind sie an die Anwendung der automatisierten Datenverarbeitung gebunden. Gerade bei technischen Planungen sind mit Simulationsmodellen gute Prognoseergebnisse erzielt worden, doch auch diese Methode stößt bei Langfristprognosen von labilen Systemen schnell an ihre Grenzen. Es darf nie übersehen werden, daß bei der Simulation die Eigenschaften eines mathematischen Modells und nicht die Wirklichkeit untersucht werden. Das Modell bildet die Realität für den Preis eines sehr hohen Abstraktionsgrades ab. Dies betrifft vor allem die Einbeziehungen von veränderlichen Einflußgrößen. Ein komplexes System besteht immer aus einer Vielzahl von Variablen, die sich gegenseitig beeinflussen. All diese Interrelationen müssen im Modell quantifiziert werden, bei nur zehn Variablen sind es schon 45. In der fehlenden Kenntnis dieser Beziehungen – einem Theoriedefizit – liegt die Grenze der Modelle. Hier bleibt nur die Möglichkeit von Schätzungen oder vereinfachenden Näherungen. Trotz dieser Einschränkung erfreuen sich Prognosemodelle in der Raumplanung großer Beliebtheit und ihre Möglichkeiten sind noch nicht ausgeschöpft.

Grenzen von Simulationen

2.3.4 Status-quo-Prognosen

Alle Prognosen in der Raumplanung haben mit der Schwierigkeit des Umgangs mit labilen Systemen zu kämpfen, daß die Einflüsse der Variablen sich mit der Zeit ändern, diese Änderung jedoch

Status-quo-Prognosen setzen bestimmte Variable konstant

67

nicht oder nur eingeschränkt prognostizierbar ist. Daher werden diese Variablen häufig als konstant angenommen. Die Prognose erfolgt unter der Annahme oder Kondition der Konstanz der Rahmenbedingungen. Man bezeichnet sie als konditionale Prognosen. Eine spezielle Form ist die **Status-quo-Prognose**, mit der eine Entwicklung vorausgeschätzt werden soll, die unter Status-quo-Bedingungen, also dem gegenwärtig zu beobachtenden Einfluß der Variablen, zu erwarten ist. Dies bezieht sich in der Raumplanung insbesondere auf die staatlichen Eingriffe in den Ablauf der regionalen und gesamträumlichen Entwicklung. Eine Status-quo-Prognose gibt an, welche Entwicklung zu erwarten ist, wenn der Staat seine Einflußnahme auf die räumliche Entwicklung weder einschränkt noch ausweitet und auch die übrigen Einflußfaktoren der Entwicklung unverändert bleiben. Im Prinzip werden dabei die für die Vergangenheit (ex post) ermittelten Modellparameter in die Zukunft übertragen. Bezüglich des staatlichen Einflusses auf die räumliche Entwicklung bedeutet dies, daß die Annahme um so zutreffender ist, je weniger der Staat seine Einflußnahme auf räumliche Entwicklungen ändert.

Aussagewert der Status-quo-Prognose

Anwendung der Status-quo-Prognose

In der Regel muß man bei längerfristigen Prognosen von einer Änderung der Status-quo-Bedingungen ausgehen, die sich besonders schwer prognostizieren, allenfalls durch heuristische Verfahren abschätzen lassen. Durch Prognosen soll nicht nur die zukünftige Entwicklung möglichst exakt bestimmt werden, sondern es sollen die Konsequenzen gegenwärtiger Tendenzen aufgezeigt werden, um so möglichst frühzeitig einen Handlungsbedarf zu ermitteln. Gerade dafür eignen sich Status-quo-Prognosen.

2.4 Aufbau einer Bevölkerungsprognose

2.4.1 Die Bedeutung regionaler Bevölkerungsprognosen für die Raumplanung

Zentrale Funktion von Bevölkerungsprognosen in der Planung

Prognosen werden in allen Teilbereichen einer Gesellschaft erstellt. Jede betriebswirtschaftliche Entscheidung beruht auf Gegebenheiten, deren zukünftige Entwicklung prognostiziert werden muß. Eine Investition wird nicht für einen gegenwärtigen, sondern einen erwarteten zukünftigen Zustand getätigt. Ebenso soll jede raumplanerische Maßnahme in Zukunft unter veränderten Bedingungen, die vorausgeschätzt werden müssen, wirksam werden. Die Prognosen der Raumplanung, ob es sich nun um Voraussagen zur Entwicklung der regionalen Wirtschaftskraft, Verkehrsprognosen oder Prognosen für andere Infrastruktureinrichtungen handelt, basieren auf Angaben der **zukünftigen Entwicklung der Bevölkerung**. Diese ist stets eine entscheidende Variable. Die zukünftige Zahl der Personen im erwerbsfähigen Alter bestimmt die Nachfrage nach Arbeitsplätzen, die Zahl der schulpflichtigen Kinder, die Anzahl und Größe der Klassen und Schulen, die Anzahl der über 65-jährigen, die erforderliche Menge von Pflegeplätzen, die Bevölkerungsverteilung und das Verkehrsaufkommen. Die regionale Bevölkerungszahl und -zusammensetzung beeinflussen die Auslastungen von Krankenhäusern, Freizeiteinrichtungen, Ver- oder Entsorgungseinrichtungen. Sie bestimmen schließlich die Zahl der Haushalte, damit Größe und Anzahl der Wohnungen, woraus sich der Wohnflächenbedarf und die weitere Siedlungsflächenentwicklung errechnen. Wegen dieser zentralen Bedeutung soll im folgenden ein Beispiel für den Aufbau einer Bevölkerungsprognose dargestellt werden. Es handelt sich dabei um eine – stark vereinfachte – Zusammenfassung derjenigen Prognose, die für die Abschätzung der Bevölkerungsentwicklung in den Analyseräumen der Bundesraumordnung angewandt wird.

2.4.2 Einflußfaktoren der regionalen Bevölkerungsentwicklung

Eine Prognose setzt die Analyse der gegenwärtigen Bevölkerungsentwicklung und ihrer Einflußfaktoren voraus. Einflußfaktoren sind interne oder externe Variablen, von denen die Veränderung abhängig ist. Der regionale Bevölkerungsbestand zwischen zwei Zeitpunkten t_1 und t_2 wird von folgenden Komponenten bestimmt:

Variablen der Bevölkerungsentwicklung

Bevölkerungsbestand der Region zum Zeitpunkt t_1
+ Zahl der zwischen t_1 und t_2 Geborenen
− Zahl der zwischen t_1 und t_2 Gestorbenen
+ Zahl der Binnenwanderungszuzüge zwischen t_1 und t_2
− Zahl der Binnenwanderungsfortzüge zwischen t_1 und t_2
+ Zahl der Außenwanderungszuzüge zwischen t_1 und t_2
− Zahl der Außenwanderungsfortzüge zwischen t_1 und t_2
= **Bevölkerungsbestand der Region zum Zeitpunkt t_2**

Komponenten der Bevölkerungsentwicklung

Die Entwicklung der sechs Komponenten ist von unterschiedlichen Variablen abhängig. Deshalb werden sie getrennt prognostiziert, obwohl sie sich in hohem Maße gegenseitig beeinflussen.

Die wichtigste Einflußgröße der Bevölkerungsentwicklung der Region ist die Bevölkerungsstruktur zum Zeitpunkt der Prognose, denn von ihr ist die Zahl der Geburten und Sterbefälle, aber auch der Fortzüge aus der Region abhängig, da die Wanderungswahr-

Ausgangsdaten: regionale Bevölkerungsstruktur

scheinlichkeit u.a. altersspezifisch ist. Die Wanderungen wiederum beeinflussen die Struktur der Wohnbevölkerung und damit das generative Verhalten usw. Daneben spielen nicht-demographische Einflußfaktoren wie die Erwerbssituation, Einkommen, Ausbildung usw. eine bedeutende Rolle. Sie beeinflussen das generative und das Wohnstandortverhalten. Von den vielschichtigen Zusammenhängen des Systems der regionalen Bevölkerungsentwicklung sollen im folgenden einige genannt werden.

Abhängigkeiten der regionalen Geburtenquote

Die **regionale Geburtenquote** ist von den unterschiedlichsten Variablen abhängig. In eine Prognose können jedoch nur diejenigen einbezogen werden, die empirisch bestätigt sind. So sind z.B. die Tatsachen gesichert, daß die soziale Schichtzugehörigkeit und das Einkommen die Kinderzahl beeinflussen, daß Erwerbstätigkeit und Ausbildung der Frau negativ mit der Geburtenhäufigkeit korrelieren oder daß in fast allen sozialen Schichten die durchschnittliche Kinderzahl bei Wohnen im Eigentum deutlich über der durchschnittlichen Kinderzahl der zur Miete wohnenden Familien liegt. Doch auch solche empirisch bestätigten Einflußgrößen erklären die regionalen Unterschiede der Geburtenhäufigkeit nicht vollständig, es bleibt ein nicht erklärbarer Rest als unabhängiger regionsspezifischer Einflußfaktor.

Bildung von Kohorten

Differenzierung nach verhaltenshomogenen Gruppen

Da die Wahrscheinlichkeit von Frauen, Kinder zu bekommen, altersabhängig ist und die Geburtenquote ferner von Alter, Familienstand, der Nationalität und dem beruflichen Status der Frau abhängt, muß man die Abhängigkeit von diesen Steuergrößen bestimmen. Dazu bildet man zunächst **Kohorten**, das sind Altersjahrgänge, die nach den genannten Merkmalen in **verhaltenshomogene Gruppen** differenziert werden. Von jedem Altersjahrgang wird also die Zahl der Frauen, unterschieden nach Familienstand, Nationalität, beruflichem Status usw. gebildet und aus der Geburtenwahrscheinlichkeit dieser differenzierten Gruppen die jeweilige Zahl der Geburten errechnet. Innerhalb der Kohorte aufaddiert ergeben sie die Zahl der Kinder dieses Frauenjahrgangs, von allen Kohorten die Gesamtgeburtenzahl des Jahres.

Determinanten der regionalen Sterbewahrscheinlichkeit

Die **Sterbewahrscheinlichkeit** ist sehr stark altersabhängig, doch nicht mit einer einfachen Funktion beschreibbar. Abbildung 24 zeigt exemplarisch den ungefähren Verlauf der Sterbeziffern der männlichen Bevölkerung, der sogenannten Mortalität oder Sterbewahrscheinlichkeit, differenziert nach den Raumkategorien Kernstadt und peripherer ländlicher Raum. Sie nimmt nach der Geburt stark ab und hat zwischen zehn und 15 Jahren ein Minimum, dann zwischen 15 und 25 Jahren ein regional unterschiedlich ausgebildetes sekundäres Maximum, den wegen seiner Ursache sogenannten Mopedhügel, und steigt dann relativ stetig an.

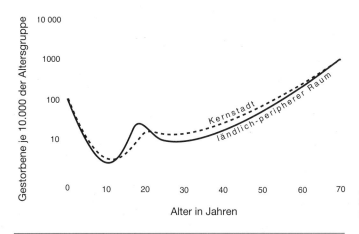

Abb. 24
Sterbeziffern der männlichen Bevölkerung

Die Einflußgrößen der Sterblichkeit sind noch schwieriger zu fassen als diejenigen der Geburten. So sind Umweltbedingungen, Streß, Rauchen, Fehlernährung, Bewegungsmangel usw. Faktoren, die die Sterbewahrscheinlichkeit beeinflussen. Sie erklären teilweise auch die regionalen Unterschiede der Sterblichkeit, die bis zu 20% betragen. Doch ist es bislang nicht gelungen, diese Einflußfaktoren in einem Modell überzeugend zu gewichten, ebenso wie die regionalen Unterschiede der Säuglingssterblichkeit bisher nicht erklärt werden konnten. Dennoch ist es erforderlich, diese regionalen Sterbewahrscheinlichkeiten in einer Bevölkerungsprognose zu berücksichtigen. Dies geschieht ebenfalls durch Bildung verhaltenshomogener Gruppen innerhalb der Jahrgangskohorten, auch wenn man diese nicht kausal erklären kann.

Als Wanderung wird der Wechsel des Wohnstandortes bezeichnet. Defizite am alten Standort schaffen eine **Wanderungsbereitschaft**. Durch eine **Wanderungsentscheidung** reagiert der einzelne auf die veränderten Lebensumstände am alten Wohnort oder Wünsche, die sich nur an einem anderen Wohnort befriedigen lassen. Mit der Wahl des Wanderungszieles versucht er, einen für seine Bedürfnisse optimalen Standort zu finden. Diese drei Phasen sind sehr stark von der sozialen Schichtzugehörigkeit, dem Beruf, Alter, Einkommen, der Bildung, Nationalität und vor allem der Stellung im Lebenszyklus abhängig, z.B. Abschluß der Ausbildung, Eintritt in das Berufsleben, Heirat, Austritt aus dem Erwerbsleben.

Determinanten der Wanderung

Auslösend für Wanderungsentscheidungen sind Unterschiede in den objektiven Lebensbedingungen zwischen Herkunfts- und Zielort. Bei intraregionalen Wanderungen spielen Wohnung und

Wohnumfeld eine große Rolle, bei interregionalen Wanderungen meist die Faktoren Arbeit, Ausbildung oder Freizeit. Die objektiven Lebensbedingungen unterliegen einer subjektiven Bewertung nach individuellen Präferenzen und der vom Lebenszyklus abhängigen Wanderungsbereitschaft. Auch hier können verhaltenshomogene Wanderungsgruppen gebildet werden. Aus deren zahlenmäßiger Stärke und Wanderungswahrscheinlichkeit sind dann die zu erwartenden Wanderungszahlen zu errechnen, in jeder Region zunächst als Fortzugswahrscheinlichkeit. Dies gilt in dieser Form nur unter den Bedingungen der Freizügigkeit, also für die **Binnenwanderung** innerhalb des Bundesgebietes.

Außenwanderung wird modellexogen geschätzt

Unter **Außenwanderung** wird die Wanderung über die Grenzen des Bundesgebietes hinaus verstanden, die weniger von voraussagbaren Regelhaftigkeiten als von der Wirtschaftsentwicklung und von politisch vorgegebenen Rahmenbedingungen abhängig ist. Sie ist nur schwer prognostizierbar. Szenarien weisen jedoch darauf hin, daß der europäische Binnenmarkt ebenso wie sich verschärfende weltwirtschaftliche Gegensätze zu einem Anstieg der Außenwanderung führen werden.

2.4.3 Der formale Aufbau einer regionalen Bevölkerungsprognose

Aufbau des Prognosemodells mit Rückkoppelungen

Die vier Faktoren der regionalen Bevölkerungsentwicklung, Geburten- und Sterbeziffern, Binnen- und Außenwanderungssaldo, sind jeweils abhängig von demographischen und nicht-demographischen Faktoren. Unter deren Einbeziehung lassen sich verhaltenshomogene Gruppen bilden, deren Verhalten statistisch gesichert ist und als konstant angenommen wird. Größe und Verhalten der Gruppen beeinflussen sich wechselseitig. Dem ist durch modellendogene Rückkoppelungen Rechnung zu tragen. Die nicht-demographischen Einflußfaktoren sowie Geburten-, Sterbeziffern oder Fortzugsraten werden modellexogen prognostiziert.

Biometrisches Modell Wanderungsmodell

Jahrgangsweise Berechnung aufgrund des biometrischen Modells ...

Anschließend wird ein formales Modell der regionalen Bevölkerungsentwicklung entworfen, das in Abbildung 26 vereinfacht skizziert ist. Es ist zunächst in zwei Teilmodelle gegliedert, ein **biometrisches Modell** und ein **Wanderungsmodell**, wobei letzteres sich aus dem Binnen- und Außenwanderungsmodell zusammensetzt. Aus Geburten und Sterbefällen wird zuerst eine biometrisch errechnete Bevölkerung ermittelt, die anschließend in die Wanderungsberechnung eingeht. Es fließen Alter und Geschlecht der Wohnbevölkerung sowie Sterbe- und Geburtenziffern ein. Sterbeziffern geben die nach Jahrgang und Geschlecht unterschiedene Wahrscheinlichkeit an, während des nächsten

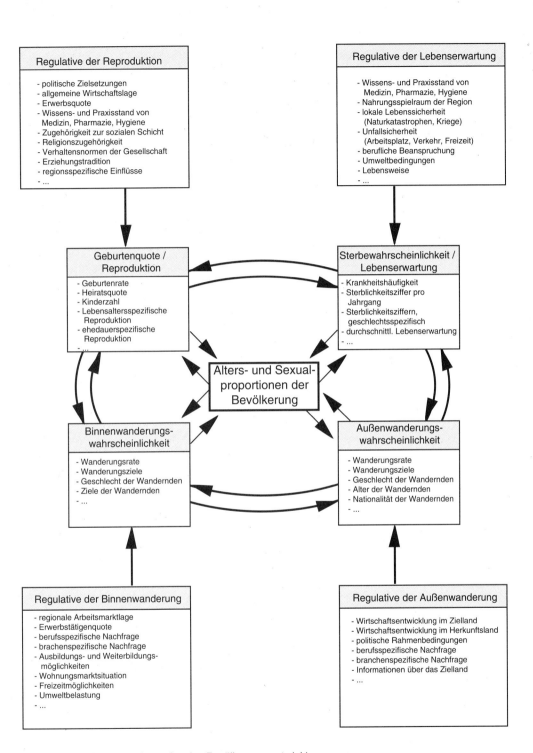

Abb. 25: Einflußfaktoren der regionalen Bevölkerungsentwicklung

... und des Binnenwanderungmodells ...

Jahres zu sterben. Die Geburtenziffern bezeichnen die Höhe der Wahrscheinlichkeit, daß Frauen im gebärfähigen Alter während des nächsten Jahres ein Kind zur Welt bringen. Hinzu tritt die Säuglingssterblichkeit als Sonderfall. Daraus errechnet sich die Stärke einer jeden Kohorte und addiert sich die biometrisch errechnete Bevölkerungszahl für das nächste Jahr, die in das **Binnenwanderungsmodell** eingeht. Es besteht aus einem Fortzugsmodell (aufgrund der Wahrscheinlichkeit der Wanderungsentscheidung) und einem Zuzugsmodell (aufgrund der Wahrscheinlichkeit der Wahl des Wanderungszieles). Dabei wird zunächst aufgrund der demographischen und nicht-demographischen Parameter die regionale **Fortzugsrate** – der Anteil der Fortzüge einer bestimmten Altersgruppe an der regionalen Bestandsbevölkerung – bestimmt. Durch sie ergibt sich die Zahl der Fortzüge, die nach einer Binnenwanderungsmatrix nach der Fortzugswahrscheinlichkeit in die Zielregion auf die Raumordnungsregionen verteilt werden. Entsprechend wird die Verteilung der modellexogen vorgegebenen **Außenwanderung** errechnet. Gemeinsam ergibt sich der Gesamtwanderungssaldo für jeden Prognoseraum des nächsten Jahres. Der endgültige Bevölkerungsbestand der Region wird aus der Verrechnung der alters- und geschlechtsspezifisch differenzierten Gesamtwanderungssalden mit dem Bevölkerungsbestand, wie er sich aus der natürlichen Bevölkerungsentwicklung ergeben hat, ermittelt.

... der Außenwanderung ...

... ergibt die Bevölkerungszahl und -struktur am Ende des Jahres

Das Ergebnis der Modellrechnung für das erste Jahr ist die Ausgangsbevölkerung für das zweite Jahr usw. bis zum erstrebten Prognosehorizont. Im Prinzip wird bei diesem Verfahren nicht die Gesamtbevölkerungszahl prognostiziert, sondern die Entwicklung der zahlenmäßigen Stärke von in verhaltenshomogene Gruppen gegliederten Altersjahrgängen, den Kohorten, weshalb man von einem **kohortenanalytischen Ansatz** spricht.

Laufende Bevölkerungsprognosen setzen die laufende Raumbeobachtung voraus

Die Erstellung solcher Prognosen ist sehr aufwendig, jedoch sind sie eine unerläßliche Entscheidungsgrundlage für alle öffentlichen Planungen. Ihre Erstellung ist kein einmaliger Vorgang, sondern ein fortlaufender Prozeß, wobei stets aktuelle Daten aus der Raumbeobachtung und neue Erkenntnisse über die Einflußgrößen der regionalen Bevölkerungsentwicklung einfließen. In Bund und Ländern werden derartige Prognosen fortlaufend erstellt und modifiziert, sie sind ein wesentliches Instrument, Planungsziele unterschiedlicher Träger aufeinander abzustimmen.

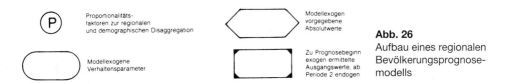

Abb. 26
Aufbau eines regionalen Bevölkerungsprognose-modells

3 Die Entstehung des Raumordnungsgedankens und die Entwicklung von Zielen der Raumordnungspolitik in Deutschland

3.1 Die Wurzeln der Landesplanung in Deutschland

Begriff der Raumplanung

Den Begriff der Raumplanung verwenden wir als Oberbegriff für alle Planungen und Maßnahmen der Einwirkung auf Standortqualitäten, mit denen die Entwicklung von Raumstrukturen gesteuert werden soll. Es gibt sie in allen Staaten und hat sie auch in der Vergangenheit immer gegeben, nur in sehr unterschiedlichen Formen, mit verschiedenen Zielen und Instrumentarien, vor allem aber in unterschiedlichem wirtschaftlichen und gesellschaftlichen Kontext. Die großen Bewässerungsanlagen im alten Orient, Straßennetze und Kolonisierung im römischen Reich oder die Besiedlung großer Räume im Rahmen der mittelalterlichen deutschen Ostkolonisation sind nur einige besonders bekannte Beispiele, die sich auch noch deutlich in den gegenwärtigen Raumstrukturen widerspiegeln. Der Höhepunkt derartiger Einflußnahme stellt zweifellos der **Merkantilismus** dar, das wirtschaftliche System des absolutistischen Staates, in dem ganze Staaten zentral gelenkt nach wirtschaftlichen Gesichtspunkten erschlossen und umgestaltet wurden.

Raumplanung in der Vergangenheit

Höhepunkt im Merkantilismus

Doch auch wenn sich die Ergebnisse vergangener Planungen immer noch im Raum finden lassen, so gibt es doch keine Kontinuität zwischen diesen Maßnahmen und der heutigen Raumplanung. Dem Merkantilismus und dem politischen System des Absolutismus folgte, zusammen mit der ersten Phase der industriellen Revolution, der **Liberalismus**, dessen Prinzip der freien Entfaltung von Wirtschaftsfaktoren grundsätzlich großräumige, umfassende Planungen des Staates zur Lenkung der Entwicklung ausschloß. Zwar brachte die erste Phase der industriellen Revolution einen gewaltigen Urbanisierungsschub, die Städte wuchsen an Zahl und Größe explosionsartig an, vor allem in den Kohlerevieren an Saar, Rhein, Ruhr und in Oberschlesien. Der Verkehr nahm ebenso sprunghaft zu, das Eisenbahnwesen florierte. Der enorme Flächenbedarf dieser Entwicklungen, Flächennutzungskonkurrenzen, Umweltbelastungen und die anderen Folgen unkoordinierter Raumentwicklungen hätten dringend Anlaß gegeben für eine Steuerung nach übergeordneten Gesichtspunkten.

Prinzip des Liberalismus

Doch der Staat des Liberalismus sah dies nicht als seine Aufgabe an. Ausgehend von der klassischen liberalen Nationalökonomie vertraute man der Unternehmerinitiative und dem Marktmechanismus, die durch Ausgleich von Angebot und Nachfrage nicht nur ein Optimum von Produktionsergebnissen erzielen, sondern auch zu einer bestmöglichen ökonomischen Nutzung des Raumes führen sollten. Dies könne um so besser geschehen, je weniger der Staat in den Marktmechanismus steuernd eingreift.

So entwickelten sich die Städte zu Großstädten und wuchsen zu Ballungsräumen allein nach den Gesetzen von Produktions- und Absatzbedingungen zusammen. Das Verkehrsnetz und die Bevölkerungsbewegungen folgten den Standortentscheidungen der Industrie. Die staatliche Verwaltung beschränkte sich auf die Aufrechterhaltung von Sicherheit und Ordnung, auch stand ihr kein rechtliches Instrument zur gezielten Steuerung zur Verfügung. Nach den Grundsätzen der **Baufreiheit** (§§ 65 und 66 Abs. I Nr. 8 des Preußischen Allgemeinen Landrechts – PrALR – von 1796) und der **Gewerbefreiheit** (§ 1 der Gewerbeordnung – GewO – von 1869) mußten Bauvorhaben, die Eröffnung von Betrieben und die Errichtung entsprechender Anlagen genehmigt werden, wenn die der Sicherheit dienenden bau- und gewerbepolizeilichen Vorschriften eingehalten waren. Die berühmt-berüchtigten Berliner Hinterhöfe in den großen Mietskasernen, die nur eine völlig unzureichende Belichtung und Belüftung der Wohnungen zuließen, sind ein Ergebnis dieser sogenannten Ordnungsverwaltung. Die Maße der Hofflächen bestimmten sich ausschließlich nach den Wendemaßen der Berliner Feuerspritze. Allein dies war Kriterium der Genehmigung, keine hygienischen, sozialen oder gestalterischen Überlegungen. Diese gab es jedoch im ausgehenden 19. Jahrhundert durchaus, gerade der Städtebau erlebte eine große Blüte. In vielen Städten wurden beispielhafte Siedlungen verwirklicht, die z.B. auf den Ideen der Gartenstadtbewegung basierten; doch erfolgte dies in Privatinitiative oder auf lokaler Ebene. Eine Einflußnahme des Staates über seine die öffentliche Sicherheit und Ordnung gewährleistende Funktion hinaus, etwa die Festsetzung von hygienischen Mindestanforderungen an Wohnungen, wurde nicht als seine Aufgabe gesehen. Ebensowenig griff der Staat in die gewerbliche Entwicklung ein. Nur in den Ausnahmefällen, in denen der Unternehmer einer Konzession, also einer staatlichen Erlaubnis, bedurfte, so im Bergbau, Verkehrswesen und der Wasserwirtschaft, konnte der Staat nach Ermessen entscheiden, doch er tat dies nicht nach raumordnerischen Gesichtspunkten.

Ungelenktes Städtewachstum

Grundsatz der Baufreiheit

Grundsatz der Gewerbefreiheit

Staatliche Ordnungsverwaltung

Das klassische Beispiel hierfür ist der **Eisenbahnbau**. Der Kern des heutigen Streckennetzes der deutschen Bahnen stammt im

Beispiel: Eisenbahnwesen

wesentlichen aus dem 19. Jahrhundert. Eisenbahnbau und -betrieb lagen damals überwiegend in der Hand privater Gesellschaften, waren also gewinnorientiert, von Einzelinteressen und regionalen Zufälligkeiten bestimmt. Die betroffenen Staaten hatten lediglich ein Konzessionsrecht. Zuweilen griffen sie auch durch Subventionen ein. Nur in Ausnahmefällen wurde der Staat selbst tätig, so Preußen beim Bau der Ostbahn, weil sich dafür kein privater Unternehmer fand, diese aber aus politischen und militärischen Gründen für wichtig erachtet wurde. Als die Reichsverfassung 1871 dem Reich beschränkte Zuständigkeiten im Eisenbahnwesen einräumte, lagen die wichtigsten Streckenführungen schon fest. Die privatrechtliche und partikularistische Struktur des deutschen Eisenbahnwesens blieb im Prinzip bis 1919 erhalten. Sie hat die Entwicklung der Raumstruktur nachhaltig beeinflußt.

Seit der Wirtschaftskrise 1873 zunehmende staatliche Planung

Der Höhepunkt des Liberalismus endete mit der ersten großen Wirtschaftskrise 1873. Seitdem haben die deutschen Staaten zunehmend Aufgaben an sich gezogen. Das Königreich Württemberg betrieb, um die besonders starke Auswanderung nach Übersee zu bremsen, eine gezielte Industrieansiedlungspolitik, die noch heute die dezentrale räumliche Struktur der Wirtschaft in Baden-Württemberg bestimmt. Das Königreich Preußen wurde, nachdem es sich das Monopol für die Erkundung und Ausbeutung von Rohstofflagerstätten gesichert hatte, zum größten Unternehmer der deutschen Kohlewirtschaft. Doch waren auch diese Maßnahmen nicht darauf gerichtet, Standortentscheidungen und damit Raumstrukturen zu beeinflussen. Die starke Verdichtung in den Ballungsgebieten mit ihren Verkehrs-, Versorgungs- und Hygieneproblemen, die mit einer Entleerung der ländlichen Räume und teilweise einer Entwicklung von Notstandsgebieten einherging, wurde als notwendig hingenommen.

Drängendste Probleme in den Ballungsräumen

Am drängendsten waren die Probleme in den Ballungsräumen, in denen die Ausdehnung der Siedlungen so stark war, daß die Grenzen der Gemeinden erreicht wurden. Dem begegnete man mit dem Instrument der Eingemeindungen umliegender Orte. In einigen Räumen, in Deutschland z.B. im Berliner Raum und im Ruhrgebiet, wuchsen jedoch Städteagglomerationen heran, deren Probleme mit diesem Instrument nicht mehr zu bewältigen waren. Da der Staat sich nicht zum Eingreifen veranlaßt sah, schlossen sich Gemeinden und Landkreise freiwillig zu Verbänden zusammen, an denen auch die Industrie, Verkehrsträger oder Wohnungsbauunternehmen beteiligt wurden.

Berlin

Ein Beispiel für die Widerstände, die einer übergemeindlichen Raumplanung entgegenstanden, ist die im Kaiserreich besonders stark gewachsene Stadt Berlin. Die Reichshauptstadt war damals von einem Kranz selbständiger Gemeinden umgeben, die mit dem Zentrum schon zu einer städtebaulichen Einheit zusammengewachsen waren. Die Bildung einer Großgemeinde scheiterte am preußischen Staat und an den Gemeinden, die ihre Selbständigkeit nicht aufgeben wollten. Nach der internationalen Städtebauausstellung in Berlin 1910 war die zentrale Gestaltung dieses Großstadtraumes jedoch unaufschiebbar, wie ein Wettbewerb über die städtebauliche Gestaltung von Groß-Berlin offenkundig gemacht hatte. Dennoch kam es weder zur Bildung einer Großgemeinde noch zur Schaffung einer zentralen Institution mit der alleinigen Kompetenz für diese Gestaltung. Als Minimallösung erfolgte lediglich die Gründung eines kommunalen **Zweckverbandes Großraum Berlin 1911**, in dem zwar weitreichende Planungen erstellt wurden, der jedoch kaum Befugnisse zur Realisierung hatte. Diese lagen weiterhin bei den Gemeinden. Am Beginn übergemeindlicher Raumplanung in Deutschland steht daher ein lockerer Gemeindeverband, der wegen mangelnder Kompetenzen nicht erfolgreich sein konnte. Daher wurde er 1920 durch die Einheitsgemeinde Groß-Berlin, wie sie heute wieder besteht, ersetzt.

1911: Zweckverband Groß-Berlin als Gemeindeverband

Ein zukunftsweisenderes Beispiel war die Entwicklung im Ruhrgebiet. Aus Anlaß einer Bauausstellung in Düsseldorf wurde 1910 aus Vertretern der betroffenen Stadt- und Landkreise eine **Grünflächenkommission** gebildet, die zunächst eine Denkschrift zur Grünflächenplanung erstellen sollte, da der Verlust an Grün- und Freiflächen das augenfälligste Kennzeichen der Entwicklung war. Der mit dieser Aufgabe beauftragte ROBERT SCHMIDT aus Essen kam jedoch darin zum Ergebnis, daß es sich beim Problem der Agglomerationen nicht nur um ein Grünflächenproblem handelt und dieses auch nicht isoliert lösbar ist, sondern daß der gesamte Industriebezirk einer koordinierten Steuerung seiner Entwicklung bedarf. Seitdem engagierte er sich für eine entsprechende Institution, die Teile der gemeindlichen Aufgaben übernehmen sollte. Er konnte damit jedoch zunächst weder in der staatlichen Verwaltung noch bei den Gemeinden durchdringen. Hier war das Problem auch besonders kompliziert, nicht nur die kommunalen Planungen waren zu koordinieren, das Ruhrrevier erstreckte sich auch auf zwei Provinzen und drei Regierungsbezirke Preußens. Erst als die umfangreichen Reparationsleistungen, zu denen Deutschland nach dem ersten Weltkrieg verpflichtet worden war, die kurzfristige Ansiedlung von weiteren 150.000 Bergarbeiterfamilien erforderlich machten, war die äußerste Grenze kommunaler Handlungsmöglichkeiten überschritten. Dennoch wurde der Staat nicht aktiv, sondern es erfolgte unter diesem aktuellen Druck 1920 der freiwillige Zusammen-

Ruhrgebiet

1910: Grünflächenkommission

1920: Siedlungsverband Ruhrkohlenbezirk als freiwilliger Gemeindeverband mit Planungskompetenz

schluß der Städte und Landkreise zu einem Verband, auf den die Gemeinden Teile ihrer Planungskompetenzen übertrugen und der die räumliche Entwicklung des Ruhrkohlenbezirks steuern sollte. Die Verbandssatzung wurde durch die preußische Landesversammlung zum Gesetz erhoben, womit der **Siedlungsverband Ruhrkohlenbezirk – SVR –** zum ersten Landesplanungsverband in Deutschland wurde. Unter seinem ersten Verbandsdirektor ROBERT SCHMIDT wurde er zu einem Musterfall funktionierender übergemeindlicher Landesplanung. Er existierte bis 1975 und wurde dann durch die Träger der Regionalplanung und den **Kommunalverband Ruhrgebiet** ersetzt.

Ausbreitung der Idee der Landesplanung in den zwanziger Jahren

Getragen von diesem Erfolg verbreitete sich die Idee der die gemeindlichen Planungen koordinierenden Landesplanung in Nord- und Mitteldeutschland mit dem Elan einer geistigen Bewegung. In den zwanziger Jahren entstanden in Preußen, Sachsen und Thüringen zahlreiche ähnliche Planungsverbände, für die sich die Bezeichnung Landesplanung durchsetzte. Durch einen Staatsvertrag zwischen den Ländern Hamburg und Preußen wurde 1928 der hamburgisch-preußische Landesplanungsausschuß gegründet, der sogar die Planung über Landesgrenzen hinweg ermöglichte.

Räumlicher Umfang ...

... und Selbstverständnis der Landesplanungsgemeinschaften

Schon 1929 wurde eine Arbeitsgemeinschaft der Landesplanungsstellen gegründet. Die Planungsräume der Mitgliedsverbände umfaßten 1931 fast 30% der Fläche und 58% der Bevölkerung des Reiches. Sie verstanden ihre Aufgabe als überörtlich auf der Grundlage gegenseitiger Abstimmung und Koordination zwischen Gebietskörperschaften (Gemeinden, Kreisen, Regierungsbezirken), Trägern der Fachplanung (Grünflächenplanung, Verkehrsplanung usw.) und der Wirtschaft (Einzelunternehmen und Industrie- und Handelskammern). Die praktischen Ergebnisse der Landesplanung in den 20er Jahren waren bedeutend. Deutschland stand damals bei der Entwicklung großräumiger gemeindegrenzenüberschreitender Planungen an führender Stelle.

In der Weimarer Republik wurden Anstrengungen unternommen, für die Landesplanung reichsrechtliche Regelungen zu schaffen. Zu diesen kam es erst nach 1933 im Zusammenhang mit den Maßnahmen zur Beseitigung der Arbeitslosigkeit, der Förderung des Siedlungswesens, dem Autobahnbau und der Aufrüstung. Die Gesetze über die Aufschließung von Wohnsiedlungsgebieten (Wohnsiedlungsgesetz) von 1933 und über einstweilige Maßnahmen zur Ordnung des deutschen Siedlungswesens (Siedlungsordnungsgesetz) von 1934 knüpften an die Arbeiten der Landesplanungsgemeinschaften an.

3.2 Die Entwicklung von 1935 bis 1945

Diese Tradition der Landesplanung, die auf freiwilligen Zusammenschlüssen der Gebietskörperschaften beruhte und zu unterschiedlichen Organisationsformen geführt hatte, wurde abgebrochen, als sie 1935 einer neuen obersten Reichsbehörde, der „**Reichsstelle für Raumordnung**" zugewiesen wurden. Sie hatte darauf hinzuwirken, wie es in der entsprechenden Verordnung heißt, „daß der deutsche Raum in einer den Notwendigkeiten von Volk und Staat entsprechenden Weise gestaltet wird". Dies geschah aufgrund eines ihr eingeräumten Einspruchsrechts gegen die Durchführung von raumbedeutsamen Vorhaben. Im gesamten Reich wurden daraufhin einheitlich Planungsräume festgesetzt, Landesplanungsbehörden als Träger der staatlichen Planungshoheit bestellt und Landesplanungsgemeinschaften gebildet, in denen die vorhandenen unterschiedlichen Organisationen aufgingen. In ihnen waren die Stadt- und Landkreise, die mit der Planung befaßten Reichs- und Landesbehörden, berufsständische Organisationen und die Vertreter der NSDAP vertreten. Erst damit wurde auch der süddeutsche Raum und Hessen in die Entwicklung der Landesplanung mit einbezogen.

1935: Reichsstelle für Raumordnung

Flächendeckendes System der Landesplanung

Als Träger der wissenschaftlichen Forschung wurde eine „**Reichsarbeitsgemeinschaft für Raumforschung**" mit Arbeitsgemeinschaften an den Hochschulen geschaffen, die die heute noch bestehende wissenschaftliche Zeitschrift „Raumforschung und Raumordnung" herausgab.

Reichsarbeitsgemeinschaft für Raumforschung

Der Begriff der **Raumordnung** entstand in den dreißiger Jahren und wurde damals als Oberbegriff für die überörtlichen zusammenfassenden Planungen, also diejenigen der Landesplanungsgemeinschaften, der Länder und des Reiches verwendet. In diesem Sinne wird er auch heute noch teilweise gebraucht. Häufiger ist jedoch die abstrakte Verwendung des Begriffes, wobei Raumordnung als Aufgabe verstanden wird, in bestimmten Räumen eine einem Leitbild entsprechende Raumstruktur zu schaffen und damit eine für den einzelnen und die Gemeinschaft bestmögliche Nutzung des Raumes anzustreben. Die Tätigkeit der kommunalen und staatlichen Träger zur Herstellung dieser räumlichen Ordnung bezeichnen wir dagegen als **Raumordnungspolitik**.

Raumordnung

Raumordnungspolitik

Mit der Schaffung einer zentralen Ebene und reichseinheitlichen Regelungen auf den nachgeordneten Ebenen war 1935/36 erstmals in Deutschland ein landesweites einheitliches Planungssystem geschaffen worden. Es hatte neben einem offenkundigen zentralistischen Element auch Elemente der Selbstverwaltung auf der untersten Ebene der Landesplanungsgemeinschaften sowie eine davon unabhängige Forschungsstelle gegeben. Der Siedlungsverband Ruhrkohlenbezirk bestand als Sonderform unverändert weiter.

Politische Implementation der Raumordnung

Dieses Gliederungsschema stellte einen Kompromiß dar, der die sinnvolle Berücksichtigung sowohl gesamtstaatlicher wie auch regionaler Belange ermöglichte. Doch wurde der Apparat der Raumordnung überwiegend in den Dienst der politischen Zielsetzungen des Nationalsozialismus gestellt, und schon nach kurzer Anlaufzeit wurde die Tätigkeit durch den Krieg eingeschränkt. 1944 wurden die Landesplanungsgemeinschaften „für die Dauer des Krieges" stillgelegt. Die zentralen Behörden gingen dann im Zusammenbruch des Jahres 1945 unter.

3.3 Die Anfänge der Landesplanung in den westlichen Besatzungszonen nach 1945

Probleme der Wiederaufnahme nach 1945

Die Tatsache, daß der nationalsozialistische Staat die Raumordnung populär gemacht und massiv gefördert hatte, erschwerte einen Neubeginn nach dem Zusammenbruch. Der Begriff und die Inhalte der Raumordnung waren stark belastet und wurden mit Expansion und Kriegswirtschaft in Zusammenhang gebracht. Der beginnende kalte Krieg mit seiner Ost-West-Konfrontation machte

Planung wird suspekt

den Gedanken an Planung in den Westzonen generell suspekt, er wurde mehr der östlichen Planwirtschaft als der westlichen Marktwirtschaft zugerechnet und mit staatlichem Dirigismus assoziiert. Die Oberhoheit der Besatzungsmächte wirkte sich ebenfalls hinderlich aus. Die Erkenntnis, daß auch ein freiheitlich verfaßtes Gemeinwesen staatliche Planung braucht, nicht zuletzt um die Freiheit des einzelnen zu schützen, ein vor 1933 in Deutschland selbstverständlicher Gedanke, war den Siegermächten noch fremd.

Außer in NRW während der Wiederaufbauphase keine Steuerung durch Raumordnung

Daher wurde in den nun zuständigen Ländern – mit Ausnahme des Landes Nordrhein-Westfalen, in dem Begriff und Idee der Landesplanung entstanden waren und das auf die längste und zudem sehr erfolgreiche Tradition vor 1933 zurückblicken konnte – die Landesplanung nicht sofort wieder aufgegriffen. Dieser Zustand war problematisch und folgenreich in einer Zeit, die durch den Wiederaufbau des vom Krieg zerstörten Landes besondere Möglichkeiten der Einflußnahme auf die Raumstruktur gehabt hätte und in der sich durch die Flüchtlingsströme aus dem Osten Planungsprobleme nie dagewesenen Ausmaßes stellten. Die Länder erließen 1948/49 unter dem Zwang der zu lösenden Probleme **Aufbaugesetze**, die auf dem Instrumentarium der Stadtplanung aufbauten. Planung über Gemeindegrenzen hinaus wurde freiwilligen Zusammenschlüssen überlassen und staatlich nicht gesteuert.

Nur in **Nordrhein-Westfalen** nahmen die Landesplanungsgemeinschaften ihre Arbeit als freie Assoziationen kurz nach Kriegsende wieder auf. 1950 erließ das Land das erste Landesplanungsgesetz, das für die Entwicklung in der Bundesrepublik entscheidende Bedeutung erhielt. Der Staat erkannte darin die Landesplanungsgemeinschaften als Körperschaften des öffentlichen Rechts an und stattete sie mit dem Recht der Selbstverwaltung aus, d.h. sie durften ihre Angelegenheiten in eigener Verantwortung regeln. Sie hatten Raumordnungspläne aufzustellen, also „Pläne, die die geordnete Nutzung des Bodens, insbesondere im Hinblick auf die Erfordernisse der Land- und Forstwirtschaft, der Wasserwirtschaft, der Industrie, des Verkehrs, der Bebauung, des Schutzes des Heimatbildes und der Erholung, in den Grundzügen regeln", wie es in §3 Abs.1 des Gesetzes hieß. (Da die Definition im Gesetz – lat. lex – erfolgt, bezeichnet man sie als Legaldefinition.) Diese Pläne wurden nach Aufstellung von der obersten Landesplanungsbehörde für verbindlich erklärt. Daraufhin waren die Gemeinden und Gemeindeverbände verpflichtet, ihre Planungen daran anzupassen. Als oberste Landesplanungsbehörde wurde der Ministerpräsident bestimmt. Damit wurde der Tatsache Rechnung getragen, daß Landesplanung als übergreifende Querschnittsaufgabe nicht einem Fachressort unterstellt werden kann. Das bewährte Gliederungsschema der Landesplanung in eine Staatsverwaltung (Regierung mit nachgeordneten Behörden) und eine Selbstverwaltung (Landesplanungsgemeinschaften) wurde also beibehalten. Die anderen Länder, die erheblich später eine Landesplanung begründeten, gingen teilweise andere Wege.

1. Landesplanungsgesetz in NRW 1950

Die 1935 gegründete Reichsarbeitsgemeinschaft für Raumforschung war 1944/45 von Berlin nach Hannover verlegt worden. Unter dem neuen Namen **Akademie für Raumforschung und Landesplanung (ARL)** nahm sie 1946 die wissenschaftliche Arbeit wieder auf und führt auch bis heute die Zeitschrift „Raumforschung und Raumordnung" weiter. Sie wird gemeinschaftlich von Bund und Ländern finanziert und ist mit ihren Projekten, Forschungsaufträgen und einer Vielzahl von Veröffentlichungen heute die wichtigste Organisation der Raumplanung in der Bundesrepublik.

1946: Akademie für Raumforschung und Landesplanung (ARL)

3.4 Die Anfänge der Territorialplanung in der sowjetischen Besatzungszone und die räumliche Planung in der DDR

Zentralverwaltungswirtschaft nach sowjetischem Muster in der sowjetischen Besatzungszone

Während in den westlichen Besatzungszonen das marktwirtschaftliche System nie zur Disposition gestellt wurde, vollzog sich in der sowjetischen Besatzungszone eine völlig andere Entwicklung. Sie war geprägt von der Übernahme der sowjetischen Wachstumspolitik und ihrer Zentralverwaltungswirtschaft. Diese war ursprünglich konzipiert für die möglichst schnelle Industrialisierung des an Ressourcen reichen Agrarlandes Sowjetunion und gekennzeichnet durch eine zentrale staatliche Planung, Lenkung und Kontrolle des gesamten Wirtschaftsprozesses, staatliches Eigentum an den Produktionsmitteln sowie staatliche Preisfestsetzung.

Enteignungen

Der erste Schritt war die Veränderung der Eigentumsordnung durch eine Bodenreform. Grundlage der Enteignung der Industrie waren die Befehle der Sowjetischen Militär-Administration sowie eine 1946 in Sachsen durchgeführte Volksabstimmung. Es wurden sowjetische Aktiengesellschaften gegründet, die mit Ausnahme der Uranerzbergbau betreibenden Wismut-AG bis 1953 als sogenannte volkseigene Betriebe (VEB) an die DDR zurückgegeben wurden. 1960 wurden die landwirtschaftlichen Betriebe enteignet, im Sprachgebrauch der Zeit „kollektiviert" oder „sozialistisch umgewandelt" in 19.000 landwirtschaftliche Produktionsgenossenschaften (LPG).

Aufbau der sozialistischen Planwirtschaft

„SPK"

Auf dieser Basis wurde die sozialistische Planwirtschaft errichtet. Auf die im Kriege erlassenen Bewirtschaftungsvorschriften aufbauend, übernahm zuerst die sowjetische Militäradministration die Funktion einer zentralen wirtschaftlichen Leitungsinstanz. Sie ging 1948 an die Deutsche Wirtschaftskommission (DWK) über, wurde 1950 die staatliche Plankommission (SPK) und blieb bis 1989 die oberste Planungsinstanz. Instrumente waren umfassende wirtschaftliche Zielvorgaben, zunächst in einem Zweijahresplan (1949/50), ab 1951 in Fünfjahresplänen. Seit 1961 hatte die SPK eine Entsprechung auf der Ebene der Bezirke: die Bezirksplanungskommissionen (BPK). LPGs und VEBs waren an deren Planungsziele verbindlich gebunden.

Territorialplanung

Derjenige Teil des sozialistischen Planungssystems, der auf die Entwicklung der räumlichen Strukturen gerichtet war, nannte sich **Territorialplanung**. Ihr kennzeichnendes Merkmal war die enge Verschränkung mit der umfassenden staatlichen Wirtschaftsplanung. Die räumliche Koordinierung der verschiedenen

Investitionstätigkeiten lag in den Händen der BPK. Deren Instrumente waren der „Bezirksplan" und die „Grundlinie für die ökonomische Entwicklung des Bezirks". Sie erlangten durch die Aufnahme in die Fünfjahrespläne – im Gegensatz zu den Planungen des marktwirtschaftlichen Systems – unmittelbar Gesetzeskraft. Die „Grundlinie" war die verbindliche Vorgabe für die beiden anderen langfristigen Planarten, den Generalbebauungsplan und den Generalverkehrsplan des Bezirks.

„BPK"

Die Kreisplankommission (KPK) war das für die örtliche Territorialplanung zuständige Fachorgan des Kreisrates. Ihr oblag die detailliertere räumliche Umsetzung der Planziele der Bezirke.

„KPK"

Dieses Planungssystem ist in der Geschichte der DDR politischen Vorgaben folgend mehrfach verändert worden, als Kern blieben jedoch stets die Anbindung an die gesamtwirtschaftliche Planung und damit an alle Investitionsentscheidungen des Staates, die unmittelbare Verbindlichkeit sowie der stark zentralisierte Aufbau bestehen. Damit unterschied es sich grundsätzlich vom Raumplanungssystem der anderen Besatzungszonen, auch wenn die – in der DDR öffentlich nicht zugänglichen – Pläne vergleichbare Inhalte festsetzten, z.B. Zentralitätsstufen für zentrale Orte.

Unverändertes Prinzip bis 1989

3.5 Raumordnung im föderativen System der Bundesrepublik Deutschland

Dem Grundgesetz der Bundesrepublik Deutschland vom 23. Mai 1949 liegt ein föderatives Staatsverständnis zugrunde, in dem die Länder grundsätzlich Träger der Staatsgewalt sind. Artikel 30 des Grundgesetzes bestimmt:

Föderatives Staatsverständnis

> „Die Ausübung der staatlichen Befugnisse und die Erfüllung der staatlichen Aufgaben ist Sache der Länder, soweit dieses Grundgesetz keine andere Regelung trifft oder zuläßt."

Das gilt auch für die Gesetzgebung, denn „die Länder haben das Recht der Gesetzgebung, soweit dieses Grundgesetz nicht dem Bunde Gesetzgebungsbefugnisse erteilt" (Art. 70 I GG). Dann werden die Bereiche der ausschließlichen und der konkurrierenden Gesetzgebungsbefugnisse des Bundes genannt. Letzteres ist gegeben, wenn „ein Bedürfnis nach bundesgesetzlicher Regelung besteht, weil

Gesetzgebungskompetenzen von Bund und Ländern

1. eine Angelegenheit durch die Gesetzgebung einzelner Länder nicht wirksam geregelt werden kann oder
2. die Regelung einer Angelegenheit durch ein Landesgesetz die Interessen anderer Länder oder der Gesamtheit beeinträchtigen könnte oder

3. die Wahrung der Rechts- oder Wirtschaftseinheit, insbesondere die Wahrung der Einheitlichkeit der Lebensverhältnisse über das Gebiet eines Landes hinaus sie erfordert" (Art. 72 II GG).

Sind diese Voraussetzungen erfüllt, dann hat der Bund das Recht, Rahmengesetze zu erlassen, die einen Rahmen vorgeben, der durch die Landesgesetze der Länder auszufüllen ist. Dieses hat er unter anderem auf dem Gebiet der Raumordnung.

Widerstände gegen eine Bundeskompetenz in der Raumordnung von Ländern und Fachressorts

Damit ist ein Gesetzgebungsrecht des Bundes an ein **Bedürfnis nach bundeseinheitlicher Regelung** gebunden. Ein solches wurde lange Zeit verneint. Die Länder vertraten die Auffassung, Raumordnung und Landesplanung seien grundsätzlich Länderangelegenheit. Auch die Fachressorts des Bundes, die Ministerien, lehnten zunächst eine gesetzliche Regelung der Raumordnung auf Bundesebene ab, weil es auch ihre Fachkompetenzen beschneiden würde. Beispielsweise würde eine Bundesverkehrswegeplanung, für die der Bundesminister für Verkehr zuständig ist, durch ein Raumordnungsgesetz an Raumordnungsziele und damit die Mitwirkung anderer Behörden gebunden werden. Ohne ein solches hätte der Minister die alleinige Kompetenz, verkehrspolitische Ziele zu bestimmen und Maßnahmen durchzuführen und wäre lediglich an Gesetze und Kabinettsbeschlüsse gebunden. Raumordnung wurde abgelehnt, weil sie eine ressortübergreifende Aufgabe und somit eine Angelegenheit der gesamten Regierung ist.

IMNOS

Die raumbedeutsamen Maßnahmen des Bundes entbehrten auf den Gebieten der Wirtschafts-, Sozial-, Verkehrs-, Finanz-, Agrar- oder Verteidigungspolitik lange einer Ausrichtung an gemeinsamen Raumordnungszielen, eines geordneten Verfahrens der Koordinierung untereinander sowie der Abstimmungen mit den Planungen und Maßnahmen der Länder. Es gab lediglich seit 1950 einen „Interministeriellen Ausschuß für Notstandsgebietsfragen" (IMNOS).

Interministerielle Koordination: IMARO

Als Mitte der fünfziger Jahre die wichtigsten Aufgaben des Wiederaufbaus erfüllt waren und ein Wirtschaftsboom zu einer Ausweitung der Bundesaufgaben und auch des Haushaltsvolumens führte, wurde erkannt, daß die räumliche Entwicklung nicht gleichmäßig erfolgt, sondern regionale Ungleichgewichte vorhanden sind und sich sogar verstärken und daß die freie, ungelenkte Entwicklung einzelne Räume bevorzugt und andere benachteiligt. Eine Koordination der Bundesinvestitionen schien unumgänglich. 1955 richtete die Bundesregierung daher einen „Interministeriellen Ausschuß für Raumordnung" (IMARO) ein, der die raumbedeutsamen Maßnahmen der Ministerien koordinieren sollte. Ein „Sachverständigenausschuß für Raumordnung" (SARO) sollte die sachlichen Grundlagen dieser Arbeit schaffen. Die Zusammenarbeit zwischen Bundes- und Landesregierungen auf dem Gebiet der Raumordnung wurde in einem Verwaltungsabkommen 1957 geregelt, in dem sich die Regierungen verpflichteten, grundsätzliche Fragen der Raumordnung gemeinsam zu klären. Diese gemeinsame Verantwortung ist für die Bundesrepublik zum Charakteristikum der Raumordnung geworden.

SARO

1961 legte der Sachverständigenausschuß für Raumordnung ein Gutachten „Die Raumordnung in der Bundesrepublik Deutschland" vor, das als sogenanntes **SARO-Gutachten** die weitere Entwicklung der Raumordnung bis zum Erlaß des Bundesraumordnungsgesetzes entscheidend bestimmt hat.

SARO-Gutachten 1961

3.6 Der Weg zum Erlaß des Bundesraumordnungsgesetzes

Für die Bundesregierung und die Länderregierungen waren die genannten administrativen Regelungen – interministerielle Ausschüsse und Verwaltungsabkommen – auf dem Gebiet der Raumordnung ausreichend. Der Bundestag sah sich damit jedoch in seiner Gesetzgebungs- und Kontrollfunktion übergangen. Immer wieder wurde eine gesetzliche Regelung gefordert. 1955, 1960 und 1962 wurden Entwürfe für ein Bundesraumordnungsgesetz im Bundestag oder auf dessen Anregung von der Regierung erarbeitet. Die Vorlage der Bundesregierung scheiterte noch 1963 im Bundesrat, der Ländervertretung, wegen der bereits genannten verfassungsrechtlichen Bedenken der Länder an einer Zuständigkeit des Bundes. Nach einer langen Diskussion, einer Beteiligung der Fachressorts, der Länder und der kommunalen Spitzenverbände fand das **Bundesraumordnungsgesetz (ROG)** unter erheblichen Änderungen 1965, also erst 20 Jahre nach dem Zusammenbruch, die erforderlichen Mehrheiten in Bundestag und Bundesrat.

1955 bis 1965: Arbeit am Bundesraumordnungsgesetz (ROG)

Es ist ein Rahmengesetz, das die Aufgaben, Leitvorstellungen und Grundsätze der Raumordnung enthält und einen Rahmen für die Planungsgesetze der Länder vorgibt, welche die Grundsätze der Landesplanung konkretisieren. Es gibt auch den Rahmen für die Organisation vor, der in Kapitel 4 erläutert wird. Zunächst ist jedoch die Frage zu beantworten, an welchen Zielen sich die Raumordnung eines marktwirtschaftlich organisierten sozialen Rechtsstaates orientieren soll.

Rahmengesetz, bindet die Landesgesetzgebung

3.7 Das gesellschaftspolitische Leitbild der Raumordnung

Funktion des gesellschaftspolitischen Leitbildes

Das SARO-Gutachten 1961 hatte die besondere Aufgabe, ein Leitbild der Raumordnung und die daraus zu folgernden Richtlinien und Maßnahmen für die Raumordnungspolitik zu erarbeiten. Leitbilder sind epochale Ausprägungen von Oberzielen, z.B. das Leitbild des Liberalismus in der Phase der industriellen Revolution. Sie prägen entscheidend die gesellschaftliche Entwicklung einer Zeit. Da sich das Leitbild in Auseinandersetzung mit der gesellschaftlichen Wirklichkeit profiliert, indem es politische Postulate in der gesellschaftlichen Wirklichkeit zur Geltung zu bringen versucht, spricht man von einem **gesellschaftspolitischen Leitbild**. Es kann auch als die Grundidee verstanden werden, die der Verfassungsordnung des Staates zugrunde liegt.

Orientierung an den Grundwerten der Verfassung

Das gesellschaftspolitische Leitbild unserer Zeit kann kein staatlich vorgegebenes Ziel sein, auf das die Gesellschaft hin geformt werden sollte. Über ein solches verfügt der freiheitlich soziale Rechtsstaat einer pluralistischen Gesellschaft nicht. Er ist prinzipiell auf weltanschauliche Neutralität angelegt. Dagegen ist er nicht wertneutral, sondern an **Grundwerten** orientiert, die im Grundgesetz kodifiziert sind. Solche sind an erster Stelle die Grundrechte, z.B. die Meinungsfreiheit (Art. 5 GG), die Versammlungsfreiheit (Art. 8 GG), die Freizügigkeit (Art. 11 GG), die Berufsfreiheit (Art. 12 GG) oder das Eigentumsrecht (Art. 14 GG) sowie das in Art. 20 GG niedergelegte Sozialstaatsprinzip. Sie ergeben sich aus dem gesellschaftspolitischen Leitbild, das durch die Oberziele Freiheit, sozialer Ausgleich auf der Grundlage eines angemessenen Standards und Sicherheit bestimmt ist. Diese drei Maximen sind Kern der Vorstellung des „sozialen Rechtsstaates". Vor allem die Prinzipien des „sozialen Ausgleichs auf der Grundlage eines angemessenen Standards" und „Sicherheit", worunter eine soziale Sicherheit verstanden wird, stehen in enger Beziehung zu räumlichen Strukturen der Bundesrepublik, wie sie in Kapitel 1 dargestellt wurden.

Individuelle Grundrechte der Verfassung als Schranken

Unter **Freiheit** sind vor allem die individuellen Freiheitsrechte zu verstehen. Für die Raumordnung sind besonders die Freiheit bei der Wahl des Wohn- oder Arbeitsstandortes, der Berufswahl, der Wahl des Arbeitsplatzes usw. relevant. Die folgenden Beispiele zeigen, daß die Freiheit des einzelnen nicht unbegrenzt sein kann, sondern stets an die Grenzen der Freiheit anderer stößt oder das Wohl der Allgemeinheit beeinträchtigt. Die Freiheit der unternehmerischen Niederlassung ist durch die Beschränkung auf dafür ausgewiesene Flächen begrenzt, z.B. durch den Schutz von

Grün- oder Erholungsflächen. Die Freiheit der Arbeitsplatzwahl ist nicht nur durch das Angebot der Arbeitsplätze beschränkt, sondern auch durch staatliche Maßnahmen beeinflußt, durch die in der Raumordnung Einfluß auf die regionale Wirtschaftsstruktur genommen wird. Es müssen also Grenzen und Rangordnungen der Freiheiten bestimmt werden, die bei Konflikten zwischen verschiedenen Anspruchsträgern Entscheidungen ermöglichen. Sofern die Konflikte räumlicher Natur sind, wie dies bei allen Standortfragen der Fall ist, ist ihre Regelung die Aufgabe der Raumordnung und Raumordnungspolitik.

Die Grenzen der Beschränkung der Freiheit des Einzelnen werden durch das **Leitbild des sozialen Ausgleichs auf der Grundlage eines angemessenen Standards** gezogen. Es ergibt sich aus dem Sozialstaatsprinzip. Die unternehmerische Standortfreiheit findet zum Beispiel dann ihre Grenzen, wenn die Belastung der Gesundheit von Anliegern durch Lärm, Rauch und Abgase so hoch wird, daß angemessene Standards überschritten werden. Hier hat der Staat als Träger hoheitlicher Gewalt die Pflicht, für die Einhaltung dieser Standards zu sorgen, z.B. durch Immissionsgrenzwerte oder durch gezielte Gebote oder Verbote, durch die er Freiheitsrechte einzelner einschränkt.

Grenzen der individuellen Freiheitsrechte: Sozialstaatsgebot

In der modernen Industriegesellschaft ist das Verlangen nach **sozialer Sicherheit** besonders stark, da die Menschen sich ihre Existenzsicherung durch ihre Arbeitsleistung verschaffen. Entfällt diese durch Arbeitslosigkeit, Invalidität oder Krankheit, ist die Existenz in Frage gestellt, da in der modernen Gesellschaft die soziale Einbindung und Sicherung in die Großfamilie oder ins Dorf, wie sie für die vorindustrielle Welt charakteristisch waren, fehlen. Somit ist die Schaffung und Erhaltung sozialer Sicherheit eine Maxime staatlichen Handelns, ein gesellschaftspolitisches Leitbild.

An diesen Leitbildern müssen auch die Grundsätze der Raumordnung orientiert sein. §1 Abs. 1 ROG fordert daher:

Übertragung des gesellschaftspolitischen Leitbildes auf die Raumordnung

> „Die Struktur des Gesamtraumes der Bundesrepublik Deutschland ist unter Berücksichtigung der natürlichen Gegebenheiten, der Bevölkerungsentwicklung sowie der wirtschaftlichen, infrastrukturellen, sozialen und kulturellen Erfordernisse und unter Beachtung der folgenden Leitvorstellungen so zu entwickeln, daß sie:
> 1. der freien Entfaltung der Persönlichkeit in der Gemeinschaft am besten dient,
> 2. den Schutz, Pflege und Entwicklung der natürlichen Lebensgrundlagen sichert,

3. Gestaltungsmöglichkeiten der Raumnutzung langfristig offenhält und
4. gleichwertige Lebensbedingungen der Menschen in allen Teilräumen bietet oder dazu führt."

Die freie Entfaltung der Persönlichkeit in der Gemeinschaft beinhaltet die Grundrechte auf freie Berufswahl, Unversehrtheit der Person, freie Wahl des Arbeitsplatzes usw. Diese sind nicht überall in gleicher Weise gegeben. Hier bestehen räumliche Ungleichgewichte und Ungleichheiten, die diesem gesellschaftspolitischen Leitbild widersprechen. So ist beispielsweise in der Wahl des Arbeitsplatzes durch die regional unterschiedliche Arbeitsmarktsituation keine Chancengleichheit gegeben. Auch die klein- und großräumig wechselnden Umweltbelastungen beeinträchtigen die grundgesetzlich garantierte körperliche Unversehrtheit in verschiedener Weise. Daraus leitet sich die Forderung ab, den Bürgern in allen Teilräumen einen Mindeststandard in ihrer Lebensqualität zu ermöglichen, der zu definieren ist. Diese Leitvorstellung, **gleichwertige Lebensbedingungen in allen Teilräumen** zu schaffen, wird als das gesellschaftspolitische Leitbild der Raumordnung bezeichnet.

Ableitung der Forderung, gleichwertige Lebensbedingungen in den Teilräumen zu schaffen ...

... und regionale Disparitäten abzubauen

Regionale Disparitäten sind räumlich ungleichwertige Lebensbedingungen

Regionale Ungleichgewichte in den Lebensbedingungen, die diesem Leitbild widersprechen, bezeichnen wir als **regionale Disparitäten**. Nicht alle räumlichen Unterschiede widersprechen dem Leitbild und sind abzubauen, sondern nur diejenigen, die wertgleichen Lebensbedingungen widersprechen und damit der häufigste Anlaß für Wanderungen sind. Die in Kapitel 1 dargestellten Elemente des sozioökonomischen Raumgefüges der Bundesrepublik gehören mit Sicherheit dazu. Dort wurden nicht allgemeine regionale Unterschiede und Ungleichgewichte sowie ihre Entwicklung dargestellt, wie sie eine Landeskunde enthält, sondern solche, die für die Qualität der regionalen Lebensbedingungen entscheidend sind. Aus dem gesellschaftspolitischen Leitbild und der analysierten Raumstruktur ist für die Raumordnung das Ziel abzuleiten, regionale Disparitäten abzubauen. Dies sind z.B. die Disparitäten auf den Gebieten der Wohnung, der Erwerbstätigkeit, der Versorgung, der Ausbildung und der Umwelt.

Problem des Ausgleichs zwischen Teilräumen

Der Abbau regionaler Disparitäten bedeutet im Grundsatz, daß die strukturelle Bevorzugung einzelner Räume gemindert und die Strukturschwäche anderer Räume durch staatliche Maßnahmen abgeschwächt oder sogar beseitigt wird. Damit zeichnen sich jedoch Interessensgegensätze der Teilräume untereinander ab. Die Raumordnung wird nicht nur Konflikte zwischen Teilräumen zu lösen haben. Es wird immer wieder Interessen des Gesamtraumes geben, die nicht mit Bestrebungen der Teilräume übereinstimmen. Im Interesse der internationalen Wettbewerbsfähigkeit des Gesamtraumes kann es sinnvoll erscheinen, gerade die strukturstärksten Standorte weiter zu fördern, statt ihre Verlagerung in zurückgebliebene Gebiete anzustreben. Hier sind grundsätzliche Prioritäten nicht sinnvoll. Das ROG bestimmt in diesen Fällen den Grundsatz, daß weder der Gesamtraum noch die Teilräume einen absoluten Vorrang ihrer Ansprüche geltend machen können. Das **Gegenstromprinzip der Raumordnung** besagt in § 1 Abs. 4 ROG:

Gegenstromprinzip

„Die Ordnung der Teilräume soll sich in die Ordnung des Gesamtraumes einfügen. Die Ordnung des Gesamtraumes soll die Gegebenheiten und Erfordernisse seiner Teilräume berücksichtigen."

Das ROG bestimmt in § 2 Abs. 1 insgesamt 13 Grundsätze der Raumordnung. Sie sind verbindliche Vorgaben für die Landesplanungsgesetze der Länder. Unmittelbar sind sie von den Behörden des Bundes zu beachten, nicht jedoch vom einzelnen; denn für eine solche Bindungswirkung haben sie nicht die für eine allgemeingültige Rechtsnorm erforderliche Konkretheit. Die Länder können eigene Grundsätze aufstellen, sofern sie denen des ROG nicht widersprechen.

Grundsätze der Raumordnung in § 2 ROG

Mit diesem Gesetz hat der Bund seine Rahmengesetzgebungskompetenz erfüllt. Ob er darüber hinaus nicht nur Gesetzgebungs-, sondern auch Planungskompetenzen hat, war lange Zeit strittig. Dies wird in Kapitel 6 ausgeführt. Zuvor sollen einige Erläuterungen zum Verwaltungsaufbau in der Bundesrepublik Deutschland erfolgen, bevor geklärt werden kann, wer auf der jeweiligen Ebene Planungsträger ist, welches seine Planungskompetenzen sind und mit welchen Mitteln er Einfluß auf die Raumstruktur zu nehmen versucht.

4 Die Organisation der Raumplanung in der Bundesrepublik Deutschland im Überblick

4.1 Der Verwaltungsaufbau in der Bundesrepublik Deutschland

4.1.1 Die Vielfalt der Verwaltungstätigkeit

Beispiel: Präsenz der Verwaltung im Alltag

Beginnen wir wiederum mit einem Fallbeispiel. Die Hausfrau Friederike Apfel liest beim Frühstück in der Zeitung, daß die Bundesregierung sich mit den Landesregierungen über neue Förderbedingungen für Versorgungseinrichtungen im ländlichen Raum geeinigt hat. Das freut sie, denn so kann möglicherweise das Kreiskrankenhaus schneller erweitert oder endlich einmal eine städtische Bücherei eingerichtet werden. Außerdem wartet sie schon lange auf einen Pflegeplatz für ihre Mutter in einem kommunalen Altenheim, das aus Kostengründen nicht erweitert wird. Nach der Zeitungslektüre fährt Frau Apfel über öffentliche Straßen – Gemeinde-, Kreis-, Landes- und Bundesstraßen – zum Landratsamt, um ihr neues Auto anzumelden. Um möglichst frühzeitig dort zu sein, mißachtet sie eine von der Straßenverkehrsbehörde angeordnete Geschwindigkeitsbegrenzung und gerät in eine Radarfalle. Deswegen wird sie von einem Beamten der Landespolizei gebührenpflichtig verwarnt. Auf dem Rückweg fährt sie bei ihrem Mann, der auf dem Forstamt arbeitet, vorbei, um ihm mitzuteilen, daß sie mit der Post eine Mitteilung des Finanzamtes über eine Lohnsteuerrückerstattung erhalten hat. Er hat jedoch gerade keine Zeit, da der Landesrechnungshof eine Überprüfung des Amtes durchführt. Frau Apfel vertreibt sich daraufhin die Zeit im städtischen Museum, bevor sie Ihre Tochter im Kindergarten abholt. Dann fährt sie noch bei der Bank vorbei, wo sie die fälligen Müllabfuhrgebühren an den Landkreis überweist. Im Radio wird gemeldet, daß die Sozialabgaben, die an die Bundesversicherungsanstalt für Angestellte zu entrichten sind, erhöht werden. Ferner hat das statistische Bundesamt mitgeteilt, wie sich die Lebenshaltungskosten im Beobachtungszeitraum verändert haben. Ihr bleibt nur die Hoffnung, daß der kürzlich vom Regierungspräsidium genehmigte gemeindliche Flächennutzungsplan den Bau eines geplanten neuen Supermarktes ermöglicht, der dann billiger sein wird als der Laden nebenan.

Dieser halbe Tag hat Frau Apfel mit den unterschiedlichsten Formen der staatlichen und kommunalen Verwaltung konfrontiert: mit Organen und Einrichtungen des Bundes (Bundesregierung, Bundespost, Bundesversicherungsanstalt für Angestellte, Bundesstraße, statistisches Bundesamt, Finanzamt), des Bundeslandes (Landesregierung, Regierungspräsidium, Polizei, Forstamt, Landesrechnungshof, Landesstraße), des Landkreises (Landratsamt, Kreiskrankenhaus, Kreisstraße, Kreismüllabfuhr) und der Gemeinde (Altenheim, Kindergarten, städtische Bücherei, städtisches Museum, Straßenverkehrsbehörde, Gemeindestraßen). Doch auch auf diesen Ebenen sind die Formen, in denen ihr Verwaltungshandeln gegenübertrat, sehr unterschiedlich. Diese Vielfalt der Formen und Ebenen der Verwaltungstätigkeit sollen im folgenden geordnet werden.

Unterschiedliche Formen der staatlichen und kommunalen Verwaltung

4.1.2 Ziele der Verwaltungstätigkeit

Umgangssprachlich bedeutet das Verb „verwalten" etwas ausführen oder etwas besorgen. Wenn jemand einen Hof oder ein Haus verwaltet, dann erledigt er die Angelegenheiten dieser Einrichtung. Wenn es sich um öffentliche Verwaltung handelt, werden öffentliche Angelegenheiten besorgt. Beim Hof oder Haus ist klar, daß sie bewirtschaftet werden, also durch das Verwalten ein Ertrag erzielt werden soll. Bei öffentlichen Angelegenheiten ist das jedoch nicht so, denn es ist nicht Ziel der öffentlichen Verwaltung, Gewinne zu erwirtschaften. Was also unterscheidet die private von der öffentlichen Verwaltung, was ist das Ziel der öffentlichen Verwaltungstätigkeit?

Begriff der Verwaltung

Der Begriff „öffentlich" weist zunächst auf eine unbestimmte Anzahl von Personen hin. Öffentliche Straßen, Wege und Plätze sind Sachen, die von einer unbestimmten Vielzahl von Personen benutzt werden können. Öffentliche Verwaltung kann man also beschreiben als die Besorgung von Angelegenheiten unbestimmt vieler Personen. Diese sind Menschen und damit Rechtssubjekte mit völlig unterschiedlichen Interessen. Trotzdem gibt es Angelegenheiten, die für die Allgemeinheit sinnvoll sind.

Begriff der öffentlichen Verwaltung

Dies soll wiederum an einem Beispiel erläutert werden. Jemand möchte eine Gastwirtschaft eröffnen, die unmittelbar gegenüber dem Eingang einer Trinkerheilanstalt liegt. Ein Interesse an der Eröffnung haben der Gastwirt, der sich ein besonders gutes Geschäft erhofft, weil er die Rückfallquoten der Alkoholiker kennt, und eventuell die Anwohner. Demgegenüber dürfte ein allgemeines Interesse bestehen, daß Alkoholsüchtige nicht rückfällig werden, und hierzu könnte eine Gaststätte an diesem Ort keinesfalls beitragen. Dieses allgemeine Interesse steht gegen das

Ziel der öffentlichen Verwaltung: Vertretung des Allgemeininteresses

Individualinteresse. Die Verwaltung muß in diesem Fall das Allgemeininteresse vertreten. [Ermächtigt wird die zuständige Behörde dazu durch § 41 Nr. 3 Gaststättengesetz (GastG), wonach die Gaststättenerlaubnis zu versagen ist, wenn der Betrieb im Hinblick auf die örtliche Lage dem öffentlichen Interesse widerspricht.]

Öffentliche Verwaltung ist fremdnützig

Öffentliche Verwaltung ist eine Besorgung von Angelegenheiten im Interesse und zum Wohl der Allgemeinheit. Das Handeln der öffentlichen Verwaltung bezeichnet man deshalb auch als fremdnützig. Dieses öffentliche oder gesamtgesellschaftliche Interesse wird häufig – jedoch nicht zwingend – das Interesse der Mehrheit sein. Öffentliche Verwaltungstätigkeit ist parteilich, weil mit ihr die durch Gesetz aufgetragenen Aufgaben in einem einseitigen, öffentlichen Interesse wahrgenommen werden. Diese Definition reicht aber nicht aus, da auch private Träger in ihrem Handeln am Wohl der Allgemeinheit orientiert sein können, etwa gemeinnützige Vereine. Öffentliche Verwaltung ist deshalb grundsätzlich nur dann gegeben, wenn öffentlich-rechtliche Rechtssubjekte handeln. Sie haben gegenüber den privaten Rechtssubjekten – den Bürgern, Vereinen oder Unternehmen – den Vorteil, daß sie das öffentliche Interesse mit Zwang durchsetzen können. Diese **Befugnis zum hoheitlichen Handeln der Verwaltung** kennzeichnet das öffentliche gegenüber dem privaten Recht. Damit ist öffentliche Verwaltung in einer am Ziel ihres Handelns orientierten Definition die Besorgung von Angelegenheiten im Interesse und zum Wohl der Allgemeinheit durch Verwaltungsträger. Dies sind öffentlich-rechtlich organisierte Rechtssubjekte.

Befugnis zum hoheitlichen Handeln

4.1.3 Die Träger der öffentlichen Verwaltung

Träger der öffentlichen Verwaltung: juristische Personen des öffentlichen Rechts

Die Träger der öffentlichen Verwaltung sind grundsätzlich die juristischen Personen des öffentlichen Rechts. Sie haben mit denen des Privatrechts – das sind Unternehmen, Vereine, Stiftungen usw. – gemeinsam, daß sie wie natürliche Personen Träger von Rechten sein und als solche am Rechtsverkehr teilnehmen können. Der entscheidende Unterschied besteht darin, daß die juristischen Personen des öffentlichen Rechts über unmittelbare oder mittelbare, d.h. vom Staat abgeleitete, Hoheitsrechte verfügen, mit deren Hilfe sie ihre Aufgaben auch mit Zwangsmitteln durchsetzen können. Sie reichen von der Eintreibung von Verwarnungsgeldern für Verkehrsdelikte bis zur Abrißverfügung für ein nicht genehmigtes Bauvorhaben oder der Vollstreckung eines Haftbefehls.

Eine öffentlich-rechtliche Körperschaft ist z.B. die Gemeinde. Sie kann allerdings nur durch ihre Organe tätig werden. Solche sind in den Gemeinden der Bürgermeister und der Gemeinderat. Zu unterscheiden ist zwischen monokratischen und Kollegialorganen. Das monokratische Organ entscheidet allein, auch wenn ihm weitere Personen beigegeben sind, z.B. der Bürgermeister. Er hat Weisungsrecht gegenüber allen Behördenangehörigen. Die heutige Verwaltung ist überwiegend monokratisch organisiert. An der Spitze steht eine Person, die für die Durchführung der Aufgabe der Verwaltungseinheit und die Einhaltung der Gesetze verantwortlich ist. Monokratische Organe sind die Minister, der Regierungspräsident, der Landrat oder der Bürgermeister.

Organe der juristischen Personen des öffentlichen Rechts

Monokratische Organe

Bei den Kollegialorganen ist der Mehrheitswille eines Kollegiums entscheidend. Beispiele sind Bundesregierung, Landesregierungen oder Gemeindevertretungen. Die Kollegialverwaltung ist im allgemeinen schwerfälliger als die monokratische, auch wenn sie eher in einen demokratischen Staat paßt. Ein Problem bei Kollegialorganen ist z.B. die Verantwortung einer Entscheidung.

Kollegialorgane

Organe der juristischen Personen des öffentlichen Rechtes, die zur selbständigen Ausübung öffentlicher Funktionen nach außen tätig sind, heißen **Behörden**. Sie sind vom Wechsel der Personen unabhängige, unter Leitung eines verantwortlichen Behördenleiters stehende organisatorische Einheiten der Verwaltung. Das Bundesverwaltungsverfahrensgesetz (BVwVfG) verwendet den Behördenbegriff in einem erweiterten Sinne. Eine Behörde nach diesem Gesetz gemäß § 1 Abs. 3 ist „jede Stelle, die Aufgaben der öffentlichen Verwaltung wahrnimmt". Mit 25 solcher Stellen hatte die Hausfrau Friederike Apfel im Laufe eines Vormittags unmittelbar oder mittelbar Kontakt.

Definition der Behörde

4.1.4 Die Verwaltungsorganisation

4.1.4.1 Unmittelbare und mittelbare Staatsverwaltung

Bei der Organisation der Staatsverwaltung sind die unmittelbare und die mittelbare Staatsverwaltung zu unterscheiden. Bei der unmittelbaren Staatsverwaltung übt der Staat die Verwaltung durch eigene Behörden aus. Behörden der unmittelbaren Staatsverwaltung sind die Bundesbehörden und die Landesbehörden. Kennzeichnend für sie ist, daß die höheren gegenüber den nachgeordneten ein Weisungsrecht haben. Wenn die Behörden ihre Aufgaben unmittelbar als eigene wahrnehmen, sind sie an Weisungen anderer Hoheitsträger nicht gebunden, sondern nur den Gesetzen und Verordnungen unterworfen.

Unmittelbare Staatsverwaltung

Mittelbare Staatsverwaltung

Mittelbare Staatsverwaltung ist Wahrnehmung von Verwaltungsfunktionen durch Organe anderer Verwaltungsträger, die hierbei staatliche Aufgaben in einem gesetzlich bestimmten und begrenzten Rahmen erfüllen. Mittelbare Staatsverwaltung bedeutet Auftragsverwaltung. Dabei üben rechtlich selbständige Hoheitsträger die Aufgaben eines anderen Hoheitsträgers nach dessen Weisungen aus. Man spricht daher auch von einer Tätigkeit im übertragenen Wirkungskreis. Beispiele für Auftragsverwaltung oder mittelbare Verwaltung im Verhältnis des Bundes zu den Ländern sind die Verwaltung der Bundesstraßen oder des Wehrersatzwesens durch die Länder. So kommt es, daß die **Bundesautobahnen** von **Landesstraßenbauämtern** unterhalten werden oder ein Wehrpflichtiger trotz ausschließlicher Bundeskompetenz des Verteidigungswesens im **Kreiswehrersatzamt** gemustert wird. Die Behörden sind jeweils im Auftrag des Bundes tätig.

Beispiele

4.1.4.2 Gliederungsschema des Verwaltungsaufbaues

Gliederung der Verwaltung

Das Gesamtgefüge der öffentlichen Verwaltung gliedert man in drei Dimensionen: vertikal, horizontal und territorial. Die vertikale Gliederung folgt dem Prinzip der verfassungsrechtlichen Kompetenzordnung. Die föderative Struktur der Bundesrepublik Deutschland bedingt eine grundsätzlich geteilte Staatsverwaltung, nämlich Bundes- und Landesverwaltung. Daneben garantiert Art. 28 Abs. 2 GG das Prinzip der kommunalen Selbstverwaltung:

Kommunale Selbstverwaltung

„Den Gemeinden muß das Recht gewährleistet sein, alle Angelegenheiten der örtlichen Gemeinschaft im Rahmen der Gesetze in eigener Verantwortung zu regeln."

Dies begründet neben Bundes- und Landesverwaltung eine eigene, nicht weisungsgebundene Verwaltung der Städte und Gemeinden. Wir bezeichnen sie als die drei Ebenen der öffentlichen Verwaltung von der Bundesverwaltung über die Landesverwaltung zur kommunalen Verwaltung, wobei unter letzterer die Verwaltung der Gemeinden, Kreise und sonstigen Gemeindeverbände zusammengefaßt werden.

Horizontale Gliederung

Die **horizontale Gliederung** folgt dem Sachprinzip der Ordnung nach Aufgaben und Sachgebieten und richtet sich nach Verwaltungszwecken. Am bekanntesten ist die Aufteilung der Sachkompetenzen der Bundesregierung und Ministerien in das Auswärtige Amt, das Bundesministerium des Innern, der Justiz, der Finanzen, der Verteidigung, der Wirtschaft, der Raumordnung usw. Diese sind weiter untergliedert in Abteilungen, Sachgebiete und Referate. Die horizontale Gliederung bezeichnet man als **Ressortierung**. Sie ist in Bund und Ländern je nach landespolitischen Erwägungen unterschiedlich.

Den hierarchischen Aufbau eines Ressorts bezeichnet man als **vertikale Gliederung**. Jede Verwaltungseinheit läßt sich nicht nur horizontal einem bestimmten Ressort, sondern auch vertikal in die Behördenhierarchie einordnen. Sie hat genau abgegrenzte Kompetenzen, wie das Beispiel der vertikalen Gliederung des Straßenbaues zeigt. Das Bundesministerium für Verkehr ist zuständig für die Vorbereitung von Gesetzen sowie die Planung und Finanzierung von Bundesfernstraßen. Die Landesministerien für Verkehr wirken bei der Planung der Bundesfernstraßen mit und planen die Landesstraßen. Sie sind im Auftrag des Bundes für den Bau der Bundesfernstraßen zuständig. Die Straßenbauämter der Regierungspräsidien bzw. Bezirksregierungen übernehmen die Detailplanung, die Bauausführung und die Unterhaltung. Der Kreisbauverwaltung obliegt der Bau und die Unterhaltung von Kreisstraßen und dem Tiefbauamt der Gemeinde die Planung, der Bau und die Unterhaltung von Gemeindestraßen und -wegen.

Vertikale Gliederung

Dieses Beispiel zeigt, daß es nicht nur eine vertikale und eine horizontale Gliederung gibt, sondern auch eine räumliche. Dies ist die **territoriale Dimension** der Verwaltung, die sich aus der räumlichen Projektion der Zuständigkeitsbereiche der Verwaltungseinheiten auf die Fläche ergibt, also z.B. auf Bund, Land, Regierungsbezirk, Kreis oder Gemeinde. Die Abgrenzung der räumlichen Zuständigkeiten ist dabei jedoch nicht immer an die Grenzen der Gebietskörperschaften gebunden. So decken sich die Postleiteinheiten der Bundespost nicht mit den Ländern, die Arbeitsamtsbezirke nicht mit Kreisen oder Gemeinden, die Verkehrsbezirke weder mit Kreisen noch mit Regierungsbezirken usw. Dies kann die Koordination von Verwaltungstätigkeiten sehr erschweren.

Territoriale Gliederung

Den drei Kategorien der vertikalen, horizontalen und territorialen Gliederung entsprechen unter dem Gesichtspunkt der Kompetenz die Begriffe der **instanziellen, sachlichen und räumlichen Zuständigkeit**. Will eine Behörde tätig werden, so braucht sie eine instanzielle, eine sachliche und eine örtliche Zuständigkeit.

Instanzielle, sachliche und räumliche Zuständigkeit

Im folgenden wird ein Überblick über die wichtigsten vertikalen Ebenen der Verwaltung und ihre Kompetenzen gegeben.

4.1.4.3 Die Bundesverwaltung

Bundesverwaltung bedeutet Ausführung der Gesetze durch bundeseigene Behörden – die unmittelbare Bundesverwaltung – oder durch rechtsfähige bundesunmittelbare juristische Personen des öffentlichen Rechts – die mittelbare Bundesverwaltung. Die

Leitungs- und Aufsichtsfunktion der Bundesverwaltung	Bundesverwaltung hat allgemein überwiegend **Leitungs- und Aufsichtsfunktion**. Sie hat einen entsprechenden Aufbau: viele Oberbehörden, aber nur wenige mit einem eigenen Verwaltungsunterbau. Soweit ein solcher besteht, ist die Bundesverwaltung wie auch die Landesverwaltung dreistufig aufgebaut in oberste bzw. obere, Mittel- und Unterbehörden.
	Im einzelnen sind folgende Arten von Bundesbehörden zu unterscheiden:
Oberste Bundesbehörden	**Oberste Bundesbehörden** sind der Bundespräsident (bzw. das Bundespräsidialamt), der Bundeskanzler (bzw. das Bundeskanzleramt), die Bundesregierung, die Bundesminister (bzw. die Bundesministerien), der Bundesrechnungshof sowie der Bundestag und der Bundesrat, soweit sie Verwaltungsaufgaben erfüllen.
Bundesoberbehörden	**Bundesoberbehörden** gleichen den obersten Bundesbehörden darin, daß sich ihre Zuständigkeit auf das gesamte Bundesgebiet erstreckt. Sie unterscheiden sich von ihnen dadurch, daß sie dem Geschäftsbereich einer obersten Bundesbehörde angehören und deren Weisungen unterliegen. Es gibt zahlreiche Bundesoberbehörden z.B. das Bundeskriminalamt (in Wiesbaden), das Luftfahrtbundesamt (in Braunschweig) oder das Umweltbundesamt (in Berlin).
Bundesmittelbehörden	**Bundesmittelbehörden** sind einer obersten Bundesbehörde nachgeordnet. Ihre Zuständigkeit erstreckt sich räumlich nur auf einen Teil des Bundesgebiets. Bundesmittelbehörden sind beispielsweise die Oberfinanzdirektionen oder die Oberpostdirektionen, die Wasser- und Schiffahrtsdirektionen oder die Landesarbeitsämter.
Bundesunterbehörden	**Bundesunterbehörden** sind Bundesoberbehörden oder Bundesmittelbehörden nachgeordnet. Ihre Zuständigkeit erstreckt sich räumlich auf einen noch weiter begrenzten Teil des Bundesgebiets, der zum Zuständigkeitsbereich der übergeordneten Behörde gehört. Beispiele sind die Zoll- oder die Postämter.
	### 4.1.4.4 Die Landesverwaltung
Dreistufiger Aufbau der Landesverwaltung	Ähnlich wie die Bundesverwaltung sind die Landesverwaltungen aufgebaut. Die Länder haben – mit Ausnahme Brandenburgs, Schleswig-Holsteins, des Saarlandes und der Stadtstaaten – einen **dreistufigen Verwaltungsaufbau** mit einer Oberstufe aus obersten Landesbehörden und Landesoberbehörden, einer Mittel- und einer Unterstufe.

Oberste Landesbehörden sind der Ministerpräsident (bzw. die Staatskanzlei), die Landesregierung, die Landesminister und der Landesrechnungshof.

Oberste Landesbehörden

Landesoberbehörden unterstehen einer obersten Landesbehörde und sind für das ganze Land zuständig. Sie heißen teilweise auch Landesämter. Solche sind beispielsweise Landesämter für Besoldung und Versorgung, Landesämter für Datenverarbeitung, Geologische Landesämter, Landesoberbergämter oder Landeskriminalämter.

Landesoberbehörden

Landesmittelbehörden sind Behörden, die einer obersten Landesbehörde unmittelbar nachgeordnet und nur für einen Teil des Landes zuständig sind. Unter ihnen nehmen die Regierungspräsidenten oder Bezirksregierungen eine zentrale Stellung ein, da ihre Zuständigkeit sich auf alle Aufgaben der Landesverwaltung erstreckt, soweit sie nicht ausdrücklich anderen Behörden übertragen sind, wie es bei sogenannten Sonderverwaltungsbehörden wie Oberschulämtern oder Oberbergämtern gegeben ist. Wegen dieser extremen Bündelung von Kompetenzen bei einer einzigen Behörde spricht man bei den Regierungspräsidien auch von „horizontaler Konzentration". Die Regierungspräsidenten unterstehen der Dienstaufsicht des Landesinnenministers und der Fachaufsicht des jeweiligen Fachministers, in deren Geschäftsbereich sie tätig werden.

Landesmittelbehörden

Landesunterbehörden sind die einer Landesoberbehörde oder einer Landesmittelbehörde nachgeordneten Behörden. Ihre Zuständigkeit erstreckt sich auf einen noch kleineren Teil des Landesgebietes. In den meisten Bundesländern findet sich die Koppelung der unteren staatlichen Verwaltungsbehörde mit der Verwaltung der Landkreise und kreisfreien Städte.

Landesunterbehörden

4.1.4.5 Die Selbstverwaltung der Gemeinden

Ein zentraler Begriff im Verwaltungsaufbau eines föderativen Staates ist der der **Selbstverwaltung**. Das ist die selbständige, fachweisungsfreie Wahrnehmung vom Staat überlassener oder zugewiesener öffentlicher Angelegenheiten durch nichtstaatliche Rechtssubjekte, also nicht Bund und Länder. Am wichtigsten ist die kommunale Selbstverwaltung. Sie wird durch von der staatlichen Verwaltung getrennte Körperschaften des öffentlichen Rechts (d.ö.R.) ausgeübt. Diese Selbstverwaltung ist den Gemeinden in Art. 28 Abs. 2 GG garantiert, stellt also eine Verfassungsnorm dar. Sie ist das Ergebnis der Reformen des Freiherrn vom Stein am Anfang des 19. Jahrhunderts.

Selbstverwaltung im föderativen Staat

Selbstverwaltungsaufgaben

Es gibt freiwillige und pflichtige Selbstverwaltungaufgaben. Um freiwillige Aufgaben handelt es sich, wenn es dem Selbstverwaltungsträger überlassen ist, ob er Angelegenheiten in seine Verwaltung übernehmen will. Innerhalb der kommunalen Selbstverwaltung ist die Errichtung von Krankenhäusern und Schwimmbädern ein Beispiel. Dagegen handelt es sich um pflichtige Selbstverwaltungsaufgaben, wenn die Selbstverwaltungsträger zur Wahrnehmung von Angelegenheiten gesetzlich verpflichtet sind. Der jeweilige Träger hat dann lediglich die Möglichkeit, die Art und Weise der Wahrnehmung im Rahmen der Gesetze zu bestimmen. Beispiel ist die Einrichtung der Feuerwehr, zu der die kommunalen Selbstverwaltungsträger gesetzlich verpflichtet sind. Auch bei der Wahrnehmung ihrer eigenen Angelegenheiten stehen die Selbstverwaltungsträger unter staatlicher Aufsicht, die sich allerdings auf eine Rechtsaufsicht beschränkt. Die Kommunalaufsicht, die beim Innenminister ressortiert, hat also nur darüber zu wachen, daß die Gemeinden die ihr im Rahmen der Selbstverwaltung übertragenen Aufgaben pflichtgemäß erfüllen.

4.1.4.6 Die Landkreise

Organe der Landkreise

Landkreise sind kommunale Verbandskörperschaften, die aus den kreisangehörigen Gemeinden bestehen. Hauptorgan ist überall ein gewählter Kreistag. Der Kreisvorsteher, der in einigen Ländern die Bezeichnung Oberkreisdirektor oder Landrat führt, ist der Hauptverwaltungsbeamte des Landkreises. Er führt die laufenden Geschäfte der Verwaltung.

4.2 Die Ebenen der Raumplanung

In diesen infolge des föderativen Systems nicht gerade unkomplizierten Verwaltungsaufbau, der nur grob vereinfacht dargestellt werden konnte, ist die Raumplanung integriert. Sie ist eine hoheitliche Aufgabe mit unterschiedlichen Kompetenzen auf den verschiedenen vertikalen Ebenen der Verwaltung. Es ist jedoch nicht ausreichend, die Raumordnung und Landesplanung als einen Zuständigkeitsbereich zu bezeichnen, der sich auf allen vertikalen Verwaltungsebenen wiederfindet und mit unterschiedlichen Kompetenzen ausgestattet ist. Raumplanung umfaßt alle Ressorts, die Planungen und Maßnahmen im Raum vornehmen. Innerhalb der Raumplanung grenzt man daher die **räumlichen Gesamtplanungen** von den **Fachplanungen** ab, die in der sachlichen Kompetenz einzelner Ressorts erfolgen, für die die Straßenplanung als ein Beispiel angeführt worden ist. Raumordnung und Landesplanung dagegen haben eine Sonderstellung, da sie ressort-

Raumplanung als ressortübergreifende Aufgabe

Fachplanung als Ressortaufgabe

übergreifend tätig werden. Dies haben schon die Widerstände gegen ihre Institutionalisierung auf der Bundesebene in den fünfziger und sechziger Jahren, die in Kapitel 3 dargestellt wurden, gezeigt.

Die Organisation der Raumordnung und Landesplanung beinhaltet wie jeder Sachbereich der Verwaltung zwei Aufgabenbereiche, die in der Verwaltungswissenschaft unterschieden werden,
- die **Aufbauorganisation** (oder Strukturorganisation), die die Verteilung von Aufgaben und Kompetenzen sowie die verwaltungsinterne Gliederung zum Gegenstand hat, und
- die **Ablauforganisation** oder Prozeßorganisation, in der der Ablauf der Planungsprozesse in verfahrensmäßiger, methodischer und zeitlicher Sicht dargestellt werden.

Aufbauorganisation

Ablauforganisation

Beides bedingt einander. Im folgenden Abschnitt wird dennoch das Schwergewicht auf die Aufbauorganisation gelegt, während die Ablauforganisation, deren Verständnis die Inhalte der Pläne und Programme voraussetzt, an späterer Stelle ergänzt wird.

4.3 Die Organisation der Raumplanung auf Bundesebene

Auf Bundesebene betreiben vor allem diejenigen Ministerien räumliche Planung, die gemäß Grundgesetz eine instanzielle Zuständigkeit haben, so z.B. das Verkehrsministerium für die Bundesverkehrswegeplanung oder das Verteidigungsministerium für alle Planungen und Maßnahmen im Zusammenhang mit der Landesverteidigung. Für die Raumplanung hat der Bund nur eine Rahmengesetzgebungskompetenz, ob er eine eigene Planungskompetenz hat, ist umstritten. Zuständig ist seit 1973 das Bundesministerium für Raumordnung, Bauwesen und Städtebau (BMBau), vorher ressortierte die Bundesraumordnung im Innenministerium, davor im Wohnungsbauministerium. Schon diese Wechsel veranschaulichen die Schwierigkeit der Ressortierung, die auch auf Landesebene wiederzufinden ist. Innerhalb des BMBau ist die Abteilung RS (Raumordnung und Städtebau) für die Raumordnung zuständig. Ihre Aufgabe ist die Koordination der Planungen der Fachressorts auf Bundesebene und die Mitarbeit bei der bundesweiten Koordination der räumlichen Planungen. Eine ausschließliche Kompetenz hat der Bund dagegen im Bauplanungsrecht, das die wichtigste gemeindliche Planung, die Bauleitplanung, regelt. Hier hat er 1960 durch das Bundesbaugesetz, das seit 1987 als Baugesetzbuch (BauGB) novelliert wurde, eine bundeseinheitliche Rechtsgrundlage geschaffen.

Fachplanungsträger auf Bundesebene

Raumplanung auf Bundesebene: Bundesministerium für Raumordnung, Bauwesen, und Städtebau

Keine Umsetzungskompetenz

Das BMBau besitzt jedoch **keinerlei Umsetzungskompetenz** von Planungen in Maßnahmen. Das entspricht dem Prinzip der Funktionstrennung zwischen Bund und Ländern, bei der dem Bund mehr legislatorische und den Ländern mehr exekutive Funktionen zukommen. Auch wenn dem Bund die Gesetzgebungskompetenz zusteht, ist deren administrative Umsetzung nach Art. 83 GG grundsätzlich den Ländern als eigene Angelegenheit überlassen. Dieses Prinzip wird als **Verwaltungsföderalismus** bezeichnet. Direkte Steuerungsmöglichkeiten haben lediglich die Fachressorts durch ihre Maßnahmen, besonders den Bau von Infrastrukturen, z.B. in der Telekommunikation, für die der Bundesminister für Post und Fernmeldewesen zuständig ist. Entsprechend verfügt das BMBau über keinen Verwaltungsunterbau durch nachgeordnete Behörden.

Verwaltungföderalismus

Koordinationsaufgabe der Bundesraumordnung

Die Koordination der Planungen und Maßnahmen der Fachressorts auf Bundes- und Länderebene sowie der ihnen nachgeordneten Behörden ist eine wesentliche Aufgabe der Bundesraumordnung (gem. § 4 Abs. 1 ROG), doch hat sie im Kabinett nur eine geringe Durchsetzungskraft. Sie ist von der Bereitschaft anderer Ressorts und der Gebietskörperschaften abhängig, Belange der Raumordnung zu berücksichtigen. Im Konfliktfall hat die Bundesraumordnung schon aus organisatorischen Gründen einen schweren Stand.

4.4 Die Ministerkonferenz und der Beirat für Raumordnung als Koordinationsgremien

Koordinationsgremium zwischen Bund und Ländern: MKRO

Die Koordinationsschwäche des BMBau und die gleichzeitige Notwendigkeit, entsprechend dem Leitbild der Gleichwertigkeit der Lebensverhältnisse im Bundesgebiet, der tatsächlichen räumlichen Verflechtungen zwischen den Ländern und dem Koordinationsauftrag des Raumordnungsgesetzes (§ 1 Abs. 4 und § 4 Abs. 5 ROG), Planungen und Maßnahmen aufeinander abzustimmen, machen eine Zusammenarbeit zwischen Bund und Ländern erforderlich. Der starke Föderalismus verbietet es, daß dies unter der Federführung des Bundes geschieht. Daher sieht das ROG in § 8 Abs. 1 eine gemeinsame Beratung und Beschlußfassung vor: „Grundsätzliche Fragen der Raumordnung und Landesplanung und Zweifelsfragen sollen von der Bundesregierung und den Landesregierungen gemeinsam beraten werden. (…)"

Tätigkeiten der MKRO

Daraufhin wurde 1967 die **Ministerkonferenz für Raumordnung (MKRO)** geschaffen, eine Bund-Länder-Kommission der für die Raumordnung und Landesplanung zuständigen Minister des Bundes und der Länder. Die MKRO kann zwar keine für die Verwaltung bindenden Beschlüsse fassen, jedoch Entschließungen erarbeiten und Empfehlungen aussprechen, die für die Raumplanung Bedeutung haben. So hat die bislang 30jährige Arbeit eine Angleichung der landesplanerischen Terminologie und der konzeptionellen Grundlagen der Planung sowie auch gemeinsame Prognosedaten in der 1976 vorgelegten Bundesraumordnungsprognose 1990 erbracht. Sie ist trotz ihrer fehlenden Umsetzungskompetenzen ein Gremium mit beachtlicher Steuerungsfunktion vor allem gegenüber den Fachplanungen. Gleichzeitig ist sie diejenige Stelle, die den Bund an der Ausweitung seiner Aktivitäten in der Raumordnung hindert. So hat die MKRO die Ausarbeitung des bislang bedeutendsten Programms auf Bundesebene, des Bundesraumordnungsprogramms, das von 1970 bis 1975 erarbeitet wurde, an sich gezogen und auch am raumordnungspolitischen Orientierungsrahmen (1992) und Handlungsrahmen (1995) mitgewirkt.

Ein weiteres Koordinationsgremium ist der **Beirat für Raumordnung**, der gemäß § 9 ROG aus Vertretern der kommunalen Selbstverwaltung und Sachverständigen aus der Wissenschaft, der Landesplanung, des Städtebaus, der Wirtschaft, der Landwirtschaft, der Forstwirtschaft, des Naturschutzes und der Landschaftspflege, der Arbeitgeber und Arbeitnehmer gebildet wird. Er tagt unter dem Vorsitz des Bundesministers für Raumordnung und hat auch die Geschäftsstelle beim BMBau. Seine Aufgabe besteht darin, den Minister in Grundsatzfragen der Raumordnung zu beraten. Die Tatsache, daß die wichtigsten gesellschaftlichen Gruppen sowie Wissenschaft und Praxis dabei in einem Gremium vertreten sind, verschafft ihm in den Verwaltungen von Bund und Ländern eine beträchtliche Beachtung, vor allem hinsichtlich der Konzeptionen der Planung.

Beirat für Raumordnung

4.5 Organisation der Landesplanung

4.5.1 Überblick

Die Länderebene ist die zentrale Ebene der Raumplanung. Sie füllt den weiten Raum zwischen der rahmensetzenden Kompetenz des Bundes und der kommunalen Selbstverwaltung. Die Länder haben den Rahmen, den das Raumordnungsgesetz des Bundes (ROG) als Rahmengesetz festlegt, durch eigene **Landesplanungsgesetze** auszufüllen. Da diese zeitlich älter sind als das ROG, wurden sie nachträglich angepaßt. Seitdem sind auch die Landesplanungsgesetze mehrfach novelliert worden. Der Stand,

Landesplanungsgesetze in allen Flächenländern

Aktueller Stand der Landesplanungsgesetze

auf den sich dieses Buch bezieht, ist in der nachfolgenden Übersicht wiedergegeben.

Baden-Württemberg	Landesplanungsgesetz (LPlG) in der Fassung vom 7.2.1994 (GBl. S. 229)
Bayern	Bayerisches Landesplanungsgesetz (BayLplG) i.d.F. vom 28.6.1990 (GVBl. S. 213)
Brandenburg	Vertrag über die Aufgaben und Trägerschaft sowie Grundlagen und Verfahren der gemeinsamen Landesplanung zwischen den Ländern Berlin und Brandenburg (Landesplanungsvertrag) vom 6.4.1950 Landesplanungsgesetz und Vorschaltgesetz zum Landesentwicklungsprogramm für das Land Brandenburg (Brandenburgisches Landesplanungsgesetz – BbgLPlG) vom 6.4.1994 (GVBl S. 210)
Hessen	Hessisches Landesplanungsgesetz (HLPG) in der Fassung der Bekanntmachung vom 15. 10. 1980 (GVBl. I S. 377)
Mecklenburg-Vorpommern	Gesetz über die Raumordnung und Landesplanung des Landes Mecklenburg-Vorpommern – Landesplanungsgesetz (LPlG) – vom 31.3.1992 i.d.F. vom 5.5.1994 (GVBl. S. 566)
Niedersachsen	Niedersächsisches Gesetz über Raumordnung und Landesplanung (NROG) i.d.F. vom 27.4.1994 (GVBl. S. 212)
Nordrhein-Westfalen	Landesplanungsgesetz (LPlG) i.d.F. der Bekanntmachung vom 29.6.1994 (GV.NW. S. 474), berichtigt S. 702
Rheinland-Pfalz	Landesgesetz über Raumordnung und Landesplanung (Landesplanungsgesetz – LPlG –) vom 8.2.1977 i.d.F. vom 8.4.1991
Saarland	Gesetz Nr. 1333: Saarländisches Landesplanungsgesetz (SLPG) vom 27.4.1994 (ABl. S. 866)
Sachsen	Gesetz zur Raumordnung und Landesplanung des Freistaates Sachsen (Landesplanungsgesetz – SächsLPlG) vom 24.6.1992 (GVBl. S. 259) i.d.F. vom 6.9.1995
Sachsen-Anhalt	Vorschaltgesetz zur Raumordnung und Landesentwicklung des Landes Sachsen-Anhalt vom 30.6.1992 (GVBl. S. 574) i.d.F. vom 17.12.1993
Schleswig-Holstein	Gesetz über die Landesplanung (Landesplanungsgesetz) in der Fassung vom 10.6.1992 (GVOBl. S. 342) i.d.F. vom 6.3.1995
Thüringen	Thüringer Landesplanungsgesetz (ThLPlG) vom 17.7.1991 (GVBl. S. 210)

Mehrstufigkeit der Landesplanung in den Flächenländern

In den Landesplanungsgesetzen finden sich u. a. die organisatorischen Regelungen der Landesplanung. Da die Landesplanung wie auch die allgemeine Verwaltung des Landes nicht auf einer einzigen Planungsstufe geschehen kann, hat sich in den Flächenländern eine **Mehrstufigkeit der Landesplanung** herausgebildet. Im historischen Abriß haben wir gesehen, daß die Landesplanung älter ist als das vereinheitlichende Raumordnungsgesetz des Bundes. Daher sind unterschiedliche Organisationsformen entstanden, die einerseits historisch erklärbar sind und sich andererseits aus der spezifischen Planungsproblematik der Länder ergeben haben. Eine Übersicht wird zudem dadurch erschwert, daß die Länder verschiedene und nicht eindeutig gegeneinander abgegrenzte Begriffe gebrauchen.

Die Länder der Bundesrepublik haben unterschiedliche Größen. Zunächst einmal bietet sich eine Gliederung in Flächenstaaten und Stadtstaaten an. Zu den Stadtstaaten zählen Berlin, Hamburg und Bremen, wobei erstere aus nur einer Gemeinde, das Land Bremen jedoch aus den zwei selbständigen Gemeinden, Bremen und Bremerhaven, besteht. Auch die Größe der Flächenländer schwankt zwischen 2569 qkm (Saarland) und 70.553 qkm (Bayern). Die Länder sind nach § 5 Abs. 1 ROG verpflichtet, für ihr Gebiet übergeordnete Pläne oder Programme aufzustellen. Diese Aufgabe der Raumordnung ist jedoch in starkem Maße von der Größe des Landes abhängig. Das ROG befreit die Stadtstaaten von dieser Pflicht, indem in ihnen der Flächennutzungsplan, also ein Instrument der kommunalen Planung, diese Pläne ersetzt. Daher haben diese Länder keine Landesplanungsgesetze. Die beiden kleinsten Flächenländer, das Saarland und Schleswig-Holstein, haben im Verwaltungsaufbau ebenso wie Brandenburg keine mittlere Ebene, die Regierungsbezirke. Alle übrigen Länder haben eine dreistufige allgemeine Verwaltung. Es ist jedoch nicht zwingend, daß die Landesplanung auf allen Ebenen vertreten ist. Wie die tabellarische Übersicht im Anhang (S. 232ff.) zeigt, ist die Zuordnung der Landesplanung als Verwaltungstätigkeit in den Ländern unterschiedlich geregelt.

Keine Pflicht zur Landesplanung in den Stadtstaaten

Keine mittlere Ebene der Landesverwaltung im Saarland, Schleswig-Holstein und Brandenburg

4.5.2 Die zentrale Ebene

Die Landesplanung hat die Aufgabe, für das Land eine raumordnerische Entwicklungskonzeption zu erarbeiten, an der sich die Maßnahmen der Fachressorts orientieren sollen und an die die Gemeinden ihre Planungen und Maßnahmen anpassen müssen. Beide steuern schließlich die staatlichen und privaten Maßnahmen, die die Raumstruktur verändern. Landesplanung richtet sich daher wesentlich an die Gemeinden und Fachressorts. Darin liegt jedoch das zentrale Problem, denn kein Fachressort läßt sich ohne Widerstand an andere als die eigenen Ziele binden, vor allem nicht von anderen Ressorts. Es lag daher nahe, die Landesplanung in die Kompetenz des Regierungschefs, also des Ministerpräsidenten, zu legen. Er hat erstens eine Richtlinienkompetenz, d.h. er bestimmt die Leitlinien der Politik auch gegenüber den Ressortministern, und zweitens nimmt er zwischen den Ressorts eine neutrale Stellung ein, da er keine eigenen Fachaufgaben hat. Diesem Modell folgt nur noch das Land Rheinland-Pfalz. Alle anderen Länder haben die Landesplanung aus unterschiedlichen Erwägungen heraus verschiedenen Fachressorts zugewiesen.

Aufgabe der zentralen Ebene der Landesplanung

Ressortierung beim Ministerpräsidenten

In Niedersachsen ist das Innenministerium die oberste Landesplanungsbehörde. Dieser organisatorischen Zuordnung liegt der

Ressortierung beim Innenminister

Gedanke zugrunde, daß sich die Landesplanung nicht nur an die Fachressorts, sondern vor allem an die Gemeinden richtet, auf deren Flächen die Maßnahmen durchzuführen sind. Der Innenminister hat jedoch die oberste Kommunalaufsicht, und so bot es sich an, diese Aufgabe mit der der Landesplanung in einem Hause zusammenzufassen. Damit verbindet sich die Hoffnung einer stärkeren Durchsetzbarkeit der Belange der Landesplanung nach unten. Wegen seines breiten Zuständigkeitsbereichs wird dem Innenminister auch eine Fachneutralität zugestanden, er wird daher häufig nicht zu den Fachressorts gerechnet.

Ressortierung in einem Fachressort

In der dritten und häufigeren Form wird die Landesplanung mit verschiedenen anderen Querschnittsaufgaben, z.B. dem Umweltschutz, in einem eigenen Fachressort zusammengefaßt. Welche diese im einzelnen sind, ist aus der tabellarischen Übersicht zu entnehmen. Der Vorteil dieser Regelung ist, daß die Landesplanung im Kabinett einen eigenen Fachminister stellt und so besser vertreten wird als durch ein anderes Ressort oder die Staatskanzlei. Dieses Modell entspricht dem der Bundesebene, mit all den dadurch entstehenden Problemen. Zwar ist die Landesplanung damit formal mit den anderen Ressorts gleichrangig, verfügt aber im Gegensatz zu diesen über keine Lobby, nur geringe finanzielle Ressourcen und keine interministeriellen Weisungsbefugnisse.

4.5.3 Planung auf der mittleren Ebene der Regionen und Bezirke: Die Regionalplanung

Räumliche und sachliche Konkretisierung der Landesplanung in der Regionalplanung

Auf der zentralen Ebene werden zusammenfassende Pläne und Programme für das gesamte Land erarbeitet. Diese müssen von den Gemeinden beachtet werden. Dazu ist deren ausreichende räumliche Konkretisierung erforderlich, was bei den Flächenstaaten, wenn sie durch die oberste Landesplanungsbehörde erfolgte, eine sehr starke Zentralisierung bedeuten würde. Auch ist die Landesplanung in den Landesplanungsgemeinschaften der zwanziger Jahre auf einer mittleren Ebene entstanden, und zwar durch Zusammenschluß der Kommunen. Nach der Einrichtung der zentralen Ebene treffen sich auf dieser mittleren Ebene nun die Interessen der Gemeinden und Gemeindeverbände mit denjenigen der obersten staatlichen Ebene. Daher gibt das ROG als Organisationsform nur zwei Möglichkeiten vor:

Rahmenrechtliche Vorgabe

„Soweit die Regionalplanung nicht durch Zusammenschlüsse von Gemeinden und Gemeindeverbänden zu regionalen Planungsgemeinschaften erfolgt, sind die Gemeinden und Gemeindeverbände oder deren Zusammenschlüsse in einem förmlichen Verfahren zu beteiligen (…)" (§ 5 Abs. 3, S. 2 ROG).

Damals bestand die Auffassung, Planung auf der mittleren Ebene, die sogenannte **Regionalplanung**, sei wesentlich Aufgabe der Gemeinden und Gemeindeverbände und der Staat habe dies in seinen organisatorischen Regelungen zu berücksichtigen. Die Entwicklung seit Verabschiedung des ROG (1965) ist jedoch in die andere Richtung gegangen, indem der staatliche Einfluß auf der Ebene der Regionalplanung gewachsen ist.

Verortung der Regionalplanung zwischen staatlicher und kommunaler Ebene

Regionalplanung in der ersten Alternative des ROG als Aufgabe eines Verbandes aller beteiligten Gemeinden, der sich regionaler Planungsverband nennt, wird in **Bayern** betrieben. Zwar hat dieser keine eigene Behörde, sondern er bedient sich bei der Erarbeitung, Änderung oder Fortschreibung der Regionalpläne der Mittelinstanz der staatlichen Verwaltung, doch der endgültige Beschluß ist Sache des regionalen Planungsverbandes.

Bayern

Eine ähnliche Regelung gibt es in **Rheinland-Pfalz**. Auch hier gibt es für jede Planungsregion eine regionale Planungsgemeinschaft, die sich des Personals der staatlichen Mittelinstanz bedient, jedoch sind nur die kreisfreien Städte und Landkreise Mitglieder der Planungsgemeinschaft, nicht alle kreisangehörigen Gemeinden. Ihre Beteiligung ist daher nur mittelbar. Eine weitere Besonderheit in Rheinland-Pfalz ist der leitende Planer, ein Beamter der Bezirksregierung, der im Einvernehmen mit der Planungsgemeinschaft bestellt wird. Er führt verantwortlich die Geschäfte der Planungsgemeinschaft bei der staatlichen Behörde.

Rheinland-Pfalz

Auch in **Baden-Württemberg** werden die Regionalverbände durch die Landkreise und kreisfreien Städte gebildet, doch haben die Verbände eigene Geschäftsstellen mit eigenen Beamten. Das verschafft ihnen eine gegenüber der staatlichen Verwaltung größere Selbständigkeit, womit das kommunal-verbandliche Element gestärkt wird.

Baden-Württemberg

Die drei genannten Länder waren Vorbilder für die Regelungen, die in **Mecklenburg-Vorpommern, Sachsen und Thüringen** getroffen worden sind. Auch in ihnen wird Regionalplanung als eigenständige, kommunal-verbandlich verfaßte Planungsstufe verstanden. Es sind regionale Planungsverbände – in Thüringen Planungsgemeinschaften – gegründet worden, in deren beschließendem Gremium, der Verbandsversammlung, Vertreter der Kreise und kreisfreien Städte sitzen.

Mecklenburg-Vorpommern
Sachsen
Thüringen

In **Nordrhein-Westfalen** wurden die ältesten Landesplanungsgemeinschaften, Rheinland und Westfalen, 1976 aufgelöst, und auch der traditionsreichsten Organisation der Landesplanung in Deutschland, dem Siedlungsverband Ruhrkohlenbezirk, wurde

Nordrhein-Westfalen

die Aufgabe der Regionalplanung genommen. Seitdem sind sogenannte Bezirksplanungsräte die Träger der Regionalplanung. Sie werden aus gewählten Vertretern der Kreise und kreisfreien Städte gebildet und haben ihren Sitz bei der Bezirksregierung, also beim Regierungspräsidenten. Es existiert keine eigene Behörde. Die Planaufstellung und -fortschreibung sowie alle Planungsaufgaben werden von der staatlichen Behörde erledigt. Dem liegt ein Aufgabenverständnis zugrunde, daß Regionalplanung weniger eine eigenständige Planungsstufe ist als vielmehr regionalisierte Landesplanung.

Hessen

Auch **Hessen** kannte bis 1980 selbständige regionale Planungsgemeinschaften mit eigenem Apparat. Seitdem wird wie in Nordrhein-Westfalen aus den Vertretungskörperschaften der kreisfreien Städte und Landkreise sowie der Gemeinden mit mehr als 50.000 Einwohnern eine regionale Planungsversammlung gewählt, welche die Regionalpläne und Stellungnahmen zu raumbedeutsamen Vorhaben beschließt. Die laufenden Planarbeiten erledigt auch hier die staatliche Mittelinstanz, also eine Abteilung des Regierungspräsidiums. In Hessen wird die Bedeutung dieser mittleren Ebene dadurch gestärkt, daß die Planungen auf der obersten Ebene lange nicht novelliert worden sind und damit faktisch an Bedeutung verloren haben. In Hessen sind die Regionalpläne die wichtigsten Quellen für die Ziele der Landesplanung.

Sachsen-Anhalt

Die Organisationsform der beiden letztgenannten Länder war für **Sachsen-Anhalt** das Vorbild. Auch hier sind die drei Planungsregionen die Regierungsbezirke und die Bezirksregierungen erledigen die laufenden Geschäfte. Das ihnen zur Seite gestellte Gremium besteht aus regionalen Planungsbeiräten mit Mitgliedern aus den Kreisen und kreisfreien Städten der Region.

Saarland

Eine solche staatliche Mittelinstanz haben Schleswig-Holstein und das Saarland nicht. Im kleinsten Flächenstaat, dem **Saarland**, gibt es auch keine echte Regionalplanung, sondern nur die Möglichkeit der zentralen Ebene, Aufgaben der Landesplanung auf Gemeindeverbände zu übertragen, die sie dann als staatliche Auftragsangelegenheit zu erledigen haben.

Schleswig-Holstein

Das Land **Schleswig-Holstein** ist in fünf Planungsräume aufgeteilt, für die Regionalpläne erstellt werden, doch gibt es keine besonderen Regionalplanungsbehörden. Sie werden durch die Landesplanungsbehörde ersetzt. Dabei werden jedoch die Kreise und kreisfreien Städte beteiligt, die ihrerseits wiederum die Gemeinden zu beteiligen haben. Zum Ausgleich für diese weitreichende Zentralisierung sind die Planungen der Landkreise mit ihrer Kreisentwicklungsplanung besonders aufgewertet.

Die weitestgehende Annäherung an die kommunale Ebene erfolgte in **Niedersachsen** durch die Novellierung des niedersächsischen Raumordnungsgesetzes – NROG – 1977, indem die Landkreise und kreisfreien Städte Träger der Regionalplanung wurden. In den kreisfreien Städten ersetzt dabei der Flächennutzungsplan den Regionalplan. Es ist fraglich, ob man hier noch von Regionalplanung im engeren Sinne sprechen kann. Dieses Modell hat sich nicht durchgesetzt und es gibt Bestrebungen, die Planung wieder auf eine höhere Ebene zu verlagern.

Niedersachsen

In **Brandenburg** werden in 5 Regionen durch regionale Planungsgemeinschaften Regionalpläne erstellt. Inmitten von Brandenburg liegt der eigenständige Stadtstaat Berlin, der intensiv mit seinem Brandenburger Umland verflochten ist. Dies hat nach verschiedenen Ansätzen der Planungskoordination dazu geführt, daß 1995 durch einen Landesplanungsstaatsvertrag eine gemeinsame Landesplanungsabteilung geschaffen wurde, die seit 1996 einen ersten gemeinsamen Landesentwicklungsplan erarbeitet. Diese Behörde stellte einen Vorgriff auf das geplante gemeinsame Bundesland dar und ist heute als Unikum „Diener zweier Herren", des Ministerpräsidenten von Brandenburg und des Regierenden Bürgermeisters von Berlin.

Brandenburg

Die Regionalpläne sind in allen Bundesländern durch die oberste Landesplanungsbehörde bzw. die Landesregierung zu genehmigen. Nur in Niedersachsen ist dafür die Bezirksregierung zuständig. Die Genehmigungsbehörde hat deren Rechtmäßigkeit und Vereinbarkeit mit den Grundsätzen und Zielen der Raumordnung des Landes, die in den Plänen und Programmen der obersten Ebene festgelegt sind, zu prüfen.

Genehmigung der Regionalpläne

4.5.4 Landesplanung an der Nahtstelle zur kommunalen Planung: Planungskompetenzen der Landkreise

Die Regionalplanung richtet sich hauptsächlich an die Planungsträger der Gemeinden, deren Planungsziele denjenigen des Landes nicht widersprechen dürfen. Eine Zwischenstellung nehmen dabei die Landkreise ein, die in einigen Ländern auch Aufgaben der Landesplanung als untere Landesplanungsbehörde wahrnehmen. Es handelt sich dann um eine Auftragsverwaltung. Als eigene Planungsstufe gibt es nur in Schleswig-Holstein eine **Kreisentwicklungsplanung**. Die Gemeinden, Ämter und kommunalen Verbände haben diese bei ihren Planungen zu beachten, die Landesplanungsbehörden sollen sie berücksichtigen. Kreisentwicklungspläne bedürfen keiner Genehmigung durch die Landes-

Kreisentwicklungsplanung in Schleswig-Holstein

planung, doch kann ihnen die Landesplanung widersprechen, wenn sie Zielen der Raumordnung zuwiderlaufen. Dann können sie nicht wirksam werden.

In den anderen Flächenstaaten haben die Kreise vielfach auch Kreisentwicklungspläne oder -programme erstellt, um damit die eigenen Planungen zu koordinieren, etwa die Abfallbeseitigung, die Krankenhausplanung, den Kreisstraßenbau oder andere Aufgaben. Diese sind jedoch nur verwaltungsinterne Instrumente, die keinerlei Außenwirkung entfalten.

4.6 Die kommunale Planungshoheit

Kommunale Planungshoheit

Das Recht der Planung auf örtlicher Ebene ist den Gemeinden verfassungsrechtlich garantiert. Es folgt aus dem den Gemeinden durch Artikel 28 Abs. 2 GG eingeräumten Selbstverwaltungsrecht und dem damit verbundenen Recht, die Belange der örtlichen Gemeinschaft im Rahmen der Gesetze in eigener Verantwortung zu regeln. Dieses Recht wird in Analogie zu den aus der Selbstverwaltungsgarantie abgeleiteten sonstigen Rechten wie Personalhoheit oder Finanzhoheit die **Planungshoheit** genannt. Die Gemeinden haben damit das Recht, die Bauleitpläne in eigener Verantwortung aufzustellen. Diese müssen den Zielen der Raumordnung und Landesplanung, wie sie in Landesentwicklungsplänen oder -programmen oder in Regionalplänen niedergelegt sind, entsprechen. Diese sogenannte **Anpassungspflicht** ist das Instrument der Koordination der örtlichen und überörtlichen Planungen. Darüber hinaus hat die Gemeinde im Rahmen der Gesetze volles Planungsermessen. Dieses unterliegt zwar der Kommunalaufsicht der staatlichen Verwaltung, doch ist diese auf die Rechtsaufsicht beschränkt.

Anpassungspflicht an Ziele der Landesplanung

5 Die Erfassung regionaler Benachteiligung: Das Indikatorenkonzept

5.1 Die Funktion der Indikatoren zur Raum- und Siedlungsstruktur

Raumstrukturen sind durch regionale Ungleichgewichte gekennzeichnet. Diejenigen, welche dem gesellschaftspolitischen Leitbild der Raumordnung, wertgleiche Lebensbedingungen in allen Teilräumen zu schaffen, entgegenstehen, werden als **regionale Disparitäten** bezeichnet. Das vorrangige Ziel der Raumordnung ist, sie zu beseitigen oder zu verringern. Nachdem in Kapitel 3 die Frage nach dem Ziel der Raumordnungspolitik beantwortet wurde, sind in Kapitel 4 die organisatorischen Grundlagen behandelt worden. Kapitel 5 untersucht, wie man regionale Disparitäten so fassen kann, daß sie in der praktischen Raumordnungspolitik Verwendung finden können. In Kapitel 6 wird das Problem der Veränderung von Raumstrukturen behandelt.

Frage nach der Erfassung und Messung regionaler Disparitäten

Es gibt in allen Lebensbereichen räumliche Unterschiede, doch nicht alle sind für die Qualität der Lebensbedingungen entscheidend. Um regionale Disparitäten in den Lebensbedingungen zwischen den Teilräumen zu analysieren, können nicht alle einzelnen Entwicklungsfaktoren herangezogen werden, sondern es müssen gezielt Merkmale herausgegriffen werden, die Rückschlüsse auf die wichtigsten Bereiche der regionalen Lebensbedingungen zulassen. Dazu gehören ein quantitativ und qualitativ angemessenes Angebot an Wohnungen, Erwerbsmöglichkeiten und Infrastruktureinrichtungen in zumutbarer Entfernung sowie ein Mindestniveau in der Umweltqualität. Diese ausgewählten Merkmale, mit denen Teilbereiche der Lebenssituation beschrieben werden, heißen **Indikatoren**. Die wichtigste Anforderung ist ihre Repräsentativität. Es muß ein Zusammenhang zwischen dem Indikator und der zu erfassenden Situation gegeben sein. Nach Art des Zusammenhangs werden drei Gruppen unterschieden:

Indikatoren als ausgewählte Merkmale regionaler Benachteiligung

1. **Definitorische Indikatoren**
   Sie sind durch die zu beurteilende Situation selbst definiert. Das ist der Fall, wenn z.B. die Arbeitslosenquote zur Messung der Arbeitslosigkeit verwendet wird.
2. **Intern korrelative Indikatoren**
   Da definitorische Indikatoren nicht in allen Bereichen existieren, müssen Indikatoren verwendet werden, die in einem engen logischen und statistischen Zusammenhang mit der zu

beurteilenden Situation stehen. Wegen dieser internen Beziehung werden sie als intern korrelative Indikatoren bezeichnet. Zum Beispiel kann die Arbeitsplatzqualität mit Hilfe der monatlichen Lohn- und Gehaltssumme je Beschäftigtem gemessen werden, weil dieser Zusammenhang plausibel und statistisch gesichert ist.

3. **Extern korrelative Indikatoren**
Dieser direkte Zusammenhang ist bei extern korrelativen Indikatoren nicht vorhanden. Zwischen dem Indikator und dem zu messenden Sachverhalt besteht jedoch ein statistisch nachweisbarer Zusammenhang. Es ist beispielsweise statistisch nachgewiesen, daß sich die Wanderungsentscheidung alter Menschen stark an ihrer Bewertung der Umweltqualität orientiert. Daher kann der Indikator „Binnenwanderungssaldo von Personen im Alter von 50 und mehr Jahren" zur Messung der subjektiven Umweltbewertung benutzt werden.

Laufenden Überprüfung der Indikatoren notwendig

Die Gültigkeit und Verwertbarkeit korrelativer Indikatoren ist nicht unbeschränkt, möglicherweise sind sie nicht für alle Sozialgruppen und Regionen gültig. Das jedoch ist die Voraussetzung für ihre Verwertbarkeit als Indikatoren. Der angenommene Zusammenhang ist kritisch zu überprüfen. Dies ist in regelmäßigen Zeitabständen zu wiederholen, da sich die Bewertungen von Faktoren ändern können.

Anforderungen an Indikatoren

Indikatoren müssen feststellbar und meßbar sein. Feststellbar sind sie, wenn sie sich aus sicheren Quellen aufbauen, insbesondere aus der amtlichen Statistik. Ferner müssen sie auf kardinalen Skalen meßbar sein, da nur so quantitative interregionale Vergleiche möglich sind.

5.2 Die Aggregierung von Indikatoren

Problem der Aggregierung von Indikatoren

Beispiel „Versorgung"

Bei der Verwendung von Indikatoren zur Messung regionaler Benachteiligung taucht das Problem auf, daß die Indikatoren jeweils unterschiedliche Räume als benachteiligt ausweisen. So erstens innerhalb eines Sachbereiches der Fall auftreten, daß ein Indikator eine überdurchschnittliche und ein anderer eine unterdurchschnittliche Versorgung anzeigt. Es kann z.B. im Sachbereich „Versorgung mit Sport- und Freizeiteinrichtungen" der Indikator „Sporthallen" – gemessen in der nutzbaren Hallenfläche in Sporthallen je 1000 Einwohner – ein völlig anderes Ergebnis bringen als der Indikator „Hallenbäder" – gemessen in der Gesamtwasserfläche in Hallenbädern je 1000 Einwohner. Auch könnte die Versorgung der Bevölkerung im Sachbereich „Wohnungsversorgung" völlig abweichend sein von derjenigen im Sachbereich „Ärztliche Versorgung". Während man sich noch auf den Standpunkt stellen kann, eine Unterversorgung im Bereich Sporthallen sei durch viele Hallenbäder auszugleichen, ist das bei der Versorgung mit Wohnungen oder Ärzten sicher nicht möglich. Es stellt sich hier das Problem der Aggregierung der Indikatoren, also die Frage, wie man verschiedene Indikatoren zu einem Gesamtergebnis zusammenfassen kann. Dies ergibt sich immer dann, wenn eine Aussage zu regionalen Lebensbedingungen insgesamt oder von Teilbereichen gefordert ist.

Indikatoren können nach dem Substitutions- und dem Komplementaritätskonzept aggregiert werden. Beim Vorgehen nach dem **Substitutionskonzept** werden die verschiedenen Einzelindikatoren nach einer Normierung und Gewichtung, die sie untereinander vergleichbar macht, durch Addition oder Multiplikation zu einem Gesamtindikator, einem Index, zusammengefaßt. So können aus verschiedenen Indikatoren Gruppen gebildet oder im Extremfall auch die gesamte raumstrukturelle Situation durch nur einen Index beschrieben werden. Mit Hilfe dieses Gesamtindikators werden dann die regionalen Lebensbedingungen der Teilräume untereinander verglichen und als regionale Disparitäten beurteilt. Dieses Substitutionskonzept unterstellt die volle Substituierbarkeit aller Einzelindikatoren. So würde, um beim genannten Beispiel zu bleiben, die unzureichende Wohnungsversorgung durch eine gute ärztliche Versorgung ausgeglichen werden. Auch könnten schlechte Erwerbsmöglichkeiten im peripheren ländlichen Raum z.B. durch dessen gute Umweltqualitäten ausgeglichen werden. Dies ist ganz offensichtlich nicht sinnvoll. Auch lassen sich anhand eines Gesamtindikators keine Aussagen darüber machen, in welchen Bereichen Defizite bestehen, wo also ein konkreter Handlungsbedarf der Raumplanung besteht. Daher kommt das Substitutionskonzept in dieser extremen Form nicht zur Anwendung. Es wird aber angewandt, wenn verschiedene Indikatoren eines Sachbereichs verwendet werden. Beispielsweise wird der Sachbereich „Wohnungsversorgung" anhand der Indikatoren „Verfügbare Wohnungen", „Verfügbare Wohnfläche" und „Wohnungsausstattung" gemessen. Hier ist es möglich, mit Hilfe des Substitutionskonzeptes einen Index zu bilden, der die Wohnungsversorgung allgemein beschreibt.

Aggregierung nach dem Substitutionskonzept

Indexbildung unterstellt Substituierbarkeit

Bei der Anwendung des **Komplementaritätskonzeptes** verzichtet man auf eine Zusammenfassung der Indikatoren. Regionale Disparitäten werden nicht allgemein, sondern getrennt nach einzelnen Indikatoren erfaßt. Für diese ergibt sich dann jeweils ein separates Bild. Damit wird sehr gut sichtbar, in welchen Bereichen Defizite bestehen. Eine zusammenfassende Analyse regionaler Lebensbedingungen ist aufgrund des Komplementaritätskonzeptes jedoch nicht möglich, da hunderte von Indikatoren

Aggregierung nach dem Komplementaritätskonzept

Sinnvolle Aggregierung durch Kombination von Substitutions- und Komplementaritätskonzept

nebeneinander stehen und sich kein einheitliches Bild ergibt. Die allgemeine Frage nach regionalen Disparitäten in den Lebensbedingungen muß dabei ebenso wie diejenige nach der regionalen Umwelt- oder Arbeitsmarktsituation unbeantwortet bleiben, da die Ergebnisse einer Vielzahl von Indikatoren unverknüpft nebeneinander stehen. Daher setzt die Anwendung des Komplementaritätskonzeptes voraus, daß die Indikatoren vorher so weit wie möglich anhand des Substitutionskonzeptes zu Indizes zusammengefaßt worden sind und damit Aussagen über Sachbereiche nebeneinander stehen. Es ist eine schwierige Aufgabe, aus der Fülle der vorliegenden räumlichen Informationen geeignete Indikatoren zur Ermittlung regionaler Disparitäten herauszusuchen und diese dann anhand der beiden genannten Konzepte so zu verrechnen, daß übersichtliche, aber dennoch nachvollziehbare und aussagekräftige Gesamturteile möglich sind.

Eine weitere Möglichkeit der Aggregierung ist die **Typenbildung**. Eine Analyse von Indikatoren kann zu dem Ergebnis führen, daß es bestimmte regionale Vergesellschaftungen von Indikatoren gibt. Diese können dann zu Typen zusammengefaßt werden.

5.3 Der Indikatorenkatalog der MKRO

85 Indikatoren zur Raum- und Siedlungsstruktur der MKRO

Indikatoren dienen vor allem dem großräumigen Vergleich. Da Indikatoren Strukturschwächen offenlegen und damit den Mitteleinsatz bestimmen, sind sie auch ein politisch brisantes Thema. Bereits durch die Bestimmung der Indikatoren, mit denen regionale Benachteiligung gemessen wird, kann das Ergebnis und damit die Verteilung von Fördermitteln gesteuert werden. Trotzdem ist es im Sinne kontinuierlicher Raumbeobachtung erforderlich, sich über die Indikatoren und ihre Verwendung zwischen den Planungsträgern zu einigen. Im Zusammenhang der Fortschreibung des Bundesraumordnungsprogramms haben sich daher Bund und Länder in der Ministerkonferenz für Raumordnung (MKRO) 1983 auf einen Indikatorenkatalog von 85 Indikatoren geeinigt, die eine laufende Beobachtung der raumstrukturellen Entwicklung ermöglichen, da sie in der amtlichen Statistik kontinuierlich geführt werden. Die folgende Zusammenstellung soll das Aussehen dieses Indikatorenkatalogs anhand ausgewählter Indikatoren zur Arbeitsmarktsituation verdeutlichen. Da Arbeit entscheidend für die Lebensbedingungen ist, wird dieser Faktor auch als Schlüsselvariable bezeichnet. Das Indikatorenkonzept stellt sehr hohe Anforderungen an die Qualität der amtlichen Statistik.

Indikator	Berechnung
Sachbereich: *Erwerbsmöglichkeiten im sekundären und tertiären Sektor*	
Verdienstniveau	$\dfrac{\text{Lohn- und Gehaltssumme}}{\text{Industriebeschäftigte}}$
Arbeitsplatzstruktur	$\dfrac{\text{Beschäftigte in Branchen mit Arbeitsplatzwachstum} \times 100}{\text{Beschäftigte insgesamt}}$
Arbeitsplatzqualität	$\dfrac{\text{Beschäftigte mit abgeschlossener Berufsausbildung} \times 100}{\text{Beschäftigte insgesamt}}$
Betriebliches Ausbildungsplatzangebot	$\dfrac{\text{Angebotene betriebliche Ausbildungsplätze} \times 100}{\text{Schulabgänger ohne Hochschulreife}}$
Angebot-Nachfrage-Relation	$\dfrac{\text{Angebot an Ausbildungsplätzen} \times 100}{\text{Nachfrage nach Ausbildungsplätzen}}$
Sachbereich: *Erwerbsmöglichkeiten in der Landwirtschaft*	
Landwirtschaftliche Betriebsgröße	$\dfrac{\text{Landw. genutzte Fläche der landw. Betriebe} > 2\ \text{ha}}{\text{Landwirtschaftliche Betriebe} > 2\ \text{ha}}$
Landwirtschaftliches Betriebseinkommen	$\dfrac{\text{Landwirtschaftliche Haupterwerbsbetriebe mit einem Standardbetriebseinkommen} > 30000\ \text{DM/Jahr} \times 100}{\text{Landwirtschaftliche Betriebe insgesamt}}$
Arbeitskräftebesatz	$\dfrac{\text{AK(Arbeitskraft-)Einheiten} \times 100}{\text{Landwirtschaftlich genutzte Fläche in ha}}$
Sachbereich: *Arbeitsmarktsituation*	
Allgemeine Arbeitslosigkeit	$\dfrac{\text{Arbeitslose im Durchschnitt Jan./Sept.} \times 100}{\text{Arbeitnehmer im Durchschnitt Jan./Sept.}}$
Dauerarbeitslosigkeit	$\dfrac{\text{Arbeitslose mehr als 1 Jahr} \times 1000}{\text{Arbeitnehmer}}$
Saisonale Arbeitslosigkeit	$\dfrac{(\text{Arbeitslosenquote Jan.} - \text{Sept.}) \times 100}{\text{Arbeitslosenquote im September}}$
Sachbereich: *Zielgruppen am Arbeitsmarkt*	
Frauenarbeitslosigkeit	$\dfrac{\text{Arbeitslose Frauen} \times 1000}{\text{Frauen im Alter von 15 bis unter 65 Jahren}}$
Arbeitslosigkeit junger Arbeitnehmer	$\dfrac{\text{Arbeitslose unter 20 Jahren} \times 1000}{\text{Bevölkerung im Alter von 15 bis unter 20 Jahren}}$
Arbeitslosigkeit älterer Arbeitnehmer	$\dfrac{\text{Arbeitslose im Alter von 55 Jahren und mehr} \times 1000}{\text{Bevölkerung im Alter von 55 bis unter 65 Jahren}}$

6 Konzepte der Raumordnungspolitik zur Entwicklung der Siedlungsstruktur

6.1 Probleme der Zielorientierung der Konzepte

Wachstumsorientierte Strategie zur räumlichen Entwicklung

Der Abbau regionaler Disparitäten kann durch verschiedene Strategien angestrebt werden. Man kann regionale Disparitäten als Ergebnis eines ungleichgewichtigen wirtschaftlichen Wachstums verstehen, indem das Gesamtwachstum der Volkswirtschaft sich auf die Verdichtungsgebiete und ihre Randzonen konzentriert. Das Wachstumspotential reicht nicht aus, um auch die ländlichen Räume zu entwickeln. Daher muß die Raumordnung auf das flächenhafte Wachstum der Gesamtwirtschaft hin orientiert sein. Die Teilräume werden so gefördert, daß sie zum Wachstum des Gesamtraumes ebenfalls beitragen können. Das erreichte Wachstum wird zu einer gleichmäßigeren Verteilung des Wohlstandes führen. Diese Strategie bezeichnet man als **wachstumsorientiert**.

Stabilitätsorientierte Strategie zur räumlichen Entwicklung

Eine vergleichende Analyse der konjunkturellen Zyklen und der Entwicklung regionaler Disparitäten zeigt, daß letztere vor allem in Zeiten der wirtschaftlichen Rezession zunehmen. Es muß also das Ziel der Raumordnung sein, die konjunkturelle Entwicklung zu stabilisieren. Damit werden auch regionale Einbrüche am besten vermieden. Eine solche Strategie ist **stabilitätsorientiert**.

Versorgungsorientierte Strategie zur räumlichen Entwicklung

Der Staat hat in vielen Bereichen Versorgungsmonopole, z.B. im Bildungswesen oder im Verkehrswesen, und auch Träger privater Infrastrukturen sind von der öffentlichen Hand abhängig und damit relativ leicht steuerbar. Sind hier die Disparitäten ausgeprägt, d.h. die Versorgungssituation der Bevölkerung ungleich, sind in den unterversorgten Räumen auch die Bedingungen für private Investoren, z.B. Gewerbebetriebe, schlecht, womit sich „hinter der allgemeinen Entwicklung zurückgebliebene Räume" ausbilden. Daher muß es vorrangig Ziel der Raumordnungspolitik sein, eine möglichst gleichwertige Versorgung der einzelnen Teilräume mit privater und öffentlicher Infrastruktur zu erreichen. Diese Strategie ist **versorgungsorientiert**.

Umweltorientierte Strategie zur räumlichen Entwicklung

In jüngster Zeit hat die Bedeutung der regionalen Umweltsituation auch für die Raumplanung zugenommen. Das Ziel der Erhaltung und Sicherung der natürlichen Lebensgrundlagen tritt damit zunehmend neben die regionalwirtschaftlichen Ziele. Eine an den natürlichen Ressourcen orientierte Entwicklungsstrategie ist **umweltorientiert**.

Die vier Strategien sind niemals ausschließlich angewendet worden, da es unweigerlich zu noch schwereren ökologischen Schäden oder ökonomischen Benachteiligungen geführt hätte. Doch sind es die Pole, zwischen denen die tatsächliche Raumordnungspolitik und ihre Konzeptionen einzuordnen sind.

Pole der Raumordnungspolitik

6.2 Entstehung der ersten siedlungsstrukturellen Konzepte

Da die Landesplanung sich aus dem Städtebau heraus entwickelte, verwundert es nicht, daß in der ersten Phase **städtebauliche Konzepte** bestimmend waren. Das erste Leitbild der Landesplanung ist deshalb eng mit den damaligen modernen städtebaulichen Ideen verbunden, die eine Gliederung und Auflockerung der ungeordnet gewachsenen Verdichtungsräume anstrebten. An erster Stelle steht dabei die Gartenstadt-Idee des Engländers EBENEZER HOWARD, dessen grundlegendes Werk „Garden Cities of Tomorrow" 1898 erschienen war. Er forderte eine dezentralisierte Entwicklung von Städten und eine räumliche Trennung von Wohnsiedlungs- und Industriebereichen durch breite Grünzonen. Diesem Ziel widmete sich denn auch vorrangig die Landesplanung in den zwanziger Jahren in den Verdichtungsräumen des Reiches, vor allem mit dem Instrumentarium der Stadtplanung.

In der Entstehungszeit der Landesplanung: städtebauliche Konzepte

Mit der flächendeckenden Organisation der Raumordnung 1935 wurde die enge Verbindung von Landes- und Stadtplanung aufgegeben. Der ländliche Raum wurde in die Planung einbezogen. Durch die ideologisch bedingte Großstadtfeindschaft, die Bekämpfung der Landflucht und aus militärischen Gründen wurde im Dritten Reich ein Abbau der Industrieballungen erstrebt, teilweise mit utopischen Vorstellungen, z.B. der Verlagerung großer Teile des Ruhrgebiets nach Osten.

1945–1945: Dezentralisierungskonzept aus ideologischen und militärischen Gründen

Dieses **Antiballungskonzept** blieb auch nach 1945 in der Landesplanung in der Bundesrepublik bestimmend. Unter dem Stichwort der „Entballung" wurde das Problem regionaler Disparitäten auf einen siedlungsstrukturellen Gegensatz zwischen Ballungsgebieten und ländlichen Räumen reduziert. Es wurde die Frage aufgeworfen, ob die Abwanderung ländlicher Bevölkerung in die Verdichtungsräume als notwendiger wirtschaftlicher Anpassungsprozeß hinzunehmen sei („passive Sanierung") oder ob man dieser Entwicklung durch gezielte Förderung nichtlandwirt-

Nach 1945: Antiballungskonzept

SARO-Gutachten: aktive Sanierung des ländlichen Raumes

schaftlicher Arbeitsplätze im ländlichen Raum entgegenwirken sollte („aktive Sanierung"). Das SARO-Gutachten von 1961 kam zu dem Schluß, daß nur eine aktive Sanierung dem Sozialstaatsprinzip entspricht. Zum Ausgleich regionaler Disparitäten wurden daher die Begrenzung des Wachstums der Verdichtungsgebiete und die Förderung der ländlichen Gebiete gefordert. Dem entsprach ein starkes Bemühen der frühen Raumordnungspolitik, die Industrieansiedlung im ländlichen Raum zu fördern. Viele der im Rahmen des „Industrie-aufs-Land-Konzeptes" der fünfziger Jahre subventionierten Standorte werden bis heute im Rahmen der regionalen Wirtschaftsförderung weiter unterstützt. Als Folge dieser Diskussion sind die Verdichtungsräume und die ländlichen Gebiete als die beiden Gebietskategorien in das Raumordnungsgesetz 1965 eingegangen.

6.3 Das Konzept der Zentralitätszuweisungen

Rückgriff auf Zentrale-Orte-Theorie

Die Antiballungskonzepte der Nachkriegszeit qualifizierten stets nur Raumkategorien. Mit ihnen konnten die Standorte, die gezielt zu fördern waren, nicht ermittelt werden. Das hier bestehende Theoriedefizit bestand auch bei der Standortwahl von Versorgungseinrichtungen. In den ländlichen Gebieten können infolge der gestreuten Siedlungsweise und der geringen Bevölkerungsdichte Infrastruktureinrichtungen, z.B. Schulen oder Krankenhäuser, nicht an jedem Standort vorgehalten werden. Es besteht ein ökonomischer Zwang zur Konzentration dieser Einrichtungen in ausgewählten Orten. Ein versorgungsorientiertes Konzept muß also diese Standorte bestimmen. Dabei griff man auf den Ansatz von CHRISTALLER in dessen Zentrale-Orte-Theorie zurück.

Verwendung der Theorie als Konzept 1939–1945

Die Theorie ist ein Ansatz, die bestehende Raumstruktur zu erklären. Doch sie wurde schon vor dem Krieg als Instrument räumlicher Gestaltung interpretiert. Das „Kriegswichtige Forschungsprogramm der Reichsarbeitsgemeinschaft für Raumforschung" warf 1939 die Frage auf, „welche Struktur und welche Gestaltung sollen die zentralen Orte des Ostens und ihre Einzugsbereichs künftig erhalten", und es wurden „Vorschläge für die Ordnung der Kultur- und Marktbereiche durch Ausbildung zentraler Orte niederer und höherer Ordnung" erarbeitet. Die erklärende Theorie wurde dabei als Instrument zur Kolonisierung und Beherrschung der eroberten Ostgebiete angewandt. Ihre hierarchische Gliederung und ihr geometrischer Aufbau entsprachen dem zentralistischen Steuerungsideal des nationalsozialistischen Staates. So verwundert es nicht, daß zentrale Orte als Instrument räumlicher Gestaltung während des Krieges in der raumordnerischen Diskussion an Bedeutung gewannen, nur daß sie noch nicht in praktische Maßnahmen umgesetzt wurden.

Trotz – möglicherweise auch wegen – dieser Vorgeschichte ist das Konzept der zentralen Orte nach dem zweiten Weltkrieg zum Grundmodell der Raumordnung geworden. Doch nicht nur im Westen, auch in der Territorialplanung der DDR fand es breite Verwendung. Die Suche nach geeigneten Standorten für Industrieansiedlungen im ländlichen Raum im Rahmen des Antiballungskonzeptes im Westen, das ökonomische Gebot der Konzentration von Versorgungseinrichtungen und die sozialstaatliche Anforderung, eine gleichmäßige Mindestversorgung der gesamten Bevölkerung in zumutbarer Entfernung zu gewährleisten, ließen aus der Zentrale-Orte-Theorie ein geeignetes Planungsmodell werden. Dabei wurde aus planungspraktischen Erwägungen heraus ein vierstufiges System aus Klein-, Unter-, Mittel- und Oberzentren entwickelt, die sich jeweils durch spezifische Versorgungsaufgaben für das Umland unterscheiden. Die Theorie wird dabei um den Begriff des funktionalen **Verflechtungsbereichs** erweitert. Das ist der Raum, der vom zentralen Ort aus versorgt wird. Er entspricht dem Bedeutungsüberschuß des zentralen Ortes.

Rückgriff auf das Konzept in der Bundesrepublik und der DDR

Mit Hilfe dieses Konzeptes war man in der Lage, den gesamten Raum mit Verflechtungsbereichen zu überziehen und den dafür geeigneten, zentral gelegenen Orten die entsprechende Zentralität zuzuweisen. In allen Ländern der Bundesrepublik wurden zwischen 1957 und 1970 derartige Konzepte entwickelt, die auf einer Bestandsaufnahme bestehender zentralörtlicher Verflechtungen aufbauten, bestehende Versorgungsengpässe aufzeigten und die zur Behebung erforderlichen Zentralitätszuweisungen vornahmen. Bundesweit hat G. KLUCKA 1970 eine Untersuchung „Zentrale Orte und zentralörtliche Bereiche mittlerer und höherer Stufe in der Bundesrepublik Deutschland" vorgelegt.

Überziehen des Raumes mit zentralen Orten und Verflechtungsbereichen

Auch in die Grundsätze der Raumordnung des ROG hat das Konzept Eingang gefunden. „In einer für die Bevölkerung zumutbaren Entfernung sollen zentrale Orte mit den zugehörigen Einrichtungen gefördert werden" (§ 2 Abs. 1 Nr. 2, S. 3 ROG). So verwundert es nicht, daß auch die Planungen der Bundesländer auf das Konzept der Zentralitätszuweisungen zurückgreifen. Dabei werden die zentralen Orte der jeweiligen Stufe und die entsprechenden Verflechtungsbereiche bestimmt. Aus der Zentralitätsstufe ergibt sich das erforderliche zentralörtliche Angebot, das zur Gewährleistung einer ausreichenden flächenhaften Versorgung zu schaffen oder zu erhalten ist. Dies soll an zwei Beispielen erläutert werden.

Zentrale-Orte-Konzept im ROG ...

... und in allen Flächenländern zur Sicherstellung einer ausreichenden Versorgung

Beispiel: zentralörtliche Ausstattung im Handel

Die angestrebte infrastrukturelle Ausstattung im Bereich des Handels und Kreditwesens sind in Oberzentren Großkaufhäuser und Großwarenhäuser (mit jeweils mindestens 10.000 qm Verkaufsfläche), Großhandelsgeschäfte, Geschäfte für den langfristigen gehobenen Bedarf, Banken und Kreditinstitute sowie Versicherungen. In Mittelzentren sollen vielseitige Einkaufsmöglichkeiten, z.B. ein größeres Einkaufszentrum, Kauf- oder Warenhaus bzw. Fachgeschäfte mit vergleichbarem Angebot gegeben sein. Ebenso sollen ein Dienstleistungsangebot für den gehobenen Bedarf und mehrere größere Kreditinstitute vorhanden sein. In Unter- und Kleinzentren soll es Einzelhandels-, Handwerks- und Dienstleistungsbetriebe vorzugsweise für den kurzfristigen Bedarf geben.

Beispiel: zentralörtliche Ausstattung im Gesundheitswesen

Im Bereich des Gesundheitswesens sollen in Oberzentren Kliniken und Schwerpunktkrankenhäuser mit Spezialfachabteilungen vorhanden sein, in Mittelzentren ein Krankenhaus für Akutkranke mit drei Fachabteilungen – Chirurgie, innere Medizin, Gynäkologie – mit etwa sechs Betten auf 1000 Einwohner sowie Fachärzte verschiedener Sparten. Für Unter- und Kleinzentren werden eine Apotheke und ein praktizierender Arzt als erforderlich angesehen.

Unterschiedliche Ausstattungsmerkmale in den Ländern

Ähnlich sind auch in anderen Bereichen anzustrebende Mindestausstattungen genannt. Die Länder handhaben jedoch das Instrument der Zentralitätszuweisungen unterschiedlich, so daß die Ausstattungsmerkmale der Ober-, Mittel-, Unter- und Kleinzentren sowie die Methoden der Abgrenzung der Verflechtungsbereiche teilweise erheblich differieren. Dies liegt an den siedlungsstrukturellen Voraussetzungen und an voneinander abweichenden raumordnungspolitischen Zielvorstellungen. Die MKRO hat zwar den Versuch einer bundesweiten Vereinheitlichung unternommen, dennoch gibt es erhebliche Differenzen. Die zentralen Orte und ihre Verflechtungsbereiche bilden ein hierarchisches räumliches System (Abb. 27).

Hierarchisches System der zentralen Orte

Sonderform der Doppelzentren

Eine Besonderheit liegt vor, wenn zwei meist räumlich eng benachbarte Orte gemeinsam in einer Art Aufgabenteilung die zentralörtliche Funktion ausüben. In diesem Fall spricht man von einem **Doppelzentrum**, in dem jeder Ort Teilfunktionen des zentralen Ortes übernimmt. Da dies zu einer Abschwächung von Agglomerationsvorteilen führt, z.B. zu einer Erhöhung des Verkehrsaufkommens, ist es planerisch in den meisten Fällen nicht erwünscht, doch würde eine Ausweisung des einen Ortes automatisch zu einer Benachteiligung des anderen führen und ist damit politisch kaum durchsetzbar.

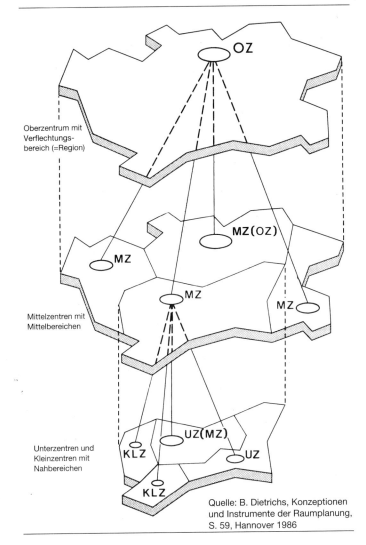

Abb. 27
System der Zentrale-Orte-Hierarchie

Quelle: B. Dietrichs, Konzeptionen und Instrumente der Raumplanung, S. 59, Hannover 1986

6.4 Das Konzept der Entwicklungspole/Wachstumspole

Das Zentrale-Orte-Konzept ist primär versorgungsorientiert, da es Versorgungs- und Ausgleichsziele, nicht aber wirtschaftliche Entwicklungsziele verfolgt. Es bezieht sich in erster Linie auf den ländlichen Raum, dessen infrastrukturelle Engpässe mit Hilfe dieses Konzeptes beseitigt werden sollen. Es liefert weder Entwicklungskonzeptionen für die Ordnung der Verdichtungsräume noch eine auf den sekundären Sektor bezogene Wachstumsorientierung.

Kritik am versorgungsorientierten Zentrale-Orte-Konzept

Gerade dies wurde aber erforderlich, als man gegen Ende des Nachkriegsaufschwunges und zu Beginn der Rezession 1966/67 erkannte, daß die regionalen Disparitäten trotz weitgehendem Ausgleich in der infrastrukturellen Versorgung zunahmen, bedingt durch Engpässe in der wirtschaftlichen Entwicklung. Es war nicht gelungen, die Entleerung vieler ländlicher Räume und die weitere Konzentration wirtschaftlicher Aktivitäten in den Verdichtungsräumen aufzuhalten.

Berücksichtigung des sekundären Sektors

Erneut stellte sich die Aufgabe, die bestehenden interregionalen Entwicklungsunterschiede zu erklären; nun unter besonderer Berücksichtigung des sekundären Sektors, um auf dieser Theorie ein Konzept zu ihrer Beseitigung oder Verminderung aufzubauen. Ein weiterer Mangel des Konzeptes der Zentralitätszuweisung ist sein statischer Charakter. Die tatsächliche Dynamik räumlicher Strukturen findet keine Berücksichtigung, es wird lediglich ein System von zentralen Orten und Verflechtungsbereichen entworfen, das durch landesplanerische Maßnahmen gefördert werden soll, um damit eine flächendeckende Versorgung zu erreichen.

Raumstrukturelle Entwicklung als Kontraktionsprozeß

Die raumstrukturelle Entwicklung der Vergangenheit ist vor allem als Kontraktionsprozeß zu verstehen, also ein Vorgang der zunehmenden Zentralisierung um Kerne, der sich in der Urbanisierung und Agglomerationsbildung ausprägt. Er ist die Folge von Standortentscheidungen privater Investoren. Diese zeigen eine Agglomerationstendenz, die sich nicht an zentralen Orten, sondern an den Standorten anderer privater Investoren, mit denen wirtschaftliche Verflechtungen bestehen, orientiert. So versucht der Unternehmer, die Agglomerationsvorteile wirtschaftlich auszunutzen. Diese Standorte werden als Wachstums- oder Entwicklungspole bezeichnet. Ihre Entstehung wurde als theoretischer Erklärungsansatz der Raumstruktur in Kapitel 1 erwähnt.

Rückgriff auf Theorie der Entwicklungspole

Nunmehr sah man in den sektoralen und räumlichen Polarisierungseffekten eine Möglichkeit, Wachstumspole nicht nur zu beobachten und theoretisch zu begründen, sondern durch staatliche Maßnahmen zu fördern, vielleicht sogar zu initiieren.

Räumliche Anforderungen an einen Entwicklungspol

Ein solcher Wachstums- oder Entwicklungspol hat bestimmte **Ansprüche an den Raum**. So muß die zugehörige Siedlung eine bestimmte Mindestgröße haben, um den Arbeitskräftebedarf der Unternehmen qualitativ und quantitativ befriedigen zu können. Ferner sind Mindestanforderungen an die zentralörtliche Ausstattung und eine ökonomisch sinnvolle Auslastung der öffentlichen und privaten Dienstleistungseinrichtungen notwendig. Daher können sich räumliche Polarisierungseffekte meist nur an bestehenden zentralen Orten entfalten. Eine Analyse der tatsächlichen Wachstumspole zeigt darüber hinaus, daß diese nur dort entstehen, wo auch leistungsfähige Kapital- und Informationsmärkte vorhanden sind, von denen die Innovationen ausgehen. Daher haben die großen Agglomerationen mit oberzentraler Ausstattung die stärksten Polarisierungseffekte und damit die größten Wachstumsraten des Bruttoinlandprodukts. Nicht nur die Größe, sondern auch die räumliche Lage des Pols ist entscheidend. Allgemein wirken sich benachbarte Konkurrenzstandorte nachteilig aus, andererseits kann das Vorhandensein großer Wachstumspole kleinere Pole stimulieren.

Diese Theorie erschien schon deshalb als geeignetes Konzept für die Raumordnung, weil sie die spezifischen Nachteile des Konzeptes der Zentralitätszuweisung vermeidet.

Vermeidung der Nachteile des Zentrale-Orte-Konzeptes

- Der statische wird durch einen dynamischen Ansatz ersetzt.
- Die Versorgungsorientierung wird durch eine wirtschaftliche Wachstumsorientierung ersetzt, indem es nicht eine erklärende Theorie zum tertiären, sondern zum sekundären Sektor ist.
- Die Theorie erklärt bestehende räumliche Kontraktionsprozesse und ist damit auch als Konzept aussichtsreicher als die entgegensteuernde Konzeption der Zentralitätszuweisungen.
- Die Theorie verspricht die Möglichkeit, die knapper werdenden Mittel zur Förderung wirtschaftlicher Entwicklung gezielter einzusetzen. Das „Gießkannenprinzip" war immer weniger finanzierbar und ließ auch keine Erfolge mehr erwarten. Trotz vordergründiger Ähnlichkeit ist diese Theorie von zentralörtlichen Hierarchien grundlegend verschieden.

Die Übertragung der Theorie in ein Konzept stößt jedoch auch auf Probleme. Sektorale Entwicklungspole müssen als Schlüsselindustrien relativ groß sein, einen hohen Verflechtungsgrad aufweisen, hohe Wachstumsraten haben und möglichst unabhängig von anderen Standorten sein. Gerade in solchen Branchen ist jedoch die Steuerungsmöglichkeit der Raumordnung, z.B. durch Standortsubventionen, gering. Die Einflußgrößen, die die Standortentscheidung des Unternehmens bestimmen, vor allem das regionale Arbeitsmarktpotential, entziehen sich ebenfalls weitgehend einer Beeinflussung durch staatliche Maßnahmen. Daher erschien dieser Ansatz zunächst sehr plausibel und fand in strategische Überlegungen der Raumordnung Eingang, doch beschränkte sich dies auf verbale Bezüge, indem neben den zentralen Orten nun Entwicklungszentren ausgewiesen wurden.

Probleme der Übertragung der Theorie in ein Konzept

Doch als raumordnerische Konzeption hat auch diese Theorie die in sie gesetzten Erwartungen enttäuscht, weil sie zu wenig handlungsorientiert ist. Die Möglichkeiten des Staates in einer

Beschränkte Einwirkungsmöglichkeiten des Staates im sekundären Sektor

freien Marktwirtschaft, Entwicklungspole zu schaffen oder auch nur ihre Entstehung zu fördern, sind minimal. Zumindest in der Erkenntnis, daß die regionale Entwicklung der Wirtschaft nicht flächenhaft, sondern schwerpunktmäßig gefördert werden muß, hat sich ein positives Ergebnis in der Praxis der Raumordnung durchgesetzt. Solche Schwerpunktorte oder -räume der regionalen Wirtschaftsförderung sind das, was als Folge der theoretischen Überlegungen bis heute in den Plänen und Programmen auf Landes- und Regionalebene sowie in den Fachplänen der Wirtschaftsförderung weiter besteht. Die Weiterentwicklung der Theorie hat bis heute auch keine Fortführung der konzeptionellen Überlegungen und eine Verbesserung ihrer raumordnerischen Verwendbarkeit erbracht.

6.5 Die Erweiterung um Entwicklungsachsen zum punkt-axialen Konzept

Analyse räumlicher Entwicklungsprozesse offenbart Bandstrukturen: Verdichtungsbänder

Analysiert man den räumlichen Kontraktionsprozeß genauer, so bilden sich nicht nur Verdichtungskerne mit ringförmigen Umlandbereichen heraus, sondern auch Bandstrukturen, die vom Regionalwissenschaftler G. ISBARY als **Verdichtungsbänder** bezeichnet wurden. Sie sind im Gegensatz zur Zentrale-Orte-Theorie und der Theorie der Entwicklungspole nicht theoretisch abgeleitet, sondern in induktiver Weise in empirischen Untersuchungen festgestellt worden. Ergebnis war eine Karte der Bundesrepublik mit dem suggestiven Titel „Das Adernetz der Verdichtungsbänder der zentralen Orte in der Bundesrepublik Deutschland". In ihr sind nach den Kriterien Bevölkerungsdichte, Baulandpreis und Zahl außerlandwirtschaftlicher Arbeitsplätze bestehende Verdichtungsbänder kartiert. Es zeigt sich, daß das Bild des Adernetzes nicht ungeeignet ist, denn diese überziehen, ausgehend von den Verdichtungsgebieten, auch Teile des ländlichen Raumes, wobei sich auf ihnen die Versorgungsinfrastruktur bündelt (Abb. 28). Es lag also nahe, dieses Netz so zu vervollständigen, daß es auch periphere ländliche Räume versorgt. Entsprechend hat G. ISBARY seine Bestandsaufnahme um weitere Verdichtungsbänder ergänzt und so einen Anstoß zur Entwicklung eines landesplanerischen Konzeptes gegeben. Ein anderer Anstoß kam aus der Landesplanung. Nordrhein-Westfalen hatte 1964 in sein Landesentwicklungsprogramm „Entwicklungsachsen im Sinne großräumig orientierter Verkehrs- bzw. Kommunikationsachsen" eingeführt, welche die zentralen Orte miteinander verbanden. Dabei stand der Verkehrsaspekt im Vordergrund, entsprechend der Bedeutung der Bandinfrastruktur für die Erschließung des Raumes. Aus Verkehrs- und Versorgungsachsen werden durch Aus-

Begriff der Entwicklungsachsen

nutzung der Standortvorteile Siedlungsachsen und gemeinsam bilden sie die beobachteten Verdichtungsbänder im Sinne G. ISBARYS.

In der Raumordnung ist die **Funktion der Achsen**,
- Verdichtungsräume miteinander zu verbinden,
- periphere Räume in den großräumigen Leistungsaustausch einzubeziehen,
- entlang der Achsen Standortvorteile zu schaffen und damit Entwicklungsimpulse zu geben.

Funktionen der Achsen

Damit werden die Achsen zum Konzept, anhand dessen die Weiterentwicklung der Siedlungsstruktur gesteuert werden soll.

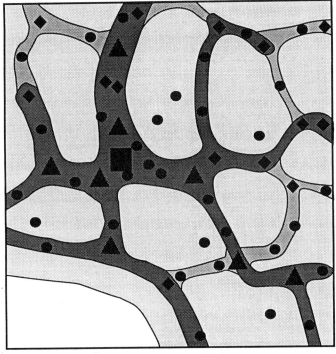

 Bestehende Verdichtungsbänder

Mögliche, im Ansatz vorhandene Verdichtungsbänder

Gebiete, die in einer Entfernung bis 35 Minuten Fahrtzeit eigene außerlandwirtschaftliche Arbeitsplätze oder Arbeitsplätze in Verdichtungsbändern erreichen lassen

Gebiete ohne ausreichende außerlandwirtschaftliche Arbeitsplätze und ohne Arbeitsplätze, die in 35 Minuten Fahrtzeit erreichbar sind

 Ober-, Mittel-, Unter- und Kleinzentrum

Abb. 28
Verdichtungsbänder und zentrale Orte

Solche Bandinfrastrukturen sind
- Fernstraßen, also Bundesautobahnen, Bundes- und Landesstraßen,
- Bundesbahnstrecken,
- Wasserstraßen, z.B. der Rhein-Main-Donau-Kanal oder der Elbe-Seitenkanal,
- Stromleitungstrassen,
- Gasfernleitungen usw.

Achsen als Instrument der räumlichen Entwicklung

Da in der Regel der Staat diese Bandinfrastrukturen schafft oder bei der Trassenfestlegung entscheidend beteiligt ist, bieten sich hier Ansatzpunkte der Steuerung der Entwicklung. Häufig spricht man daher von **Entwicklungsachsen**. Sie boten sich seit Anfang der siebziger Jahre als willkommenes Instrument an, im Konflikt zwischen flächendeckendem Zentrale-Orte-Konzept und verdichtungsorientiertem Entwicklungspolkonzept zu vermitteln.

Kritik am Konzept

Man hat daher von einer „Achseneuphorie" gesprochen, in denen das Konzept überstrapaziert wurde und zu „wirklichkeitsfernen Achsenkarten" geführt hat (A. v. PAPP 1977). Auch ist der Erschließungseffekt, den Linieninfrastrukturen haben, umstritten. Beispielsweise geht von den Neubautrassen der Bundesbahn mit Sicherheit keine linienhafte Wirkung aus, sondern an den – wenigen – Haltepunkten durch verbesserte Erreichbarkeiten eine punktuelle Aufwertung des Standortes.

Ordnungsfunktion im Verdichtungsraum

Im Bereich Verdichtungsräume haben Achsen eine Ordnungsfunktion. Die Bündelung der Entwicklung soll die verbleibenden Freiräume schützen.

Problem der Anwendung im großmaßstäbigen Bereich (kleinräumige Entwicklungsachsen)

Bewährt hat sich das Achsenkonzept als Instrument zur Koordinierung zwischen Verkehrs- und Landesplanung sowie zur grenzüberschreitenden Abstimmung von Planungen, wobei sie als Verkehrs- und Kommunikationsachsen verstanden werden. Je niedriger die Planungsebene wird, desto größer ist die Problematik von Planungsaussagen dieses Abstraktionsgrades. Da hier auch die Anwendbarkeit dieses Konzeptes noch nicht erwiesen ist, spricht sein Kritiker VON PAPP von einem „Planungsphantom Entwicklungsachsen". Das Konzept stößt dabei wie die anderen Konzepte auch auf die Grenzen der Generalisierungsfähigkeit unterschiedlicher raumstruktureller Entwicklungen. Das Verständnis der Achse als linienhafte Konzentration von Siedlungs- und Gewerbegebieten äußert sich in der Förderung von räumlichen Bandstrukturen, womit das konzentrische ringförmige Wachstum der Agglomeration vermieden werden soll.

Anwendung im punkt-axialen Konzept

Das Achsenkonzept ist das jüngste der drei bisher dargestellten Konzepte zur Steuerung der siedlungsstrukturellen Entwicklung.

Das Konzept der Zentralitätszuweisungen, das der Entwicklungspole bzw. -schwerpunkte und das der Entwicklungsachsen werden in der Landesplanung gemeinsam angewendet. Damit treffen sie jeweils planerische Aussagen zu einem Teilbereich des Gesamtkonzeptes, das man als **punkt-axiales Konzept der Landesplanung** bezeichnet. Das Prinzip wird anhand von Abbildung 29 am Beispiel der Raumordnungsregion Nordhessen erläutert.

Zunächst wird ein System sich funktional ergänzender zentraler Orte (Ober-, Mittel-, Unter- und Kleinzentren) ausgewiesen, von denen aus die wirtschaftliche, soziale und kulturelle Versorgung der Bevölkerung der Region erfolgen soll. Alle Orte, die keine zentralörtliche Funktion haben, sollen auf ihre Eigenentwicklung beschränkt bleiben, d. h. Flächen für Siedlung, Gewerbe oder Industrie dürfen nur in dem Umfang geschaffen werden, in dem ein Bedarf aus der Gemeinde oder dem Ortsteil selbst heraus besteht. Damit soll die Möglichkeit gegeben werden, das verfügbare Entwicklungspotential gezielt zu verteilen.

Beispiel: Entwicklung der Raumstruktur unter Anwendung des punkt-axialen Konzeptes

Der über die Eigenentwicklung hinausgehende Zuwachs an Wohn- und Arbeitsstätten in der Region und zusätzliche Infrastruktur- und Versorgungseinrichtungen sollen sich auf die zentralen Orte konzentrieren. Dazu ist die gesamte Region in – in dieser Karte nicht dargestellte – Grundversorgungsbereiche unterteilt, die von Unterzentren aus versorgt werden; ferner in Mittelbereiche, die von Mittelzentren aus und Oberbereiche, die von den Oberzentren aus versorgt werden. Jeder Ortsteil ist also einem Unter-, einem Mittel- und einem Oberzentrum zugeordnet. Entsprechend den Vorgaben der Landesplanung sollen in Klein- und Unterzentren die Einrichtungen zur Deckung des allgemeinen Bedarfs, die sogenannte Grundversorgung, vorhanden sein. In Mittelzentren soll der gehobene und in den Oberzentren der spezialisierte höhere Bedarf der Bevölkerung des jeweiligen Verflechtungsbereichs gedeckt werden. Neben den fördernden Maßnahmen am zentralen Ort selbst ist dazu vor allem eine gute Verkehrsanbindung erforderlich. Entsprechend sollen die zentralörtliche Hierarchie und die Verflechtungsbereiche in der Verkehrsplanung berücksichtigt werden. So soll die maximale Fahrtzeit zu den Klein- und Unterzentren 30 Minuten nicht überschreiten, zu den Mittelzentren 60 Minuten. Zwischen den Mittelzentren der Region und den jeweiligen Oberzentren soll mindestens dreimal täglich eine Verbindung mit öffentlichen Verkehrsmitteln innerhalb einer Stunde Wegzeit bestehen, so daß aus allen Regionsteilen zumindest eine tägliche Rückfahrgelegenheit zu den Städten Kassel bzw. Fulda mit ihrer oberzentralen Ausstattung bei einem Zeitaufwand von maximal je zwei Stunden möglich ist.

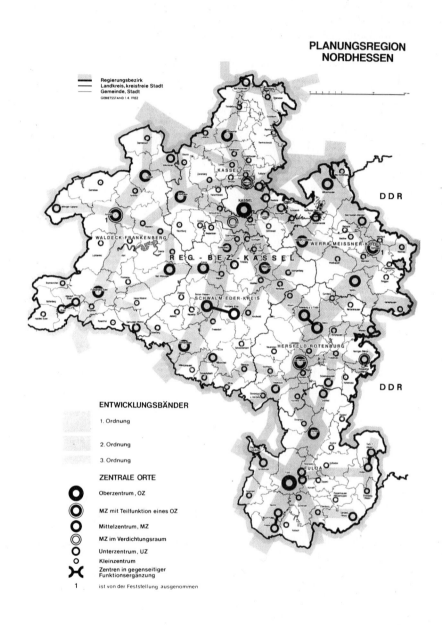

Quelle: Staatsanzeiger für das Land Hessen 1988, Nr. 37, S. 2042

Abb. 29
Strukturkarte der Planungsregion Nordhessen

Dem dient auch die Ausweisung eines hierarchisch gestuften Systems von Achsen, die in Hessen Entwicklungsbänder heißen. Auf ihnen sollen die Standortbedingungen für wirtschaftliche Aktivitäten und die Siedlungsentwicklung sowie der Leistungsaustausch vor allem zwischen den zentralen Orten der Teilräume der Region und benachbarter Gebiete verbessert werden. Die Siedlungsentwicklung soll besonders auf die zentralen Orte, die auf diesen Entwicklungsbändern liegen, konzentriert werden. Hier sind die Verkehrs- und Versorgungseinrichtungen auszubauen, und es muß einer Reduzierung des Angebots, etwa durch Streckenstillegungen von Bus oder Bahn, entgegengewirkt werden. Im Bereich der Verdichtungskerne – in diesem Fall im Raum Kassel – haben diese Entwicklungsbänder Ordnungsfunktion. Durch die Konzentration der Entwicklung soll einer ringförmigen Ausweitung der Verdichtungsgebiete, der sogenannten Zersiedelung, entgegengewirkt und so die zwischen den Bändern liegenden Freiräume geschützt werden. Die Entwicklungsbänder sind (wie auch die Achsen in den anderen Bundesländern) nur grob anhand der zentralen Orte lokalisiert, um das räumliche Strukturmuster, das in der Planung angestrebt ist, zu verdeutlichen. In der Regionalplanung werden entsprechend detailliertere Einzelbestimmungen vorgenommen, etwa die Festlegung von gewerblichen Entwicklungsschwerpunkten oder die Ausweisung von Siedlungs- und Gewerbeflächen.

Das punkt-axiale System ist das räumliche Strukturmuster, an dem wesentliche Ausweisungen der Landesplanung orientiert sind. Es wird ergänzt durch weitere Konzepte, die im folgenden dargestellt werden.

6.6 Das Konzept der ausgeglichenen Funktionsräume

Es ist ein Grundproblem des punkt-axialen Systems, daß ein prinzipieller Konflikt zwischen der Versorgungsorientierung des Konzepts der Zentralitätszuweisungen und der Wachstumsorientierung des Entwicklungspolkonzepts besteht. Während ersteres über die Ausweisung von Verflechtungsbereichen ein in der Fläche wirkendes Instrument ist, kann letzteres nur standortbezogen und damit punktuell wirken. Zwischen beiden wird durch das Element der Achsen eine Vermittlung angestrebt. Der Konflikt besteht schon durch die divergierenden Zielsetzungen. In neueren Konzepten wird versucht, schon im Rahmen der konzeptionellen Überlegungen einen Zielausgleich herbeizuführen. Es soll ein Kompromiß zwischen wachstums-, stabilitäts- und

Prinzipieller Konflikt zwischen Wachstums- und Versorgungsorientierung

Raumordnungspolitik des mittleren Weges

versorgungsorientierter Regionalpolitik gefunden werden. Die Überlegungen um dieses Konzept werden unter dem Titel der „Raumordnungspolitik des mittleren Weges" zusammengefaßt.

Es muß das Ziel einer solchen Raumordnung sein, daß sich das gesamtwirtschaftliche Wachstum nicht immer in den Verdichtungsräumen und deren Umland, sondern in ländlichen Räumen kristallisiert, um den stetigen Bedeutungsverlust und die Abwanderung vor allem junger und höherqualifizierter Erwerbspersonen in die großen Ballungen zu stoppen. Dies ist nur möglich, wenn im ländlichen Raum Standorte mit ähnlichen Agglomerationsvorteilen geschaffen werden, wie sie in den Verdichtungsgebieten bereits vorhanden sind. Da die bisherigen Konzepte einer interregionalen Umverteilung des Wachstums zugunsten der benachteiligten Regionen mit ungünstigen Raumstrukturen gescheitert sind, geht dieses Konzept davon aus, daß die erforderliche regionale Konzentration nur durch intraregionale Umverteilung zu erreichen ist. Die Siedlungsstruktur der ländlichen Räume muß dabei langfristig so verändert werden, daß sich die Bevölkerung und Arbeitsplätze in regionalen Zentren konzentrieren. Das ist nur mit einem Anstieg intraregionaler Mobilität zu erreichen. Kleinräumige Disparitäten werden im Rahmen dieser dezentralen Verdichtung sogar verstärkt, jedoch mit dem Ziel des Ausgleichs großräumiger Unterschiede. Es entstehen verdichtete Siedlungsschwerpunkte mit funktionierenden Arbeits- und Kapitalmärkten, während in der Region auch die Vorteile des ländlichen Raumes wie ausreichende Arbeitskraftreserven, Naherholungsgebiete und Flächenressourcen erhalten bleiben. Es sollen sich selbst tragende Regionen entstehen, die alle erforderlichen Funktionen in sich vereinigen, weshalb das Konzept unter dem Stichwort der **ausgeglichenen Funktionsräume** bekanntgeworden ist.

Schaffung von Agglomerationsvorteilen im ländlichen Raum durch dezentrale Konzentration

Ziel der Schaffung ausgeglichener Funktionsräume

Voraussetzungen eines ausgeglichenen Funktionsraumes

Kennzeichen eines ausgeglichenen Funktionsraumes ist die Existenz eines verdichteten Siedlungsschwerpunktes mit mehr als 100.000 Einwohnern. Für die gesamte Region wird dann eine Mindestbevölkerung von 500.000 Einwohnern angesetzt. Dies setzt eine völlige Abkehr von bisherigen Konzepten voraus, denn der Siedlungsschwerpunkt kann nur dadurch verwirklicht werden, daß die bestehenden Förderungen von Klein- und Mittelzentren sowie Entwicklungsschwerpunkten aufgegeben oder stark reduziert werden. Alle bisherigen Maßnahmen zur Förderung von Infrastruktureinrichtungen und gewerblichen Ansiedlungen im ländlichen Raum wären Schritte in die falsche Richtung gewesen und müßten jetzt zugunsten der neuen Zentren aufgegeben werden. Die Achsen dürften nicht mehr netzförmig die Region erschließen, sondern müßten radial den Siedlungsschwerpunkt mit dem Umland verbinden. Dies bedeutet eine Radikalkur für den ländlichen Raum und Erzwingung einer großen intraregionalen Mobilität. Während sich die bisherigen Konzepte am Bestand der Siedlungsstruktur orientierten und diese weiterentwickeln wollten, haben sie stets ein Wachstum von Bevölkerung, Arbeitsplätzen und damit auch finanziellen Mitteln der öffentlichen Hände angenommen. Im Rahmen dieses Konzeptes wird nun nicht mehr von einem umzuverteilenden Zuwachs ausgegangen, sondern von einem konstanten Potential. Siedlungsstrukturelle Veränderungen beinhalten damit einen Umbau bestehender Raumstrukturen, der aber – wenn überhaupt realisierbar – nur langfristig ins Auge gefaßt werden kann.

Steigerung intraregionaler Mobilität

Es gibt bis heute keine konsequenten Ansätze zur Verwirklichung dieses Konzeptes in der Praxis. Einzelne Überlegungen haben jedoch Eingang in das Bundesraumordnungsprogramm, in Landesentwicklungspläne und -programme sowie Regionalpläne gefunden. So findet sich immer häufiger das Planziel, daß die zentralörtliche Funktion des jeweiligen Oberzentrums der Region und seine Funktion als Siedlungsschwerpunkt auszubauen sind, auch wenn dort bereits alle zentralörtlichen Einrichtungen vorhanden sind. Gleichzeitig wird aber an der flächenhaften Ausweisung und Förderung zentraler Orte mittlerer und unterer Stufe festgehalten. Das punkt-axiale System erfährt keine Modifizierung.

Keine konsequente Anwendung in der Praxis

Damit wird der Grundsatzkonflikt aus der Diskussion um Konzepte in die Pläne und Programme übertragen. Ein Beispiel ist der Landesentwicklungsplan Baden-Württemberg 1983, in dem einerseits eine Entwicklung erstrebt wird, „in der die dezentralisierte Siedlungsstruktur mit den Vorteilen der dadurch bedingten Sozialstruktur erhalten bleibt" (Plansatz 1.3.4), andererseits sind in den Verdichtungsräumen, von Ausnahmen abgesehen, „ausreichend Möglichkeiten zu sichern für die Vermehrung von Dienstleistungen und für die Ausdehnung oder Ansiedlung von Betrieben des produzierenden Gewerbes(…)" (Plansatz 1.8.32). Es ist sogar die oberzentrale Funktion der Landeshauptstadt Stuttgart auszubauen (Plansatz 3.1.6). Ähnlich ist es in den anderen Bundesländern formuliert. Die Pläne und Programme legen ein stetiges Wachstum in allen Raumkategorien zugrunde, denn sie arbeiten nur mit Begriffen wie „ist auszubauen", „ist zu fördern" usw. Eine Reduzierung von Funktionen ist nirgends vorgesehen. Sie kann auch nicht erwartet werden, denn sie würde den politischen Widerstand betroffener Gemeinden herausfordern und damit den Konsens der Gleichgültigkeit, den man häufig der Landesplanung entgegenbringt, beseitigen. Das Modell der ausgeglichenen Funktionsräume ist nur durch eine kleinräumige passive Sanierung sowie beträchtliche Kosten, welche der Umbau der Siedlungs-

Beispiel für den Kompromißcharakter von Programmen und Plänen

struktur mit sich bringt, zu realisieren. So ist es nicht verwunderlich, daß das Konzept zwar einen beträchtlichen Raum in der wissenschaftlichen Diskussion eingenommen hat, diese jedoch, abgesehen von verbalen Zitaten, weitgehend ohne Resonanz in der Planungspraxis geblieben ist.

6.7 Das Konzept der funktionsräumlichen Arbeitsteilung

Skepsis gegenüber raumordnungspolitischen Konzepten

In der Planungspraxis ist den konzeptionellen Überlegungen zur Weiterentwicklung oder zum Umbau der Siedlungsstruktur in den vergangenen Jahren zunehmend mehr Skepsis entgegengebracht worden, die zu der Euphorie der sechziger und siebziger Jahre in krassem Gegensatz steht. Es zeichnet sich eine Trendwende in den konzeptionellen Überlegungen ab, die auf verschiedene Gründe zurückzuführen ist.

Weitgehende Wirkungslosigkeit traditioneller Konzepte

– Das Ziel einer ausgleichenden Raumordnung durch Nivellierung hat sich ebensowenig verwirklichen lassen wie Konzepte einer dezentralen Konzentration. Die weitgehende Wirkungslosigkeit traditioneller Konzepte fordert deren grundsätzliche Überprüfung. Regionale Disparitäten haben sich, besonders im Bereich des Arbeitsmarktes, in vielen Fällen vergrößert. Ihr Abbau im Bereich der infrastrukturellen Versorgung hat keine Auswirkungen auf bestehende wirtschaftliche Ungleichgewichte gehabt.

Sektorale Strukturkrisen überlagern traditionelle Raumkategorien

– Die traditionelle Zweiteilung des Raumes in die – nur sekundär differenzierten – Kategorien des strukturstarken Verdichtungsraumes und strukturschwachen ländlichen Raumes ist infolge des starken sektoralen Strukturwandels der Wirtschaft der Bundesrepublik nicht mehr gültig. Kohle-, Stahl- oder Werftkrise, die wirtschaftlichen Strukturschwächen der altindustrialisierten Räume insgesamt mit ihren zusätzlichen Umweltproblemen rücken immer mehr in den Vordergrund. Hinzu tritt infolge der Vereinigung der beiden deutschen Staaten das West-Ost-Gefälle, hinter dem traditionelle Disparitäten innerhalb der alten Länder quantitativ deutlich zurückstehen.

Zunehmende internationale Konkurrenz

– Dazu kommt durch zunehmende internationale Verflechtungen auch eine übernationale wirtschaftliche Arbeitsteilung, die in der Raumordnung zu berücksichtigen ist. Sie fördert eindeutig wirtschaftliche Konzentrations- und Zentralisierungstendenzen, jedoch nicht in allen, sondern nur in einigen Verdichtungsgebieten, so den Räumen Frankfurt, München oder Stuttgart. Die sich verschärfende internationale Konkurrenz macht es unmöglich, in der Raumordnung weiterhin ausschließlich nationale Ausgleichsziele zu verfolgen, denn diese müßten zu Lasten gerade derjenigen strukturstarken Räume erfolgen, die im internationalen Wettbewerb mit anderen großen Verdichtungsräumen stehen z.B. Paris, London oder Mailand.

— Die traditionellen Konzepte sind schließlich auch an der zunehmenden fiskalischen Krise des Staates gescheitert, der für regionale Ausgleichsziele immer weniger Mittel zur Verfügung hat.

Finanzielle Engpässe

— Neben die Versorgungs- und Wachstumsorientierung tritt zunehmend eine Stabilitätsorientierung, durch die lediglich das vorhandene regionale Niveau gesichert werden soll.

Zunehmende Stabilitätsorientierung

— Schließlich erschwert die zunehmende Bedeutung des Umweltschutzes die Durchführung großräumiger Erschließungsmaßnahmen zur Verbesserung der Raumstruktur. Keine Autobahn, kein Schiffahrtskanal, keine Neubaustrecke der Bundesbahn, kein Flughafen und kein großflächiges Gewerbe- oder Industriegebiet wird heute noch von der betroffenen Bevölkerung widerspruchslos hingenommen. Der Rhein-Main-Donau-Kanal, der u.a. einer strukturschwachen Region Entwicklungsimpulse geben soll, ist ein anschauliches Beispiel. Die Frage ist auch berechtigt, ob nicht durch eine national nivellierende Raumordnungspolitik die letzten ökologisch intakten Naturräume zerstört werden würden.

Zunehmende Umweltorientierung

Bürgerproteste gegen Infrastrukturmaßnahmen

— Dadurch sowie durch die zunehmende Freizeitorientierung der Gesellschaft, die Erkenntnis der Begrenztheit der natürlichen Ressourcen wie Bodenschätze, Böden, Wasser und Luft erfährt der ländliche Raum eine Aufwertung, während gleichzeitig Verdichtungsräume immer mehr ein Negativimage bekommen, weil in ihnen die Belastung der Bevölkerung durch Lärm, Abgase und Abwasser stärker als die positiven Effekte bewertet wird.

Aufwertung des ländlichen Raumes als Freizeit- und ökologischer Ausgleichsraum

Die Konsequenz daraus kann nur die Abkehr von einer national nivellierenden Raumordnung sein. Da sie offensichtlich weder finanzier- noch realisierbar ist, muß die gegebene Aufgabenteilung zwischen den Regionen hingenommen werden. Dies bedeutet nicht den Verzicht auf steuernde Einwirkung, die wiederum nicht zu einer aussichtslosen Gegensteuerung werden darf, sondern die sozialen Kosten der räumlichen Entwicklungen auffangen muß. Daraus entsteht das Konzept der großräumigen funktionsräumlichen Arbeitsteilung, meist nur als **funktionsräumliche Arbeitsteilung** bezeichnet. Es geht davon aus, daß sich die großräumige Differenzierung weiter fortsetzt und zu einem Zuwanderungsdruck in begünstigten und einer Abwanderung in strukturschwachen Räumen führt. Da diese nicht verhindert werden können und schließlich auch Ausdruck der bestehenden Begabungsunterschiede zwischen den Räumen

Abkehr von national nivellierender Raumordnungspolitik: funktionsräumliche Arbeitsteilung

sind, müssen die negativen Folgewirkungen durch staatliche Maßnahmen aufgefangen werden. In den sich weiter entleerenden Räumen ist der Erhalt der bestehenden, aber immer unwirtschaftlicher arbeitenden Infrastruktureinrichtungen zu subventionieren. In den Verdichtungsräumen mit Zuwanderungsdruck müssen die verbliebenen Freiräume gesichert, gleichzeitig geeignete Flächen für Wohnen, Gewerbe, Industrie und Dienstleistungen vorgehalten werden. Die Raumordnung muß erkennen, worin die besondere funktionale Eignung der Teilräume liegt und diese zu entwickeln helfen. Dies kann z.B. durch staatliche Hilfen zum Ausbau einer Fremdenverkehrsinfrastruktur im ländlichen Raum geschehen, während nach traditionellen Förderstrategien das Defizit an außerlandwirtschaftlichen Arbeitsplätzen stets zum Ruf nach Gewerbeansiedlungen und deren massiver Subventionierung – in der Regel mit zweifelhaftem Erfolg – führte.

Förderung interregionaler Mobilität

Die interregionale Mobilität wird durch den Ausbau leistungsfähiger Verkehrsinfrastrukturen gefördert, den Standortentscheidungen Privater wird wieder mehr Spielraum eingeräumt, da die Notwendigkeit des Handelns unter marktwirtschaftlichen Gesichtspunkten offenkundig ist. Funktionsräumliche Arbeitsteilung vollzieht sich in der Praxis durch die **Ausweisung von großräumigen Vorranggebieten**. Dies sind Teilräume, in denen eine bestimmte Nutzung einen Vorrang vor anderen genießt, weil der Raum dafür eine spezifische Begabung hat. So gibt es Vorranggebiete für Gewerbe- und Industrieansiedlungen, wo deren Standortansprüche besonders gut erfüllt werden können, ohne die anderer Nutzer zu stark zu beeinträchtigen, sowie landwirtschaftliche Vorranggebiete bei besonders günstigen agrarischen Produktionsbedingungen. Ist schließlich die Trinkwassergewinnung oder die Erholung von herausragender Bedeutung im System sich ergänzender Funktionen, so werden Vorranggebiete für Trinkwassergewinnung oder für die Erholung ausgewiesen.

Ausweisung großräumiger Vorranggebiete

Bedeutung des Finanzausgleichs

Diese Zuweisung von Funktionen führt jedoch zu einer Ungleichbehandlung der Teilräume, die nur durch finanzielle Ausgleichsleistungen kompensiert werden kann. Die Ausweisung großer Teile einer Gemeinde als Vorranggebiet für die Trinkwasserversorgung verhindert zahlreiche andere Nutzungen, ohne daß bisher die Gemeinde einen Ausgleich dafür erhält, etwa von den von ihr versorgten Verdichtungsgebieten. Das Finanzausgleichssystem müßte dahingehend neu gestaltet werden, daß die gegenseitige Ergänzung der Funktionen berücksichtigt wird.

In der Praxis: komplementäre Verwendung zu traditionellen Konzepten

Weil dieses Konzept in fundamentalem Gegensatz zu älteren Konzepten steht, läßt sich seine Umsetzung nicht ohne deren Aufgabe fordern. So verwundert es nicht, daß kaum ein Plan oder

Programm sich ausdrücklich auf dieses Konzept bezieht, fast alle neueren Planungen der Länder jedoch in Teilen diesem Konzept verpflichtet sind. So werden die gegebenen funktionsräumlichen Arbeitsteilungen gerade in den jüngeren Planungen akzeptiert und deren weiterer Ausbau gefördert, während gleichzeitig noch die älteren Konzepte von dem der Zentralitätszuweisungen über das der Entwicklungspole und die Ausweisung von Achsen bis hin zu ausgeglichenen Funktionsräumen Anwendung finden.

Die Kritik an diesem Konzept ist nicht schwer, denn sie kann mit dem verfassungsrechtlich abgeleiteten gesellschaftspolitischen Leitbild der Raumordnung argumentieren, aus dem sich das Ziel des Abbaus regionaler Disparitäten ableitet. Die Anwendung des Konzepts der funktionsräumlichen Arbeitsteilung dagegen akzeptiert diese und führt zu einer Ungleichbehandlung der Teilräume und zu erzwungener Mobilität. Der Vorwurf ist nicht unbegründet, daß damit gesamtwirtschaftlichen Entwicklungszielen ein höherer Stellenwert eingeräumt wird als sozialstaatlichen Ausgleichszielen.

Kritik am Konzept

6.8 Endogene Entwicklungsstrategien

Allen Konzeptionen der räumlichen Arbeitsteilung ist gemeinsam, daß sie Lösungen für den Gesamtraum erarbeiten, in denen die Teilräume Funktionen haben, die zu denen anderer Räume komplementär sind. Dabei wird vorausgesetzt, daß die Erreichung einer gesamtwirtschaftlichen Verbesserung auch für die Regionen Nutzen bringt. Das Konzept der funktionsräumlichen Arbeitsteilung fragt ebenfalls nach der spezifischen Begabung einer Region, um sie für die Entwicklung der Gesamtwirtschaft möglichst günstig inwertzusetzen. Es handelt sich also in jedem Falle um eine Außensteuerung regionaler Entwicklung. Die Regionen sehen sich dabei zunehmend in der Rolle eines passiven Opfers bei dem durch zunehmende finanzielle Engpässe der öffentlichen Hände immer weniger aussichtsreichen Versuch, eine leitbildgerechte Ordnung herzustellen, in der wertgleiche Lebensbedingungen in allen Teilräumen erreicht sind. Aus der Sicht vieler Regionen hat die Raumordnungspolitik zwar in Zeiten der Hochkonjunktur – z.T. angezweifelte – Erfolge erzielt, in rezessiven Phasen, in denen der interregionale Ausgleich besonders wichtig ist, ist sie aber weitgehend wirkungslos geblieben.

Prinzipielle Kritik an gesamtstaatlichen Konzepten, da Außensteuerung der regionalen Entwicklung

Kritik an diesen Konzeptionen entstand mit der ansteigenden Welle des Regionalismus unter den Schlagworten „Dezentralisierung", „regionale Identität", „Entwicklung von unten" oder

Forderung nach Aktivierung des endogenen Potentials

Nutzung regionseigener Ressourcen und eigene Steuerung der regionalen Entwicklung

„selbstbestimmte Regionalentwicklung". In der Raumordnungspolitik spricht man von der strategischen Alternative der **„endogenen Entwicklung"** oder vom **„endogenen Potential"**, das es zu nutzen gilt. Mit diesen Begriffen werden zwei Inhalte verknüpft: erstens die Nutzung regionseigener wirtschaftlicher Ressourcen und Möglichkeiten und zweitens ein eigener Steuerungseinfluß auf die regionale Entwicklung. Ersteres ist unter dem Stichwort des regionalen Entwicklungspotentials schon lange Gegenstand regionalwissenschaftlicher Forschung, letzteres entstammt der neueren Regionalismus-Bewegung. Es handelt sich um kein neues Konzept, sondern um eine Strategiediskussion. Da sie jedoch die Anwendung der Konzepte betrifft, wird sie an dieser Stelle aufgeführt.

Verlagerung von Entscheidungskompetenzen nach unten

Eine solche regionale Entwicklungsstrategie sucht auf der Grundlage des jeweiligen intraregionalen Potentials nach eigenen Wegen, eine Verbesserung der regionalen Lebensbedingungen zu erreichen. Dabei soll nicht nur ein regionales Wachstum erreicht werden, sondern zugleich eine Verringerung der regionsextern gelenkten wirtschaftlichen Entwicklung und damit Abhängigkeiten. Dies geht einher mit der Verlagerung von Entscheidungskompetenzen auf die regionale Ebene. Auf wirtschaftlicher, politischer und soziokultureller Ebene sollen die Region betreffende Fragen vor Ort entschieden werden. Beispielsweise soll die Versorgung mit Elektrizität dezentralisiert werden und die Region selbst die Art der Energienutzung bestimmen. Art und Umfang der wirtschaftlichen Nutzung regionaler Ressourcen sollen auch regional bestimmt werden, ebenso wie die Weiterverarbeitung in der Region erfolgen sollte. Dies wird verbunden mit Ideen, die unter dem Stichwort der „sanften Technologien" zusammengefaßt werden. Dabei werden stärker regional orientierte Wirtschaftskreisläufe als Voraussetzung für ein ressourcensparendes Produzieren gesehen. Die Entwicklung wird zunehmend mit qualitativen und strukturellen Indikatoren beurteilt und nicht mehr nur mit quantitativen oder gar monetären. Kulturelle, soziale, politische und ökologische Ziele und der Einbezug sozialer Kosten prägen dieses neue Verständnis von eigenständiger Entwicklung. Unter sozialen Kosten werden dabei alle Folgewirkungen des Handelns zusammengefaßt, die nicht unternehmensintern verrechnet werden, sondern von der Allgemeinheit getragen werden, also auch die Belastung von Luft, Böden und Wasser.

Förderung regionaler Wirtschaftskreisläufe

Abkehr von generell gültigen Konzepten

Eine Raumordnungspolitik, die sich am endogenen Potential orientiert, würde nicht von einem allgemeingültigen Konzept ausgehen, sondern die unterschiedlichen Raumstrukturen, die sie vorfindet, genauer analysieren und stärker berücksichtigen. Aus ihnen erwachsen regional unterschiedliche Engpässe und damit

Entwicklungserfordernisse. Dabei sind auch die regionalen Besonderheiten im Verhalten der Regionsbewohner und -unternehmen zu beachten. Zur Verbesserung der regionalen Lebensbedingungen sind darauf aufbauend diejenigen Konzepte anzuwenden und Maßnahmen durchzuführen, die den spezifischen Verhältnissen des Raumes am ehesten gerecht werden, ohne Rücksicht darauf, ob dies auch gesamtgesellschaftlich erstrebenswert ist. Ein regionales Produktivitätswachstum führt zugleich zu einem gesamtwirtschaftlichen Aufschwung. Die räumliche Individualisierung ist also die strategische Alternative zur bisherigen einheitlichen Typisierung.

Die so dargestellte extreme Polarität entspricht jedoch weder der Wirklichkeit noch den gegebenen wirtschaftlichen und politischen Möglichkeiten. Traditionell sind die Regionen an raumordnerischen Entscheidungen beteiligt worden. Das Gegenstromprinzip fordert dies. Auch an den konzeptionellen Diskussionen waren regionale Vertreter beteiligt. Ebenso sind in einem föderalen Staat Entscheidungskompetenzen nicht nur auf zentraler, sondern auch auf regionaler Ebene vorhanden. Andererseits wird die Anwendung der Strategie der endogenen Entwicklung nicht ohne Hilfe von außen und ohne weitreichende interregionale Verflechtungen möglich sein. So verstanden ist in der Diskussion um die eigenständige Regionalentwicklung die Warnung an einen – tatsächlich in den letzten Jahren zunehmenden – Länderzentralismus zu sehen, die Belange der Regionen wieder stärker durch Verlagerung von Kompetenzen nach unten zu berücksichtigen.

Kritik und Würdigung

6.9 Zusammenfassung: Die zeitliche Folge der raumordnerischen Konzepte

Die raumordnerischen Konzepte sind in einer zeitlichen Folge entwickelt worden. Sie sind jeweils das Ergebnis sich wandelnder politischer und wirtschaftlicher Rahmenbedingungen und damit auch veränderter Handlungsspielräume der räumlichen Planungen. Hinzu treten sich ändernde Wertvorstellungen, die auch eine Modifizierung des traditionellen Zielsystems der Raumordnung erfordern. Konzepte sind Ausdruck der jeweils gültigen politischen und planerischen Paradigmen. Mit diesem Begriff werden Systeme von politischen und wirtschaftlichen Werten, Überzeugungen und Zielen des Handelns beschrieben, die sich auf die Wahrnehmung, Bewertung und Bewältigung von Problemen beziehen. In der hier dargestellten reinen Form existieren die Konzepte als Ausdruck sich verändernder Paradigmen nur in der wissenschaftlichen Diskussion. Pläne und Programme der Raum-

Paradigmenwechsel der Konzeptionen in der Bundesrepublik

Kein abrupter Paradigmenwechsel, hoher Konsensbedarf der Planung

ordnung und Landesplanung haben hinsichtlich der ihnen zugrunde liegenden raumstrukturellen Konzeptionen einen Kompromißcharakter, der sich aus dem konsenssuchenden Verfahren der Raumordnungspolitik ergibt. Ein abrupter Paradigmenwechsel würde das Scheitern der bisherigen Politik einräumen und wäre nicht nur mit einem Verlust an Glaubwürdigkeit, sondern auch mit erheblichen Kosten und dem Aufwand des Wechsels eingespielter Instrumente verbunden. Dieser ist in einer stets auf Stabilität von Formen und Inhalten bedachten öffentlichen Verwaltung kaum durchsetzbar.

Pläne und Programme verwenden theoretisch widersprüchliche Konzepte

Während sich ein Paradigmenwechsel in der wissenschaftlichen Diskussion relativ schnell wie eine Mode durchsetzt, folgt die Planung sehr langsam nach. Er äußert sich in deren Plänen und Programmen auch nicht in einer Aufgabe traditioneller Konzepte, sondern in einer Übernahme neuer Konzepte und Inhalte, oft genug auch nur von deren Terminologie. Da damit immer nur Mischformen vorliegen, ist die Lesbarkeit von Plänen sehr erschwert. Auf welche Konzepte inhaltlich oder nur verbal zurückgegriffen wird und in welcher Form diese angewandt werden, sagt viel über das der Planung zugrunde liegende Planungsverständnis aus und gehört daher zu jeder Analyse eines Plans oder Programms der Raumordnung oder Landesplanung.

Nachkriegszeit: Leitbild der Marktwirtschaft ohne staatliche Steuerung

Zweite Hälfte der fünfziger Jahre: versorgungsorientiertes Konzept der Zentralitätszuweisungen

In der Nachkriegszeit war zwar durch die Probleme des Wiederaufbaus, des Flüchtlingszustroms und der Wohnungsnot ein starker Handlungsdruck vorhanden, doch wurden die Maßnahmen nicht anhand eines formulierten raumordnerischen Konzeptes miteinander koordiniert, da der Raumordnungsgedanke noch negativ belegt war. Zu stark war das Leitbild der Marktwirtschaft, deren Entwicklung am besten ohne staatliche Lenkung erfolgen und einen räumlichen Ausgleich herbeiführen sollte. Nach der Lösung der drängendsten Probleme setzte sich erst im Rahmen der Leitbilddiskussion des Sachverständigenausschusses für Raumordnung (SARO) in der zweiten Hälfte der fünfziger Jahre die Erkenntnis durch, daß auch in einer Marktwirtschaft eine Raumordnung erforderlich ist, um regionale Versorgungsengpässe der Bevölkerung, vor allem mit öffentlicher Infrastruktur, auszugleichen. Sie waren entscheidend für die Qualität regionaler Lebensbedingungen. Nach Vorlage des SARO-Gutachtens mit seiner Entwicklung des gesellschaftspolitischen Leitbildes der Raumordnung und der Forderung nach dem Abbau regionaler Disparitäten tauchte die Frage auf, mit welchen Konzepten eine leitbildgerechte Ordnung des Raumes herzustellen sei. Seine Aufgabe sollte es sein, als Instrument zur Koordination der Fachplanungen zu dienen und damit die Lösung der bestehenden Versorgungsengpässe zu ermöglichen. Angeknüpft wurde dabei an das schon im Krieg angewandte Konzept der Zentralitätszuweisungen, das für diese Aufgabe nicht ungeeignet schien, denn es war auf den tertiären Sektor bezogen versorgungsorientiert. Auf seiner Grundlage wurde eine ausgeglichene Ausstattung des Raumes mit Infrastruktureinrichtungen erstrebt und auch weitgehend erreicht. Die erste Phase der Landesplanung in der Bundesrepublik ist durch dieses Konzept geprägt.

Das Ende des Nachkriegsaufschwungs, des sogenannten Wirtschaftswunders, führte Mitte der sechziger Jahre zu der Erkenntnis, daß auch eine Marktwirtschaft nicht frei von konjunkturellen Einbrüchen ist, und somit zu einer stärkeren Beachtung der regionalen Disparitäten von industriellem und gewerblichen Bereich. Die Rezession 1966/67 zeigte, daß sich die wirtschaftlichen Rückschläge am stärksten im ländlichen Raum auswirken. Daher wurde in der Diskussion um Konzepte eine Wachstumsorientierung gefordert. Dem entsprach das Entwicklungspolkonzept mit seinem Bezug auf den sekundären Sektor. Das Konzept der Zentralitätszuweisungen wurde beibehalten und um die Ausweisung von Entwicklungspolen erweitert, wobei in den Plänen und Programmen die grundlegenden Unterschiede zwischen beiden häufig verwischt wurden. Dadurch wurden landesplanerisch ausgewiesene Entwicklungspole lediglich zu Orten mit verstärkter Gewerbeflächenausweisung und einer Bevorzugung der verkehrsinfrastrukturellen Ausstattung. Ein nachhaltiger Erfolg konnte damit nicht erzielt werden. Durch die Erweiterung um das Element der Achsen seit Ende der sechziger Jahre wurde versucht, den flächenhaft nicht gelungenen Disparitätenausgleich entlang dieser Entwicklungslinien durch Bündelung forciert zu fördern. Es entstand damit das punkt-axiale System, das mit seiner Versorgungs- und Wachstumsorientierung auch heute noch eine wesentliche konzeptionelle Grundlage der Landesplanung ist.

Rezession 1967: wachstumsorientiertes Entwicklungspolkonzept

Erweiterung um das Achsenkonzept

Doch auch dieses Instrument erwies sich als kaum geeignet, die räumlichen Auswirkungen der Rezession und die weiterbestehenden regionalen Disparitäten zu überwinden. Das Stadt-Land-Gefälle besonders im Einkommensniveau und den Beschäftigungsmöglichkeiten führte weiterhin zu einer Entleerung peripher gelegener ländlicher Räume. Daran hatte auch der Ausbau der öffentlichen Infrastrukturen nichts geändert. Diese Erkenntnis der Wirkungslosigkeit der Raumordnungspolitik führte zu einer allmählichen Abkehr von der Vorstellung, den Stadt-Land-Gegensatz nicht nur in der infrastrukturellen Versorgung, sondern auch in der wirtschaftlichen Produktivität abbauen zu können. Die Wiederentdeckung der Bedeutung der Verdichtungsräume für das gesamtwirtschaftliche Wachstum ließ gesamt-

Keine Überwindung der Rezession, weitere Entleerung ländlicher Räume

Konzept der ausgeglichenen Funktionsräume

staatliche Ausgleichsziele zurück- und Konzepte der dezentralen Konzentration in den Vordergrund treten. Es entstand das Konzept der ausgeglichenen Funktionsräume, mit dem eine passive Sanierung des ländlichen Raumes zugunsten regionaler Entwicklungsschwerpunkte in Kauf genommen werden sollte. Praktische Bedeutung konnte es jedoch nicht erlangen, weil die dazu erforderliche Abkehr von den Konzepten, die eine flächenhafte Wirkung anstrebten, nicht erfolgte. Für die Entstehung von Entwicklungsschwerpunkten fehlte das zu verlagernde Potential, da die zentralen Orte unterer und mittlerer Stufe auf ihrem planerischen Status-quo beharrten und sich der passiven Sanierung des Raumes erfolgreich widersetzten.

Ölkrise 1973: Erkennen der Bedeutung internationaler Verflechtungen, infrastruktureller Rückzug aus der Fläche, Finanzierungsengpässe

Zu Beginn der siebziger Jahre wurden die Grenzen des Wachstums immer deutlicher: Die Ölkrise machte auf die Begrenztheit natürlicher Ressourcen aufmerksam und führte die Abhängigkeit der Bundesrepublik von internationalen Verflechtungen vor Augen. Damit wandte sich die Raumordnungspolitik weiter vom Ziel des innerstaatlichen Ausgleichs ab und dem der gesamtwirtschaftlichen Leistungssteigerung zu. Der sinkende Finanzierungsspielraum der öffentlichen Hände traf zudem in erster Linie den Politikbereich mit der schwächsten Klientel, die Raumordnung. Auch Fachplanungsträger sahen sich aus Kostengründen zu einem Rückzug von Infrastrukturen aus der Fläche veranlaßt, Konzentrationen im Kultur-, Bildungs- und Verkehrswesen sind ein Kennzeichen dieser Periode, z.B. die Forcierung der Stillegung von unrentablen Eisenbahnstrecken, die Schließung von öffentlichen Einrichtungen auch gegen den Widerstand der Bürger. Sich verschärfende regionale Verteilungskonflikte führten dazu, daß Konzepte der dezentralen Verdichtung wie dasjenige der ausgeglichenen Funktionsräume nicht durchsetzbar waren und fallengelassen wurden. Die Raumordnungspolitik mußte die bestehenden Raumstrukturen als weitgehend unbeeinflußbar akzeptieren. Das Konzept der funktionsräumlichen Arbeitsteilung bedeutet damit den weitgehenden Abschied von aktiver Gestaltung und die Hinwendung zu einer die raumstrukturelle Entwicklung begleitenden Abschwächung negativer Folgewirkungen.

Abkehr von gesamtstaatlichen Versorgungs- und Ausgleichszielen, Hinwendung zum endogenen Potential der Teilräume, Suche nach lokalen und regionalen Lösungen

Die Reduzierung hochgesteckter Entwicklungsziele und die Enttäuschung erst geweckter Erwartungen sowie das zuletzt erfolgte Eingeständnis der weitgehenden Wirkungslosigkeit der Raumordnung und die Abkehr von aktiven Sanierungszielen sind für die Situation vor 1989 charakteristisch. Sie traf mit dem zunehmenden Engagement der Bürger in politischen Gremien oder Bürgerinitiativen zusammen, wo sie sich besonders gegen staatliche Infrastrukturinvestitionen wie Flughäfen oder Kraftwerke richteten. Dazu kam die Einsicht in nationale und regionale

Wirkungszusammenhänge (z.B. die Folgen der Industrialisierung in der Umwelt). Dies führte zum vielerorts beobachteten prinzipiellen Protest der Betroffenen gegen die Steuerung regionaler Entwicklung von außen. Bürger und Politiker forderten die Selbstbestimmung der regionalen Entwicklung und die Nutzung der regionalen Wirtschaftspotentiale.

Die Diskussion um raumordnerische Konzepte verstummte im Augenblick der Vereinigung beider deutscher Staaten, denn die bislang in der Nabelschau auf die eigene Situation in der alten Bundesrepublik festgestellten regionalen Disparitäten stellten sich als relativ geringfügig heraus. Alle Probleme der alten Länder, von der Ausstattung peripherer ländlicher Räume mit Arbeits- und Freizeitmöglichkeiten bis hin zur Umweltbelastung der altindustrialisierten Ballungsräume offenbarten sich plötzlich im gesamtstaatlichen Vergleich als bestenfalls marginal. Plötzlich sprach niemand mehr von der Wirkungslosigkeit der Raumordnungspolitik, offenbarte doch nun die Situation im eigenen Land, wie relativ erfolgreich diese einen gesamtstaatlichen Ausgleich erreicht hatte. Konzeptionell ist diese Phase gekennzeichnet von einer Abkehr von theoretischen Diskussionen. Der Abbau regionaler Disparitäten, der das unstrittige Leitbild bleibt, vollzieht sich nach politisch bestimmten, am Pragmatismus orientierten Einzelfallentscheidungen, limitiert durch die Begrenztheit finanzieller Mittel. Die Situation ist damit den fünfziger Jahren in der alten Bundesrepublik vergleichbar, es wiederholt sich auch die Grundüberzeugung, daß die Kräfte des Marktes einen weitgehenden Ausgleich herbeiführen werden. Die jüngsten Programme und Pläne reagieren auch darauf, daß Prognosen gesellschaftlicher Entwicklungen zunehmend schwieriger werden. Daher werden nicht mehr sektorale Ziele für alle verschiedenen raumbedeutsamen Politikbereiche, geleitet durch ein theoretisches Konzept, erarbeitet. Raumordnung und Landesplanung sehen ihre Aufgabe heute eher darin, Entwicklungsprozesse, die aus den Regionen kommen, anzuregen oder zu unterstützen sowie Konflikte um Raumnutzungen zu moderieren.

Stand der Diskussion um Konzepte nach der Vereinigung der deutschen Staaten

7 Programme und Pläne als Instrumente der Raumordnung auf Bundes- und Landesebene

7.1 Rahmensetzende Programme auf Bundesebene

7.1.1 Das Bundesraumordnungsprogramm

Widerstände der Länder Gegen ein Programm auf Bundesebene

Es ist ein Prinzip der Aufgabenteilung, daß der Bund mehr legislative, die Länder dagegen mehr exekutive Befugnisse haben. Dies gilt besonders für die Raumordnung, für die auch eine nur partielle Kompetenz des Bundes nie unumstritten war. Der Bund hat zwar das Recht, Rahmengesetze zu erlassen, deren Konkretisierung hingegen ist Länderangelegenheit. Diese haben sich von Anfang an gegen zusätzliche Kompetenzen des Bundes gewandt, allenfalls dessen Mitwirkung an gemeinsamen Plänen und Programmen im Rahmen koordinierender Gremien zugelassen. Der Entwurf des Raumordnungsgesetzes von 1955 – der keine Mehrheiten gefunden hat – sah in § 4 noch eine Planungskompetenz des Bundes vor, der ein **Bundesentwicklungsprogramm** erstellen sollte. Das zehn Jahre später verabschiedete ROG erwähnte es nicht mehr, und die Bundesregierung erklärte im Bundestag, kein solches aufstellen zu wollen.

Kein Bundesentwicklungsprogramm

Zunahme der Bedeutung der Fachplanungen

Die Länder betrachteten die Rahmengesetzgebungskompetenz mit Erlaß des ROG als ausgeschöpft. Die dadurch bestehende Lücke wurde nicht nur durch die Planungen der Länder, sondern auch durch die Fachplanungen auf Bundesebene ausgefüllt, so z.B. diejenigen des Verkehrsressorts mit der Bundesverkehrswegeplanung und seit 1969 auch die des Wirtschaftsressorts, das die Federführung in der Bund-Länder-Gemeinschaftsaufgabe zur Verbesserung der regionalen Wirtschaftsstruktur übernahm. Diese Ressorts verfügten über immer mehr finanzielle Mittel, deren Investition erhebliche räumliche Wirkungen haben, die sie aber weitgehend ohne koordinierendes Instrument verausgabten. Vor allem der Bundestag, der den jährlichen Haushalt zu beschließen hat, sah sich in seiner Kontrollfunktion eingeschränkt, weil er die Maßnahmen der Exekutive nur an den allgemeinen Zielen und Grundsätzen des ROG, nicht aber an einem konkreteren Programm messen konnte. So hat der für die Raumordnung zuständige Bundestagsausschuß 1969 durch einstimmigen Beschluß die Bundesregierung aufgefordert, „auf der Grundlage einer konkreten räumlichen Zielvorstellung für die Entwicklung des Bundes-

Forderung aus dem Bundestag nach konkreter Zielbestimmung

gebiets die regionale Verteilung der raumwirksamen Bundesmittel in einem Bundesraumordnungsprogramm festzulegen". Die erste sozial-liberale Regierung hat diese Aufforderung aufgegriffen und in ihrer Regierungserklärung 1969 ein solches Programm angekündigt.

Im folgenden Jahr haben die Ministerpräsidenten der Bundesländer in einem gemeinsamen Beschluß „das Bestreben, eine langfristige und überfachliche Gesamtkonzeption für die räumliche Entwicklung des Bundesgebietes zu erarbeiten, begrüßt und es für dringend geboten erachtet, daß die aufgrund des Raumordnungsgesetzes gebildete Ministerkonferenz für Raumordnung alsbald ein solches Programm ausarbeitet". Diese Formulierung unterscheidet sich in zwei Punkten von derjenigen des Bundestages:

MKRO zieht die Erstellung des Programms an sich

1. Inhaltlich wird ausschließlich eine Gesamtkonzeption für die räumliche Entwicklung gefordert und nicht die im Beschluß des Bundestages geforderte Regionalisierung der raumwirksamen Bundesmittel.
2. Es wird klargestellt, daß ein solches Programm nicht allein von der Bundesregierung, sondern nur zusammen mit den Ländern in der MKRO erarbeitet werden kann. Sie hat gemäß § 8 ROG die Aufgabe, grundsätzliche Fragen der Raumordnung und Landesplanung und Zweifelsfragen zu beraten.

Die Bundesregierung hat dem nicht widersprochen. Daraufhin nahm die MKRO die Arbeiten an dem Programm auf. In 38 Gebietseinheiten wurden die großräumigen Raumstrukturen analysiert, ihre weitere Entwicklung prognostiziert und Entwicklungsdefizite aufgezeigt. Die Festlegung von konkreten Maßnahmen scheiterte an den Widerständen aller beteiligten Länder und Ressorts. An einer langfristigen Bindung war auch die Bundesregierung nicht interessiert, da sie den Gestaltungsspielraum ihrer Politik eingeengt hätte.

Raumanalyse in 38 Gebietseinheiten

Prognose

Keine Festlegung von Maßnahmen

So trug das Programm, das nach zahlreichen Abstimmungen zwischen Bund und Ländern und zwischen den betroffenen Fachressorts 1975 als „Raumordnungsprogramm für die großräumige Entwicklung des Bundesgebietes (Bundesraumordnungsprogramm – BROP –)" von der MKRO verabschiedet wurde, weitgehend einen **Kompromißcharakter**, der vom zu Beginn der Beratungen entwickelten Konzept erheblich abwich. Dies war für die Länder Baden-Württemberg und Bayern Anlaß, dem Programm bei den Beratungen im Bundesrat nicht zuzustimmen. Die Bundesregierung jedoch hat das Programm als Regierungsprogramm beschlossen. Der Bundestag hat daraufhin festgestellt, daß sein 1969 erteilter Auftrag erfüllt worden ist.

1975 als Bundesraumordnungsprogramm (BROP) verabschiedet

Kompromißlösung

Fortschreibung der Daten-grundlagen

Das lange Aufstellungsverfahren und der letztlich erzielte Kompromiß, der auch zur Verwendung vieler Leerformeln führte, belegen die Schwierigkeiten und Widerstände, gegen die sich eine Bundesraumordnung im föderativen System durchsetzen muß. So ist es auch nicht überraschend, daß die Mängel den Beteiligten bewußt waren und dieses erste bundesweite Programm schon bei der Verabschiedung auf baldige Fortschreibung in Form einer Datenaktualisierung und konzeptionellen Weiterentwicklung angelegt war. 1977 wurde eine aktualisierte Prognose als „Raumordnungsprognose 1990" vorgelegt. In der MKRO einigte man sich ferner auf die Einteilung des Bundesgebietes in 75 Raumordnungsregionen für die Raumanalyse. Sie wurden 1991 um 22 Regionen im Bereich der neuen Länder erweitert und 1996 neu abgegrenzt.

Einstellung der konzeptionellen Arbeiten 1983

An der inhaltlichen Novellierung des Bundesraumordnungsprogramms wurde bis 1983 gearbeitet, dann wurden die Arbeiten eingestellt. Mit sinkender Aktualität hatte es seine Steuerungsfunktion verloren. Für die spätere Entwicklung der Organisation der gesamtstaatlichen Raumordnung hatte es jedoch die Weichen gestellt, welche bis heute die Kompetenzverteilung in Deutschland bestimmen, vor allem die gemeinsame Verantwortung von Bund und Ländern mit der MKRO als entscheidendem Gremium.

Würdigung

7.1.2 Die „Programmatischen Schwerpunkte der Raumordnung" als Regierungsprogramm

„Programmatische Schwerpunkte der Raumordnung" 1983 als Regierungsprogramm

Nach dem Regierungswechsel 1983 hat die neue Bundesregierung einen anderen Weg beschritten, um die raumrelevanten Planungen und Maßnahmen auf Bundesebene zu koordinieren. Sie mußte feststellen, daß in den zurückliegenden Jahren zwar vieles unternommen worden ist, um regionalen Disparitäten entgegenzuwirken, daß sich die Probleme der strukturschwachen Räume aber eher vergrößern anstatt sich dem erstrebten Ausgleich anzunähern. Die Regierung erarbeitete daher ein Programm, das vom Bundeskabinett am 30. 1. 1985 als **„Programmatische Schwerpunkte der Raumordnung"** verabschiedet und vom zuständigen Bundesminister für Raumordnung, Bauwesen und Städtebau (BMBau) herausgegeben wurde. An ihm haben die Länder nicht mitgewirkt, sie haben ihre Planungen und Maßnahmen auch nicht an diese programmatischen Schwerpunkte anzupassen oder sich an diesen zu orientieren. Durch den Kabinettsbeschluß ist lediglich eine Bindung der Bundesressorts und der ihnen nachgeordneten Behörden erreicht. Wörtlich heißt es: „Alle Fachressorts stehen in der unmittelbaren Verantwortung, diesen Zielen und Grundsätzen der Raumordnung bei ihren raumbedeutsamen Planungen und Maßnahmen Rechnung zu tragen" (BMBau 1983, Vorwort).

Inhaltlich heben sich die „Programmatischen Schwerpunkte der Raumordnung" vom BROP durch einen deutlich geringeren Umfang ab. Sie bestehen aus einem 18seitigen Textteil, der durch einen illustrierenden Kartenanhang zu verschiedenen Aspekten der raumstrukturellen Situation ergänzt wird. Es ist kein Programm im eigentlichen Sinne, sondern vor allem ein Beitrag zur Konkretisierung von Raumordnungsgrundsätzen. Dabei wird das Ziel der Schaffung gleichwertiger Lebensbedingungen in allen Teilräumen bekräftigt, wobei den Umweltbelangen jedoch stärkeres Gewicht als bisher beigemessen wird.

Konkretisierung von Raumordnungsgrundsätzen

Nach einer Einleitung, die die Zielsetzung erläutert, werden im zweiten Teil diejenigen Problemräume der Raumordnung beschrieben, in denen besonders gravierende Strukturprobleme vorhanden sind oder sich abzeichnen.

Problemräume der Raumordnung

Im dritten Teil werden fachpolitische Problemstellungen aus der Sicht der Raumordnung aufgezeigt, d.h. es werden Grundsätze der Raumordnung für die einzelnen Fachressorts konkretisiert:
– Umweltvorsorge,
– regionale Wirtschaftsförderung,
– Verkehr,
– Kommunikations- und Informationstechniken,
– Städtebau und Wohnungspolitik,
– Bildung, Forschung und Innovation,
– Landwirtschaft und Forsten,
– Standortplanung von Bundesbehörden.

Fachpolitische Problemstellungen

Im vierten und letzten Teil der programmatischen Schwerpunkte der Raumordnung wird unter dem Titel „**Verbesserung der Abstimmung**" gefordert, bei allen Maßnahmen, die Auswirkungen auf den Raum haben, diese in Abstimmung mit dem für Raumordnung zuständigen Bundesminister zu analysieren. Insbesondere wird die Prüfung der Auswirkungen auf die Umwelt durch Umweltverträglichkeitsprüfungen gefordert.

Forderung nach Verbesserung der Abstimmung

Die Ableitung von Zielen aus diesen Grundsätzen, also die räumliche, sachliche und maßnahmebezogene Konkretisierung, bleibt die Aufgabe der mit diesem Programm angesprochenen Bundesbehörden.

Konkretisierung bleibt Aufgabe der Fachressorts

Konzeptionell will das Programm einen Mittelweg zwischen regionalem Ausgleich und großräumiger Arbeitsteilung beschreiten, indem das Nivellierungsziel ebenso ausdrücklich ver-

Konzeptioneller Mittelweg zwischen regionalem Ausgleich und großräumiger Arbeitsteilung

worfen wird wie eine großräumige Funktionszuweisung. „Es geht vielmehr darum, die individuellen wirtschaftlichen, ökologischen, geschichtlichen, sozialen und kulturellen Voraussetzungen und Erfordernisse der Räume bei deren Entwicklung zu berücksichtigen und nach Möglichkeit aktiv zu nutzen" (BMBau 1983, S. 2). Dies entspricht den Forderungen nach Nutzung des endogenen Potentials.

Kritik

Kritisch ist zu diesen Programmatischen Schwerpunkten anzumerken, daß sie vielfach Tatbestände ansprechen, die nicht auf Bundes-, sondern auf Länderebene entschieden werden, so z.B. die Ausweisung von Vorranggebieten. In anderen Bereichen, z.B. der Bildungs-, Verkehrs- oder Wohnungspolitik, bei der Wirtschafts- und Agrarstrukturpolitik oder bei der Standortwahl von Behörden sind die Länder ebenso oder noch stärker entscheidungsbefugt und damit von den Aussagen betroffen als der Bund. Die Länder sind jedoch durch ein auf dem Wege des Kabinettsbeschlusses entstandenes Programm der Bundesregierung in keiner Weise gebunden. Ihre Einbeziehung hätte zwar wiederum erhebliche Koordinierungsprobleme mit sich gebracht, aber auch eine entsprechend größere Wirkung. Positiv ist zweifellos, daß das Programm die Planungen und Maßnahmen des Bundes an aktuellen Problemen und neuen Zielen orientiert und zur Koordination zumindest auf Bundesebene beiträgt. Das Ressortprinzip der Verwaltung hat jedoch auch hier vielfach zur Verwendung von Leerformeln mit geringer Verbindlichkeit für die Adressaten geführt, so daß Konflikte mit Fachplanungsträgern nicht zu erwarten sind. Der Vergleich mit Fachplanungen, etwa dem Bundesverkehrswegeplan, macht deutlich, auf welch niedriger Konkretisierungsstufe eine ressortübergreifende Bindung durchsetzbar ist.

7.1.3 Das „Raumordnerische Konzept für den Aufbau in den neuen Ländern"

1989: grundlegende Änderung der Rahmenbedingungen

Mit der Vereinigung der zwei Teilstaaten haben sich die Rahmenbedingungen entscheidend verändert. Die meisten der bisherigen großräumigen Planungen wurden hinfällig, da sie von den regionalen Disparitäten in den alten Ländern, von der Strukturschwäche des Zonenrandgebietes (einem speziellen Förderungsbereich entlang der innerdeutschen und bundesrepublikanisch-tschechischen Grenze) ausgegangen waren und für das Gebiet der DDR keine Aussagen trafen. Daher galt es zunächst, die Grundsätze und Ziele möglichst schnell der veränderten Situation anzupassen.

1991 legte die Bundesregierung ein „Raumordnerisches Konzept für den Aufbau in den neuen Ländern" vor, das der veränderten Situation Rechnung tragen soll. Entsprechend der verfassungsrechtlichen Problematik, daß für einen Teilraum eine verbindliche Planung des Bundes nicht erfolgen kann, hat es nur empfehlenden Charakter:

1991: Raumordnerisches Konzept für den Aufbau in den neuen Ländern

> „Das raumordnerische Konzept für den Aufbau in den neuen Ländern will die Grundlinien der raumordnungspolitisch wünschenswerten Entwicklung im Osten Deutschlands aus der Sicht des Bundesministeriums für Raumordnung, Bauwesen und Städtebau aufzeigen. Seine Verwirklichung obliegt allein der Entscheidung der neuen Länder." (Raumordnerisches Konzept S. 1)

Unter Bezug auf das Netz zentraler Orte in den Westländern wird die Entwicklung von räumlichen Schwerpunkten gefordert. Dies soll durch die Stärkung von städtischen Zentren geschehen. Es werden zwölf Entwicklungsregionen bestimmt, die die Aufgabe haben,
- Ansatzpunkte der siedlungsstrukturellen Erneuerung und des wirtschaftlichen Strukturwandels zu sein,
- nach Westen abwandernde Bevölkerung „aufzufangen",
- durch ihre Wirtschaftskraft zur Gesundung der Länderfinanzhaushalte beizutragen.

Entwicklung von zwölf Entwicklungsregionen als räumliche Schwerpunkte

Es handelt sich um die folgenden Regionen:

Berlin/Potsdam	Rostock
Leipzig/Halle	Schwerin
Erfurt/Jena	Neubrandenburg
Dresden	Greifswald/Stralsund
Chemnitz	Frankfurt/Oder
Magdeburg	Cottbus

Neben diesem System der zentralen Orte und Entwicklungspole soll ein Netz von Entwicklungsachsen dem Leistungsaustausch auch im europäischen Maßstab dienen, wobei besonders die Bundesverkehrswegeplanung angesprochen ist. Ferner werden für die Raumkategorie des ländlichen Raumes Grundsätze bestimmt, die sowohl die wirtschaftliche Gesundung als auch eine Sicherung von Freiräumen zum Ziel haben. Daraus leiten sich im letzten Teil für verschiedene Politikbereiche, insbesondere die regionale Strukturpolitik, den Wohnungs- und Städtebau sowie die Verkehrspolitik raumordnerische Empfehlungen ab.

Achsenkonzeption zum großräumigen Leistungsaustausch

Grundsätze für den ländlichen Raum

Das raumordnerische Konzept ist zwar nur ein Arbeitspapier ohne Bindungswirkung nach außen, doch wirkt auch ein solches aufgrund der Tatsache, daß verbindlichere Vorgaben nicht existieren und enorme Investitionen des Bundes erfolgen, die die zukünftige Entwicklung der Raumstrukturen in den neuen Ländern nachhaltig verändern werden.

Arbeitspapier des BMBau ohne Bindungswirkung nach außen

7.1.4 Der „Raumordnungspolitische Orientierungsrahmen" von 1992/93

Seit 1989: Fehlen eines gesamtstaatlichen Programms

Die nicht nur durch die deutsche Einheit, sondern auch durch die Veränderungen in Osteuropa entscheidend umgestalteten Rahmenbedingungen der räumlichen Entwicklung in der Bundesrepublik Deutschland entbehrten zunächst eines gesamtstaatlichen Konzeptes, wie es das Bundesraumordnungsprogramm für die alten Länder war. Daher erarbeitete das für die Raumordnung auf Bundesebene zuständige Ministerium für Raumordnung, Bauwesen und Städtebau unter Mitwirkung der MKRO einen

Raumordnungspolitischer Orientierungsrahmen

raumordnungspolitischen Orientierungsrahmen, der Ende 1992 verabschiedet und 1993 herausgegeben wurde.

Fünf Leitbilder

Er entwickelt ein Bild der zukünftigen Raumstruktur anhand von fünf Leitbildern, in denen zunächst thesenartig die gegenwärtige Situation und ihre raumordnerische Bewertung dargestellt wird. Daran schließen sich jeweils Grundsätze und Ziele an, die bei allen Planungen und Maßnahmen beachtet werden sollen.

1. Leitbild Siedlungsstruktur

1. Das **Leitbild Siedlungsstruktur** ist eine dezentrale Konzentration, mit der die gezielte Förderung räumlicher Schwerpunkte unter Stärkung der regionalen Eigenkräfte erreicht werden soll. Dazu sollen Städtenetze, die aus einem abgestuften System zentraler Orte bestehen, ausgebaut werden. In bestehenden großen Agglomerationen soll Überlastungen entgegengewirkt werden. Im ländlichen Raum der neuen Länder besteht ein besonderer Entwicklungsbedarf und im übrigen Raum ein Ausbaubedarf an derartigen Städtenetzen, die durch Konzentration der Förderung und Bündelung der Infrastruktur die Entwicklungspole der Regionen werden sollen.

2. Leitbild Umwelt und Raumnutzung

2. Das **Leitbild Umwelt und Raumnutzung** fordert in vier Leitsätzen
   – eine erhaltensorientierte Flächennutzung, durch die ein großräumiges Biotop- und Freiraumverbundsystem geschaffen werden soll,
   – Umweltqualitäten, die in einzelnen Regionen wichtige Standortfaktoren sind, zu erhalten,
   – der Sanierung von Umweltschäden in den neuen Ländern besonderen Stellenwert einzuräumen,
   – durch eine differenzierte Weiterentwicklung dezentraler Raumstrukturen weitere Umweltbelastungen zu vermeiden.

3. Leitbild Verkehr

3. Das **Leitbild Verkehr** geht von einer Zunahme des Verkehrs in Mitteleuropa, insbesondere in Ost-West-Richtung aus. Es

fordert eine Entzerrung des Verkehrs, um die Verdichtungsräume zu entlasten, die Verlagerung des Güterverkehrs von der Straße auf die Schiene und den Ausbau des Hochgeschwindigkeitsbahnnetzes.

4. Im **Leitbild Europa** wird gefordert, im Rahmen supranationaler Planungen, insbesondere der EG, ebenfalls polyzentrische Siedlungssysteme zu fördern und das Zusammenwachsen der Teilräume durch Verbesserung der Erreichbarkeiten auch international anzustreben.

4. Leitbild Europa

5. Das **Leitbild Ordnung und Entwicklung** fordert, ausgehend vom Postulat gleichwertiger Lebensbedingungen in allen Teilräumen, die gezielte Förderung regionaler Eigenentwicklung, wozu den privaten Investoren eine Schlüsselrolle zugewiesen wird. Die regionale Strukturpolitik soll gebündelt werden, um gezielt Standortausstattungen zu verbessern und Investitionstätigkeiten zu steigern.

5. Leitbild Ordnung und Entwicklung

Insgesamt formuliert der raumordnungspolitische Orientierungsrahmen Grundsätze, die aus gesamtstaatlicher Sicht zu beachten sind. Er enthält keine konkreten Ziele und will auch selbst nicht abschließend sein, sondern offen für zukünftige Entwicklungen. Es wird alles vermieden, was zu sehr in Kompetenzen der Länder oder der Fachressorts eingreift. Insofern ist er ein anschauliches Dokument für den kleinsten gemeinsamen Nenner der Raumordnungspoltitik auf gesamtstaatlicher Ebene.

Weitgesteckter Rahmen

7.1.5 Der „Raumordnungspolitische Handlungsrahmen" von 1995

Der abstrakt-generelle Charakter des Orientierungsrahmens hat dazu geführt, daß die MKRO einen darauf aufbauenden „Raumordnungspolitischen Handlungsrahmen" erarbeitete, der 1995 beschlossen wurde. Er konkretisiert die Leitbilder des Orientierungsrahmens, indem daraus **10 Schwerpunkte raumordnungspolitischen Handelns** abgeleitet werden:

1. Angesichts zunehmender (insbesondere grenzüberschreitender) Verflechtungen sollen neue Organisationsformen getestet werden. Zunächst sollen modellhaft einige „Regionalkonferenzen" geschaffen werden, die regionale Entwicklungskonzepte erarbeiten, welche die Nutzung der spezifischen endogenen Potentiale verbessern.
2. In strukturschwachen ländlichen Räumen sollen spezielle Handlungskonzepte als Problemlösungen erarbeitet werden, die geeignet sind, die Strukturschwäche nachhaltig abzubauen.

3. Der zunehmenden Verflechtung von Gemeinden in den Agglomerationen soll durch Städtenetze Rechnung getragen werden, in denen die städtischen und regionalen Vernetzungen zur Aufwertung der Region im internationalen Vergleich und zum Erhalt ihrer inneren Funktionsfähigkeit ausgebaut werden sollen.
4. Dem raumordnerischen Leitbild der dezentralen Konzentration entsprechend soll die räumliche Entwicklung in den großen Agglomerationen verstärkt am Ressourcenschutz orientiert werden, um nachhaltig funktionsfähige Raumstrukturen zu schaffen und fortschreitenden Verdichtungen entgegenzuwirken.
5. Die nationale und regionale Raumordnungspolitik muß sich zunehmend an der Integration in die EU und der Schaffung des gemeinsamen Marktes orientieren.
6. Die Internationalisierung von Politik und Wirtschaft verstärkt die Bedeutung europäischer Metropolregionen als Entwicklungspole, deren Funktionsfähigkeit zum Erhalt ihrer internationalen Konkurrenzfähigkeit zu verbessern ist (genannt sind: Berlin, Hamburg, München, Rhein-Main, Rhein-Ruhr, Stuttgart und potentiell Halle-Leipzig).
7. Auch an den Außengrenzen der EU ist die grenzüberschreitende Zusammenarbeit zu intensivieren, indem über die Abstimmung von Planinhalten hinaus gemeinsame grenzüberschreitende Pläne und Programme erarbeitet werden sollen.
8. Den Anliegen des Umweltschutzes soll durch das Leitbild der nachhaltigen Sicherung und Entwicklung der natürlichen Lebensgrundlagen stärker Rechnung getragen werden, indem z.B. ein großräumiger Freiraumverbund geschaffen und stärker gesichert wird.
9. In den durch Verkehr hochbelasteten Räumen sollen Konzepte der Entlastung entwickelt und getestet werden, z.B. durch Verkehrsverlagerungen von der Straße auf die Schiene.
10. Die Veränderung der raumordnerischen Rahmenbedingungen und der Europäisierung von bislang nationalen Kompetenzen muß durch eine grundsätzliche Überarbeitung des Raumordnungsrechts in Bund und Ländern Rechnung getragen werden.

Zu diesen zehn Schwerpunkten wurden Beschlüsse gefaßt und bereits Maßnahmen der Umsetzung eingeleitet. Sie dokumentieren weitreichende Änderungen der Rahmenbedingungen und damit der Handlungsschwerpunkte der Raumordnung, welche gegenwärtig auf allen Ebenen zu beobachten sind.

7.1.6 Die Bundesraumordnungsberichte

Bislang wurde nur über Grundsätze und Programme und damit über Absichtserklärungen gesprochen. Sie werden umgesetzt durch staatliche Investitionen, die in den jährlichen Haushaltsplänen festgelegt werden. Das Parlament, das die Haushaltspläne beschließt, hat auch zu kontrollieren, ob die Mittel zielkonform verwendet worden sind und ob der Mitteleinsatz im Bereich der Raumplanung der Verbesserung der Raumstrukturen dient. Für diese Kontrolle wird die Vorlage der **Bundesraumordnungsberichte** nach § 11 ROG gefordert:

Raumordnungsberichte als Berichte der Regierung an das Parlament

„Die Bundesregierung erstattet in einem Abstand von vier Jahren, erstmalig im Jahre 1966, dem Bundestag einen Bericht über
1. die bei der räumlichen Entwicklung des Bundesgebietes zugrunde zu legenden Tatsachen (Bestandsaufnahme, Entwicklungstendenzen),
2. die Auswirkungen zwischenstaatlicher Verträge auf die räumliche Entwicklung des Bundesgebietes, in Sonderheit dessen regionale Wirtschaftsstruktur,
3. die im Rahmen der angestrebten räumlichen Entwicklung durchgeführten und geplanten Maßnahmen. (…)"

Die Bundesraumordnungsberichte werden im Geschäftsbereich des Bundesministers für Raumordnung, Bauwesen und Städtebau erstellt, im wesentlichen in der Bundesforschungsanstalt für Landeskunde und Raumordnung (BfLR), einer Bundesoberbehörde mit Sitz in Bonn. Sie werden vom Kabinett verabschiedet und dem Bundestag zugeleitet, als dessen Drucksache sie veröffentlicht werden. Die zentrale Funktion dieser Berichte ist die Information der Legislative über die aktuelle Raumstruktur, ihre Veränderung im Berichtszeitraum, die Regionalisierung raumwirksamer Investitionen des Bundes und die sich daraus ergebenden Konsequenzen. Wegen des umfangreichen Analyseteils sind sie eine wichtige und zuverlässige Quellen zur Information über aktuelle Tendenzen des raumstrukturellen Wandels, die auch bei anderen Trägern öffentlicher Planungen sowie in Bildung und Wissenschaft Verwendung finden.

Wichtige Informationsquelle und Planungsgrundlage

Der erste Bericht erschien noch vor Erlaß des ROG auf Beschluß des Bundestages hin im Jahre 1963, der jüngste 1993. Im Detail sind die zwölf bislang vorliegenden Raumordnungsberichte durchaus unterschiedlich, besonders im Verhältnis von deskriptiver Raumanalyse und handlungsorientierter Programmatik, weil sie stets auf die besondere Situation der Raumordnungspolitik und aktuelle Fragestellungen reagieren.

1963 bis 1993: zwölf Berichte

Der Form als Regierungsberichte ist es zuzuschreiben, daß Kritik nur sehr zurückhaltend formuliert wird. Neben der detaillierten

Kritik an den Bundesraumordnungsberichten

Beschreibung zurückliegender – und damit nicht mehr reversibler – Investitionen fehlen besonders die für den nächsten Beurteilungszeitraum geplanten Maßnahmen, ihre Kosten und die verfolgten Ziele. Erst damit wären sie wirksame Instrumente der Kontrolle des Regierungshandelns, doch kann dies von einem Regierungsbericht nicht erwartet werden. Es wurde vorgeschlagen, zusätzlich sogenannte Raumordnungsgutachten von unabhängigen Sachverständigengremien erstellen zu lassen, wie es auch in anderen Politikbereichen üblich ist (z.B. die von unabhängigen Instituten jährlich erstellten Gutachten zur Wirtschaftslage der Bundesrepublik). Heute erscheint dies angesichts der relativen Schwäche der Raumplanung auf Bundesebene nicht realistisch.

7.2 Landesentwicklungspläne und -programme

7.2.1 Rahmengesetzliche Vorgabe

Landesentwicklungspläne und -programme sind das Ergebnis der Landesplanung in engerem Sinne. Sie sind deren wichtigstes Instrument. § 5 Abs.1, S.1 ROG schreibt den Ländern die Aufstellung übergeordneter und zusammenfassender Programme oder Pläne vor. Übergeordnet heißt, daß es sich um eine überörtliche Planung handelt und zusammenfassend ist sie, weil sie die Planungen der Fachplanungsträger zusammenfaßt und aufeinander abstimmt. Das ROG unterstellt für alle Länder ein Bedürfnis nach einer solchen Planung, daher wurde diese sogenannte **landesplanerische Planungspflicht** begründet. Sie besteht auch in den Stadtstaaten Berlin, Hamburg und Bremen, doch in ihnen wird dieser Pflicht im Rahmen der Bauleitplanung entsprochen: Nach § 5 Abs.1, S.5 ROG ersetzt der Flächennutzungsplan die Programme und Pläne. Es ist die sogenannte **Stadtstaaten-Klausel**. Entsprechend werden die Planungen dieser Länder in Kapitel 9 behandelt.

Landesplanerische Planungspflicht

Stadtstaaten-Klausel

Rahmengesetzliche Vorgabe über Mindestinhalte

Diese Programme und Pläne müssen nach § 5 Abs.2, S.1 ROG mindestens diejenigen Ziele der Raumordnung und Landesplanung enthalten, die räumlich und sachlich zur Verwirklichung der Grundsätze der Raumordnung (§ 2 ROG) erforderlich sind. Weitergehende Bestimmungen enthält das Rahmengesetz nicht. Dieser Rahmen ermöglicht unterschiedliche Ausführungen in den Ländern, so daß ein zusammenfassender Überblick schwierig ist.

7.2.2 Die verwendeten Begriffe

7.2.2.1 Die Begriffe Plan und Programm

Das ROG verwendet die Begriffe Plan und Programm, obwohl diese nicht definiert werden. In der Literatur wird unter einem Programm ein weit gefaßtes, abstraktes und überwiegend verbales Planungsmittel verstanden. Als Plan hingegen wird ein konkreteres und mehr zeichnerisch-darstellendes Instrument bezeichnet. Diese Trennung ist in der Praxis insbesondere in der Landesplanung nicht eingehalten. Viele Programme enthalten wichtige Teile in zeichnerischer Darstellung, viele Pläne ebenso verbale und abstrakte Formulierungen. Wir können davon ausgehen, daß beide Begriffe synonym verwendet werden.

Begriffe Plan und Programm werden als Synonyme gebraucht

7.2.2.2 Der Begriff der Entwicklungsplanung

Ein zentraler Begriff der Landesplanung, der zwar nicht dem ROG entstammt, aber häufig in Verbindung mit den Plänen und Programmen verwendet wird, ist der der **Entwicklungsplanung**. Man spricht von Landesentwicklungsplänen bzw. -programmen. Unter Entwicklungsplanung versteht man eine raumbezogene Planung mit zeitlichen und finanziellen Aussagen zur Verwirklichung der vorgesehenen Maßnahmen. Erforderlich ist also zunächst, daß die Planung Aussagen zu konkreten Maßnahmen macht, also Investitionen zur Veränderung räumlicher Strukturen festlegt. In einer Entwicklungsplanung werden die erforderlichen Investitionssummen ermittelt und mit der jeweiligen Stufe der Finanzplanung abgestimmt. Da die Mittel immer innerhalb eines zeitlichen Bezugsrahmens zur Verfügung stehen, ist mit einer finanziellen auch eine zeitliche Bestimmung verbunden. Wird zum Beispiel in einem Entwicklungsplan ein Ort zum Mittelzentrum ausgewiesen, so folgen dem – stark vereinfacht – fünf weitere Schritte,

Entwicklungsplanung

1. Feststellung des Bestandes an mittelzentralen Einrichtungen,
2. Feststellung des Defizites entsprechend den Ausstattungsmerkmalen von Mittelzentren,
3. Bestimmung einer Prioritätenfolge der noch zu schaffenden oder zu fördernden Einrichtungen,
4. Zuordnung jeder geplanten Maßnahme zu einem Zeitraum der Realisierung und Bestimmung des jährlich erforderlichen Investitionsmittelbedarfs,
5. Bestimmung der finanziellen Mittel in der mittelfristigen Finanzplanung bzw. dem jährlichen Haushaltsplan.

Fünf Schritte der Entwicklungsplanung

Eine Entwicklungsplanung ist also nicht mehr nur eine Koordinierung von Fachplanungen, sondern sie umfaßt diese. Daher wird sie auch als **integrierte Aufgabenplanung** bezeichnet. Dies

Integrierte Aufgabenplanung

ist ein weitreichender Eingriff in das Ressortprinzip, weshalb sich Entwicklungsplanung immer gegen die Interessen der Fachressorts durchsetzen muß.

Anlaß der Entwicklungsplanung

Die Notwendigkeit einer Entwicklungsplanung ergab sich Ende der sechziger Jahre aufgrund der Erkenntnis, daß die finanziellen Mittel der öffentlichen Träger nicht unbegrenzt sind und sie daher möglichst effizient eingesetzt werden müssen. Damals wurde im Stabilitätsgesetz eine **mittelfristige Investitionsplanung** gefordert, in der über einen Zeitraum von vier bis fünf Jahren staatliche Maßnahmen über die Mittelzuweisung festgelegt werden müssen. Die Verbindung der Maßnahmen der Raumordnung und Landesplanung mit dieser mittelfristigen Investitions- oder Finanzplanung ergibt eine Entwicklungsplanung.

Forderung nach Anbindung an die Finanzplanung

Heutige Realität

In der Planungseuphorie der siebziger Jahre gab es echte Entwicklungspläne in einigen Ländern, seitdem ist nur noch der Name beibehalten worden. Eine Verbindung zur Finanzplanung ist nicht mehr gegeben.

7.2.3 Die Pläne und Programme auf Landesebene

Grundsätze der Landesplanung

Die Landesplanung hat an erster Stelle die Aufgabe, die allgemeinen Grundsätze der Entwicklung, die im ROG kodifiziert sind, sachlich zu erweitern. Dies haben alle Länder getan. Teilweise haben sie eigene Gesetze erlassen, z.B. das Land Schleswig-Holstein ein „Gesetz über Grundsätze zur Entwicklung des Landes". Teilweise sind die Grundsätze in den Landesplanungsgesetzen enthalten, andere wiederum wurden in die Pläne und Programme aufgenommen. Im Einzelfall sind diese Angaben der Tabelle im Anhang (S. 232 ff.) zu entnehmen.

Ziele der Landesplanung

Aus den Grundsätzen werden konkrete Ziele abgeleitet. Während erstere nicht maßnahmebezogen sind, also keine räumlich und sachlich festgelegten Investitionen beinhalten, ist dies bei Zielen erforderlich. Die Planungsziele der Länder werden in den **Landesentwicklungsplänen und -programmen** festgelegt. Der Titel dieser Pläne läßt dabei keine Rückschlüsse auf die Inhalte zu, ebensowenig, ob es mehrere Plan- oder Programmarten auf Landesebene gibt.

Bindungswirkung der Landesplanung: Beachtenspflicht

Die Landesentwicklungspläne werden nach dem Aufstellungsverfahren, an dem der Landtag, die Fachressorts, Regionen und Kreise beteiligt werden, als Gesetz verabschiedet oder durch die Landesregierung als Rechtsverordnung erlassen. Damit wird eine **Beachtenspflicht** für alle öffentlichen Träger begründet. Sie haben ihre eigenen Planungen an diesen Maßnahmen auszurichten. Geschieht dies nicht, entsprechen sie nicht den Zielen der Raumordnung und Landesplanung und sind nicht genehmigungsfähig. Für den einzelnen Bürger wirken sie nur mittelbar über die Planungen der Gemeinden. Verantwortlich für Aufstellung und Novellierung ist jeweils die oberste Landesplanungsbehörde.

In den neuen Ländern ist bis 1996 (in Brandenburg im Entwurf) die erste Generation der Landesentwicklungspläne erarbeitet worden.

Stand der Landesplanung in den neuen Ländern

In den alten Ländern gibt es etliche Generationen von Plänen und Programmen, die in ihrer zeitlichen Aufeinanderfolge sehr anschauliche Dokumente der jeweiligen Entwicklungskonzeptionen und ihrer Planungsmoden sind.

Landesplanung in den alten Ländern

Die Landesentwicklungspläne bestehen aus einem Text- und einem Kartenteil. Der Textteil beinhaltet Plansätze, die in den Karten räumlich konkretisiert oder nur veranschaulicht werden. Bei Text und Karten ist stets genau in der Verbindlichkeit zu unterscheiden: Gehören sie nicht zu den Plansätzen, sind sie nicht verbindlich, sondern haben nur erläuternden Charakter. Häufig wird deshalb der Begründungsteil farbig abgesetzt. Durch die Begründungen fallen die Umfänge sehr unterschiedlich aus.

Bestandteile der Pläne und Programme

Die Länder bedienen sich unterschiedlicher Konzeptionen. Am verbreitetsten ist das Konzept der Zentralitätszuweisungen. Mit einem flächendeckenden Netz zentraler Orte unterschiedlicher Stufe soll die Versorgung der Bevölkerung in allen Landesteilen gesichert werden. Leider sind die Definitionen der einzelnen Zentralitätsstufen nicht einheitlich, so daß in jedem Einzelfall zu prüfen ist, welche Ausstattungsmerkmale für einen zentralen Ort dieser Stufe gelten.

Konzeptionen in den Plänen und Programmen: Zentralitätszuweisungen

Ähnliches gilt für die Achsen, die von der Mehrheit der Länder verwendet werden. Daneben finden alle weiteren in Kapitel 6 erörterten Konzepte in den Plänen der Länder Verwendung, wenn auch stets auf die speziellen Planungsziele hin abgewandelt.

Achsen

Die Regelungsdichte ist meist darauf abgestellt, daß die Ziele in den nachgeordneten Regionalplänen eine Konkretisierung erfahren. Fehlt diese Planungsstufe, haben die Landesentwicklungspläne und -programme die Planungsschärfe von Regionalplänen. Besteht ein übergeordnetes Interesse des Landes an weiterreichenden Festsetzungen, erfolgen sie in fachlichen Plänen. Ein Beispiel ist der Fachplan „Kraftwerksstandorte", den es in Baden-Württemberg gibt. Er sichert diese Standorte als landesplanerische Ziele.

Konkretisierung der Ziele in der Regionalplanung oder in Fachplänen

Beispiel Baden-Württemberg: Fachplan Kraftwerksstandorte

Beispiel Bayern: Planung im Alpenraum

In Bayern findet eine solche Verfeinerung der Planungsziele im Alpenraum statt, an dessen Sicherung als Erholungsraum ein übergeordnetes Interesse besteht. Der 1969 vorgelegte Alpenplan formulierte dieses Ziel und war die Grundlage für eine Festlegung von Erschließungszielen im Landesentwicklungsprogramm Bayern, mit denen das Alpengebiet flächendeckend in vier Erschließungszonen für die Verkehrsinfrastruktur (Flugplätze, öffentliche Straßen, Bergbahnen und Lifte, Ski-, Bob- und Rodelpisten) eingeteilt wurde. In Zone A sind Verkehrsvorhaben mit Ausnahme von Flughäfen und Landeplätzen grundsätzlich unbedenklich. In Zone B sind Verkehrsvorhaben landesplanerisch nur zulässig, wenn eine Überprüfung im Einzelfall ergibt, daß sie den Erfordernissen der Raumordnung und Landesplanung nicht widersprechen, während sie in Zone C generell unzulässig sind. In anderen Ländern gibt es ebenfalls regionale Verfeinerungen von Landesplanungszielen, doch sind sie meist als wirtschaftliche Förderungsprogramme unter der Federführung von Wirtschaftsressorts erstellt. Der Übergang zwischen überfachlicher Landesplanung und Fachplanung in diesem Bereich ist fließend, in jedem Fall ist eine intensive ressortübergreifende Koordination die Voraussetzung für die Wirksamkeit.

Wirtschaftsförderungsprogramme der Fachressorts

7.2.4 Die Raumordnungsberichte der Länder

Berichtspflicht der Regierung an das Parlament: Landesentwicklungs- oder Raumordnungsberichte

Die Beteiligung der Legislative an der Bestimmung von Grundsätzen und Zielen der Landesplanung macht es erforderlich, diese über die im Land ablaufenden Entwicklungen sowie den Stand der räumlichen Planungen auf den verschiedenen Planungsebenen und den verschiedenen Ressorts zu informieren. Das wichtigste Instrument dafür ist die Berichtspflicht der Regierung an das Parlament, die in allen Ländern mit Ausnahme Hessens im Landesplanungsgesetz festgelegt ist und durch schriftlich vorzulegende Landesentwicklungs- oder Raumordnungsberichte erfolgt. Die Periodizität dieser Berichte beträgt, wenn sie festgelegt ist, zwischen zwei und fünf Jahren. Die Inhalte entsprechen grob den Bundesraumordnungsberichten. Sie enthalten

Inhalte

- die raumstrukturelle Entwicklung im Berichtszeitraum,
- die voraussehbaren oder prognostizierten räumlichen Entwicklungen und die sich daraus ergebende Fortschreibung der Ziele,
- den Stand der Landesplanung auf der Ebene des Landes und der Regionen,
- den Stand der raumrelevanten Fachplanungen,
- durchgeführte oder beabsichtigte Maßnahmen,
- die Regionalisierung der durchgeführten Investitionen öffentlicher Planungsträger.

Die Berichte sind teilweise auf die Raumordnung und Landesplanung beschränkt, teilweise haben sie den Charakter von umfassenden Rechenschaftsberichten der Regierung. Landesentwicklungsberichte sind aufschlußreiche Quellen über die Entwicklung der Raumstruktur des Landes, teilweise auch im Vergleich mit Nachbarländern oder dem Bundesgebiet. Neben dem Stand der gesamträumlichen und fachlichen Planungen enthalten sie vielfach die Begründungen für organisatorische Änderungen oder die Modifizierungen von Zielen im Rahmen der Fortschreibung der Pläne oder Programme. Jedoch lassen die Regionalisierungen der Investitionen nur in Ausnahmefällen Wirkungsanalysen zu, wie dies aufgrund der Funktion dieser Berichte eigentlich sein sollte. Hier gilt dasselbe wie für die Regierungsberichte auf Bundesebene: Das Interesse der Regierung ist stärker darauf gerichtet, eine Erfolgsbilanz vorzulegen, während das Parlament diese kritisch hinterfragen muß.

Bedeutung

Die Berichtspflicht ist nur zu erfüllen, wenn die Länder durch ihre Behörden, ähnlich wie auf Bundesebene durch die Bundesforschungsanstalt für Landeskunde und Raumordnung (BfLR), eine permanente Raumbeobachtung durchführen, im Rahmen derer sie kontinuierlich alle raumrelevanten Daten sammeln. Im bayerischen Landesplanungsgesetz (Art. 21 BayLplG) ist diese Aufgabe der Landesplanungsbehörde sogar gesetzlich vorgeschrieben.

Quelle der Berichte: laufende Raumbeobachtung

7.2.5 Weitere Instrumente der Landesplanung

Die zunehmende räumliche Dichte von Planungen und Maßnahmen und das Erfordernis gegenseitiger Berücksichtigung werden immer größer. Um einen Überblick über all diese raumbeanspruchenden Planungen und Maßnahmen zu haben, führen die Landesplanungsbehörden sogenannte **Raumordnungskataster**, das sind Kartenwerke und Register, die Aufschluß über die Planungen und Maßnahmen und die damit verbundenen Einschränkungen für andere Nutzungen geben.

Instrumente:

Raumordnungskataster

Um ein Raumordnungskataster führen zu können, sind die Landesplanungsbehörden darauf angewiesen, von allen anderen Stellen die entsprechenden Mitteilungen zu erhalten. Die Landesplanungsgesetze verpflichten daher ebenso wie das ROG (§10) zur Mitteilungspflicht über alle raumbeanspruchenden Planungen und Maßnahmen. Nachgeordnete Behörden oder Fachplanungsträger haben ihrerseits das Recht, die entsprechenden Informationen von der Landesplanung zu erhalten. Die **Mitteilungs- und Auskunftspflicht** sind die wichtigste Grundlage der Koordinierungsaufgabe der Landesplanung.

Mitteilungs- und Auskunftspflicht

Anpassungspflicht der nachgeordneten Behörden ...

... und der Träger der Fachplanung: Raumordnungsklauseln

Festlegungen der Raumordnung und Landesplanung begründen für die nachgeordneten Behörden und für die Gemeinden eine **Anpassungspflicht**, die z.B. für die Gemeinden im Baugesetzbuch (BauGB, §1 Abs. 4) kodifiziert ist. Auch die Fachplanungsträger sind in der Regel an die Beachtung der Grundsätze und Ziele der Landesplanung durch ihre Fachgesetze gebunden, die sogenannte **Raumordnungsklauseln** enthalten.

Planungsgebot

Zur Durchsetzung der Ziele der Raumordnung und Landesplanung gibt es in Nordrhein-Westfalen und dem Saarland das Instrument des **Planungsgebots**, durch das die Gemeinden oder andere Planungsträger gezwungen werden können, Planungen und Maßnahmen, für die ein übergeordnetes Interesse des Landes vorliegt, in ihrem Gebiet auch durchzuführen. Dies ist jedoch die Ausnahme. Der Regelfall sind förmliche Verfahren der Landesplanungsbehörde unter Beteiligung von Fachplanungsträgern und nachgeordneten Behörden, bei denen einzelne Vorhaben auf ihre Vereinbarkeit mit den Zielen der Raumordnung und Landesplanung hin geprüft werden und durch welche die landesplanerischen Ziele weiter räumlich, sachlich und zeitlich konkretisiert werden. Diese Verwaltungshandlungen sind an bestimmte Formen gebunden, die – mit Ausnahme Nordrhein-Westfalens – in den Planungsgesetzen vorgegeben sind, und **Raumordnungsverfahren** (in Rheinland-Pfalz: Raumplanerische Verfahren) genannt werden. Sie sind bei den meisten Großvorhaben zwingend vorgeschrieben und dienen dazu, diejenige Planungsvariante durchzusetzen, die den Zielen der Raumordnung und Landesplanung am ehesten entspricht.

Raumordnungsverfahren

Untersagung raumordnungswidriger Maßnahmen

Ein Raumordnungsverfahren schließt mit einer landesplanerischen Stellungnahme, Begutachtung oder Feststellung ab. Die Maßnahmen, die den Zielen nicht entsprechen, können nur verhindert werden, solange rechtsverbindliche Pläne und Programme dies nicht ausschließen. Dazu dient das Instrument der **Untersagung raumordnungswidriger Maßnahmen** (in Rheinland-Pfalz: Landesplanerischer Einspruch), das alle Länder auf der Grundlage des § 7 ROG eingeführt haben. Dadurch kann die zuständige – höhere oder oberste – Landesplanungsbehörde diese Planungen und Maßnahmen für die Dauer von höchstens zwei Jahren untersagen. Dann müssen die entsprechenden Pläne und Programme festgestellt oder angepaßt werden.

Pläne und Programme als entscheidendes Koordinationsinstrument

Die Pläne und Programme der Landesplanung sind das entscheidende Instrument, mit dessen Hilfe die Planungen der Fachressorts koordiniert werden und die Maßnahmen so erfolgen, daß die Veränderungen der Raumstruktur Grundsätzen und Zielen der Raumordnung und Landesplanung entsprechend gesteuert werden.

7.3 Regional- und Gebietsentwicklungspläne

In Kapitel 3.1 ist gezeigt worden, daß die Planung auf der Ebene von Regionen am Anfang der Entwicklung der Landesplanung in Deutschland stand. Sie ist in den Ballungsgebieten entstanden. Der Zweckverband Großraum Berlin (1911) und der Siedlungsverband Ruhrkohlenbezirk (1920) waren Planungsverbände der betroffenen Gebietskörperschaften, also der Gemeinden und Landkreise, ohne Beteiligung des Staates. Derartige Formen gibt es bis heute im Umland großer Verdichtungsräume, so z.B. in den Planungsverbänden „Großraum Hannover", „Kieler Umland" oder „Umlandverband Frankfurt". Aus den Landesplanungsverbänden der zwanziger Jahre haben sich in den fünfziger und sechziger Jahren regionale Planungsverbände oder Planungsgemeinschaften gebildet oder sind aufgrund der Landesplanungsgesetze der Länder geschaffen worden.

Übergemeindliche Planung: von Regionen ausgegangen

Regionale Planungsverbände oder -gemeinschaften

Durch § 5 Abs. 3 ROG sind die Länder 1965 aufgefordert worden, die Rechtsgrundlagen für eine Regionalplanung zu schaffen, sofern dies für Teilräume des Landes geboten erscheint. Die Notwendigkeit dieser Planungsstufe läßt sich schon aus der Maßstabskluft zwischen den kommunalen Planungen und der Landesplanung begründen. Die Anpassungspflicht der Kommunen und der Fachplanungsträger an die Ziele der Raumordnung und Landesplanung setzt deren hinreichende räumliche Konkretisierung voraus, die in den großen Flächenländern nicht sinnvoll von einer zentralen obersten Landesplanungsbehörde vorgenommen werden kann, schon wegen der infolge des Gegenstromprinzips erforderlichen Beteiligung örtlicher und regionaler Planungsträger. Deshalb haben mit Ausnahme des kleinsten Flächenlandes, des Saarlandes, alle Länder die Einrichtung einer regionalen Planungsstufe für geboten erachtet. Weil auf ihr die Ziele der Landesplanung regional konkretisiert werden, spricht man auch von regionalisierter Landesplanung, wofür der Begriff der **Regionalplanung** eine Kurzform ist. Es ist die übergeordnete, überfachliche und überörtliche Planung für das Gebiet einer Planungsregion, wobei die Grundsätze und Ziele der Raumordnung und Landesplanung unter Beteiligung kommunaler Planungsträger räumlich und sachlich verfeinert und zu einer regionalen Entwicklungskonzeption ausgeformt werden.

Erforderlichkeit der Regionalisierung der Landesplanung

Definition der Regionalplanung

Die in Kapitel 4.5.3 dargestellten unterschiedlichen Organisationsformen in den Ländern haben auch Auswirkungen auf die inhaltliche und formale Ausgestaltung der entsprechenden Pläne. Sie schwanken zwischen einer sehr vereinheitlichten Plangestaltung (im Falle Schleswig-Holsteins, wo die Landesplanungsbehörde

Große inhaltliche und formale Vielfalt

die Pläne für alle Teilräume erstellt) bis hin zu einer großen inhaltlichen und auch darstellerischen Vielfalt wie in Baden-Württemberg, wo selbständige Regionalverbände mit eigenen Geschäftsstellen tätig sind.

Instrument des Regionalplans

Sofern die Träger der Regionalplanung über einen eigenen Apparat verfügen, erstellen sie, aufbauend auf den Plänen oder Programmen der Landesplanung und unter Beteiligung der öffentlichen Planungsträger, der Verbände und Vereinigungen, einen **Regionalplan** (bzw. regionalen Raumordnungsplan, regionales Raumordnungsprogramm oder Gebietsentwicklungsplan). Falls sie keinen eigenen Apparat haben, wird der Plan unter ihrer Verantwortung von der staatlichen Behörde erstellt. Das beschließende Organ des Trägers, meist die parlamentarische Vertretung der beteiligten Gemeinden und Kreise, stellt den erarbeiteten Plan durch Satzung fest und legt ihn der für die Genehmigung zuständigen staatlichen Behörde vor. Diese überprüft ihn auf sein rechtmäßiges Zustandekommen, d.h. die Einhaltung der Fristen, der Beteiligungsverfahren usw., und seine Vereinbarkeit mit den Zielen der Raumordnung und Landesplanung. Mit der Genehmigung durch die oberste (in Niedersachsen obere) Landesplanungsbehörde oder die Landesregierung und der öffentlichen Bekanntmachung wird der Plan rechtsverbindlich, d.h. die Planungen der Kommunen und anderer Planungsträger sind an ihn anzupassen. Auch ein Regionalplan entfaltet noch keine Wirkungen außerhalb der Verwaltung, also gegenüber einem Unternehmen oder einer natürlichen Person, sondern nur gegenüber öffentlichen Trägern.

Rechtsgrundlagen

Die **Rechtsgrundlage** für die Regionalplanung sind die Landesplanungsgesetze, die Pläne und Programme der Landesplanung sowie weitere Spezialgesetze, Rechts- und Verwaltungsvorschriften, durch die die Verfahren der Aufstellung, Beteiligung und Darstellung in zeichnerischer und textlicher Form bestimmt werden. In allen Ländern sind Mindestinhalte, in einigen sogar verbindliche Gliederungsschemata vorgegeben, in anderen wiederum wird die Art der zeichnerischen Darstellung verbindlich festgelegt. Dadurch werden die Planungen der Regionen eines Landes untereinander vergleichbarer und die gegenseitige Abstimmung erleichtert. Trotz dieser formalen Regelungen haben die Träger der Regionalplanung noch einen erheblichen Spielraum bei der inhaltlichen Ausgestaltung, teilweise auch bei den Erarbeitungs- und Aufstellungsverfahren.

Während in den alten Ländern die Regionalplanung eine lange Tradition hat, sind in den neuen Ländern die regionalen Planungsverbände erst gegründet worden oder sollen, wie im Falle

Brandenburgs, wo noch keine Rechtsgrundlage besteht, geschaffen werden. Daher liegen dort noch keine Regionalpläne vor.

Im Gegensatz zur Organisationsform sind die Aufgaben der Regionalplanung in allen Bundesländern ähnlich. Ihre Träger haben

Aufgaben der Regionalplanung

- an der Aufstellung staatlicher Planungsziele mitzuwirken,
- die Durchsetzung der Ziele der Raumordnung und Landesplanung zu überwachen,
- die Ziele der Landesplanung räumlich und sachlich zu konkretisieren, insbesondere durch die Ergänzung des Systems zentraler Orte und ggf. Achsen oder die Bestimmung von Vorranggebieten,
- zu raumbedeutsamen Planungen anderer Planungsträger Stellungnahmen abzugeben,
- die staatlichen, kommunalen und Fachplanungen räumlich und sachlich im Gebiet der Region zu koordinieren,
- andere Planungsträger zu beraten.

Darüber hinaus können sie in Baden-Württemberg und Rheinland-Pfalz weitere weisungsfreie Aufgaben übernehmen. Je größer und selbständiger die Regionalplanungsbehörden sind, desto vielfältiger sind ihre Aktivitäten, ihre Aufgaben und ihre Möglichkeiten der eigenen Gestaltung.

Trotz teilweise weitreichender Planungsbefugnisse hat die Regionalplanung **keine Umsetzungsbefugnis**, d.h. keine Kompetenzen und Finanzmittel, um ihre Planungen durch Maßnahmen zu realisieren. Sie ist darauf angewiesen, daß sie die Planungen anderer Träger, insbesondere der Kommunen und der Fachplanungsträger, steuert und so mittelbar die räumliche Entwicklung beeinflussen kann. Dies ist nur dadurch möglich, daß die Regionalpläne mit der Genehmigung (entspricht der Verbindlichkeitserklärung oder der Feststellung) zu Zielen der Raumordnung und Landesplanung werden, an die die Gemeinden bei ihren Planungen gem. § 1 Abs. 4 BauGB und die Fachplanungen über die Raumordnungsklauseln gebunden sind. Dabei gibt es jedoch Unterschiede zwischen den Ländern. Generell besteht eine **Beachtenspflicht für alle öffentlichen Planungsträger**. Sie dürfen nicht den Zielen der Regionalpläne widersprechende Planungen oder Maßnahmen durchführen. Darüber hinaus besteht in einigen Ländern eine weitergehende **Anpassungspflicht**, aufgrund derer die oberste Landesplanungsbehörde die Gemeinden zur Anpassung ihrer Planungen an die Ziele der Landesplanung zwingen kann. In Nordrhein-Westfalen können die Gemeinden durch das **Anpassungsgebot** sogar gezwungen werden, Bauleitpläne entsprechend den in den Gebietsentwicklungsplänen

Wirkungen der Ziele der Regionalplanung

– so heißen dort die Regionalpläne – enthaltenen Zielen der Raumordnung und Landesplanung aufzustellen. Doch gibt es in allen Ländern für die betroffenen Gemeinden und anderen Planungsträger auch die Möglichkeit, Ausnahmen von den Festlegungen des Regionalplanes auf dem Wege eines Raumordnungsverfahrens zu erwirken. Dadurch erhält die Regionalplanung die erforderliche Flexibilität, um auf unerwartete Entwicklungen reagieren zu können.

Ideale Aufstellungsschritte:

Die wichtigste Aufgabe der Regionalplanung ist die Aufstellung und Fortschreibung der Regionalpläne. Die erste Generation der Regionalpläne, die in den sechziger Jahren erstellt wurden, wurde in Hessen, Rheinland-Pfalz, Bayern und Baden-Württemberg entsprechend einer Empfehlung der MKRO in den drei Stufen

Raumordnungsbericht
Raumordnungsgutachten
Raumordnungsplan

– Raumordnungsbericht,
– Raumordnungsgutachten und
– regionaler Raumordnungsplan

erarbeitet. Der **Raumordnungsbericht** stellte die vorhandene Raumstruktur mit ihren raumbedeutsamen Elementen und ihren Verflechtungen dar und zeigte die Entwicklungstendenzen auf, die im **Raumordnungsgutachten** anhand der Grundsätze und Ziele der Landesplanung bewertet wurden. Aus beiden wurden die Ziele und Maßnahmen in der Region abgeleitet, die in textlicher und zeichnerischer Form im **Regionalplan** dargestellt wurden. Diese Dreistufigkeit sollte den Planungsprozeß transparent und die Maßnahmen durchsetzungsfähiger machen. Sie besteht in dieser Form nur noch in Hessen.

Verständnis der Regionalplanung als kontinuierlicher Planungsprozeß

Das heutige Verständnis ist nicht mehr durch die Erarbeitung eines abgeschlossenen Planwerkes, die nach einem mittel- oder langfristigen Zeitraum zu wiederholen ist, zu kennzeichnen. Es sieht in der Aufgabe der Regionalplanung einen permanenten Prozeß der Vorbereitung und Begleitung des raumrelevanten Handelns öffentlicher und privater Maßnahmeträger. Entsprechend sind heute Raumordnungsbericht, -gutachten und -plan in die einzelnen Aktivitäten des Trägers der Regionalplanung integriert. Die Aufgabe der Planerstellung ist mit der Genehmigung durch die Aufsichtsbehörde nicht abgeschlossen. Laufende räumliche Veränderungen, landesplanerische Stellungnahmen oder durch Raumordnungsverfahren genehmigte Abweichungen führen dazu, daß gedruckte Pläne schon nach kurzer Zeit überholt sein können. In diesem Sinne werden Regionalpläne kontinuierlich fortgeschrieben, und die umfassende Überarbeitung oder Neufassung in mittel- bis langfristigen Zeiträumen dient nur dazu, den erreichten Planungsstand zu dokumentieren und die für die Anpassungspflicht erforderliche Sicherheit zu gewährleisten. Das Verfahren der Änderung eines Regionalplanes entspricht stets dem einer Neuaufstellung mit seinen Fristen, Anhörungs-, Beteiligungs- und Genehmigungsverfahren. Aus den genannten Gründen sind Regionalpläne nicht auf einen festen Zeitraum angelegt, doch liegen ihnen in allen Ländern Prognosezeiträume von zehn bis 15 Jahren zugrunde. In Niedersachsen und Thüringen sind fünf bzw. maximal sieben Jahren vorgesehen.

Planungshorizonte

Besondere Bedeutung für die Erarbeitung und Fortschreibung der Regionalpläne hat die **Beteiligung der Gemeinden**, die meist in einem zweistufigen Verfahren erfolgt. Auf der ersten Stufe werden die Gemeinden, andere Planungsträger und Verbände zur Mitteilung ihrer Planungsvorstellungen aufgefordert. Diese werden gegeneinander und unter Einbeziehung übergeordneter Planungen abgewogen – das sogenannte **Abwägungsgebot** – und so eine Entwicklungskonzeption für die Region erarbeitet. Dieser Planentwurf wird in einer zweiten Runde den beteiligten Trägern zur Stellungnahme vorgelegt. Eine Beteiligung von Bürgern wird lediglich indirekt über die Stellungnahmen der Gemeinden, an denen die Gemeindeparlamente beteiligt werden, praktiziert.

Beteiligung der Gemeinden

Abwägungsgebot

Die inhaltliche Gliederung der Regionalpläne ist in Landesplanungsgesetzen, den Landesentwicklungsplänen oder -programmen sowie in Rechtsverordnungen und Erlassen geregelt. Sie entsprechen meist den Plänen der Landesplanung und enthalten im textlichen Teil
- allgemeine überfachliche Ziele für die Entwicklung der Region,
- Konkretisierung der Konzepte zur Entwicklung der Siedlungsstruktur, z.B. die Zentralitätszuweisungen und das Achsenkonzept,
- fachliche Ziele für alle Bereiche öffentlicher Planungen vom Naturschutz bis zum Wohnungswesen,
- Ziele für einzelne zentrale Orte oder Mittelbereiche.

Aufbau der Regionalpläne

Auch in ihrer Gliederung in einen verbindlichen Teil und eine unverbindliche Begründung folgen verschiedene Regionalpläne dem jeweiligen Vorbild der Landesplanung.

Alle Regionalpläne umfassen eine verbindliche **zeichnerische Darstellung**, die als die räumliche Konkretisierung der Ziele der Landesplanung das Kernstück der Pläne ist. In einigen Ländern werden die zentralen Orte und Achsen auf einer separaten sogenannten **Strukturkarte** im Maßstab 1:500.000 bzw. 1:200.000 dargestellt (vgl. Kapitel 6.5). Sie enthält die entsprechenden Vorgaben der Landesplanung und die eigenen Festlegungen der Regionalplanung, die zu den auf Landesebene festgelegten Ober- und Mittelzentren die Unterzentren als eigene Planungsaussage

Zeichnerische Darstellung

enthalten. Die übrigen Inhalte werden auf einer oder mehreren **Raumnutzungskarten** dargestellt. Diese sind thematische Karten im Maßstab 1:50.000 oder 1:100.000 und enthalten eine Fülle von Informationen, so daß in zwei Ländern, für bessere Lesbarkeit, eine Verteilung auf zwei Kartenblätter vorgenommen worden ist: in Bayern die Karten „Siedlung und Versorgung" sowie „Landschaft und Erholung", in Hessen die Karten „Siedlung und Landschaft" sowie „Verkehr und Versorgung".

Konzeptionelle Ansätze

Konzeptionell arbeiten die Pläne der Regionalplanung weniger mit den abstrahierenden Instrumenten der zentralen Orte und Achsen, die in diesem Maßstab weniger geeignet sind. Statt dessen wird mit Vorranggebieten für verschiedene Nutzungen gearbeitet. In landwirtschaftlichen Vorranggebieten hat die landwirtschaftliche Nutzung einen prinzipiellen Vorrang vor anderen Raumansprüchen, bei wasserwirtschaftlichen Vorrangflächen ist es die Grundwassernutzung. Vorrangflächen für Siedlung und Gewerbe bestimmen, daß bei der Abwägung mit anderen Raumansprüchen diese Belange einen Vorrang genießen usw. So ergibt sich aus Vorrangfunktionen ein Rahmen für Raumnutzungsänderungen, der aus der Sicht der Regional- und damit der Landesplanung nur in begründeten Ausnahmefällen (mit Durchführung eines Raumordnungsverfahrens) überschritten werden darf.

Regionale Grünzüge
Grünzäsuren

Eine zunehmende Bedeutung hat der Freiraumschutz. Neben land- und forstwirtschaftlichen Vorrangflächen erfolgt er, besonders in dicht besiedelten Gebieten, mit Hilfe von regionalen Grünzügen oder in Grünzäsuren. Sie haben ökologische Ausgleichs- und städtebauliche Gliederungsfunktionen und sollen eine breiartige, flächenhafte Besiedlung, die auch als Zersiedelung bezeichnet wird, verhindern.

7.4 Die Zulässigkeit landesplanerischer Festlegungen für Gemeindeteile

Frage nach dem Durchgriffsrecht der Landesplanung

Die textlichen und zeichnerischen Darstellungen der Regionalpläne sind nicht als parzellenscharfe Festlegungen zu verstehen, auch wenn sie, besonders im Maßstab 1:50.000, kartographisch so exakt erfolgen. Solche würden die Nutzung für einzelne Grundstücke vorschreiben. Dies wäre jedoch eine rechtliche Qualifizierung des Bodens und damit keine Angelegenheit der Raumordnung, sondern des Bauplanungsrechts und dürfte nur auf der Ebene der gemeindlichen Planungen erfolgen. Doch in jedem Fall greift die Regionalplanung sehr stark in das raumstrukturelle Muster der Gemeinden ein, indem einzelne Gemeindeteile besondere Funktionen zugewiesen bekommen, z.B. als zentrale Orte oder Schwerpunkte für bestimmte Funktionen, oder indem für einzelne Flächen Nutzungsvorränge bestimmt werden. Während einige Regionalpläne den Flächenzuwachs der Siedlungen nur durch Symbole darstellen, wird er in anderen Plänen, z.B. den hessischen und nordrhein-westfälischen regionalen Raumordnungsplänen bzw. Gebietsentwicklungsplänen, sehr exakt als Flächensignatur dargestellt. Es stellt sich dabei die Frage, wie weit die übergemeindliche in das Aufgabenfeld der gemeindlichen Planungen eingreifen darf, insbesondere, ob Festlegungen für einzelne Gemeindeteile zulässig sind oder ob sie gegen das Recht der gemeindlichen Selbstverwaltung, „alle Angelegenheiten der örtlichen Gemeinschaft im Rahmen der Gesetze in eigener Verantwortung zu regeln" (Art. 28 Abs. 2, S. 1 GG), verstoßen.

Diese Frage ist vor allem vor dem Hintergrund der kommunalen Gebietsreform klärungsbedürftig geworden, die die Zahl der Gemeinden drastisch verringert und ihrer Größe entsprechend erweitert hat. 1960 gab es in der damaligen Bundesrepublik 24.509 Gemeinden, davon hatten 23.238 weniger als 5.000 Einwohner. Durch die Gebietsreform der sechziger und siebziger Jahre hat sich die Zahl der Gemeinden auf 8.410 verringert. Die so entstandenen Gemeinden bestehen aus zahlreichen baulich voneinander getrennten Ortsteilen, für die die Landesplanung Funktionszuweisungen vornimmt. Was früher Festlegungen für Gemeinden waren, sind durch die Gebietsreform solche für Gemeindeteile geworden. Sie stoßen auf den Einwand, sie engten das Recht der Gemeinden, die räumliche Entwicklung in ihrem Gebiet in eigener Verantwortung zu ordnen, die sich aus der Selbstverwaltungsgarantie ergibt, unzulässig ein.

Hintergrund: Gebietsreform

Die Frage der Zulässigkeit solcher raumordnerischen Festlegungen für Gemeindeteile war 1976 Gegenstand eines Rechtsstreites. W. ERNST und W. SUDEROW legten ein im Auftrag des niedersächsischen Innenministers erstelltes Rechtsgutachten vor, das die Grenzen der Landesplanung aufzeigen sollte. Die Autoren argumentieren von der Auslegung des Art. 28 GG – Selbstverwaltungsrecht der Gemeinden – aus und kommen dabei zu dem Ergebnis, daß dieses nicht als Recht zu verstehen ist, alle Angelegenheiten der örtlichen Gemeinschaft zu regeln, da erstens die heutigen Gemeinden nicht mehr die örtlichen Gemeinschaften alter Prägung sind und da zweitens eine scharfe Trennung zwischen örtlichen und überörtlichen Aufgaben nicht möglich ist. Es gebe im Bereich zwischen eindeutig örtlichen und überörtlichen Aufgaben solche, die gemeinsam zu lösen seien und die ERNST und SUDEROW daher **kondominale Aufgaben** nennen. Für diese ergebe sich aus der Selbstverwaltungsgarantie lediglich ein abge-

ERNST, W. / SUDEROW, W.: Die Zulässigkeit raumordnerischer Festlegungen für Gemeindeteile. Hannover 1976

Kondominale Aufgaben

stuftes Mitwirkungsrecht der Gemeinden. Es habe sich nach der Intensität des staatlich berechtigten Gestaltungsinteresses, dem Ausmaß der Konkretisierung und der Ortsnähe der Regelung zu richten. Das Rechtsgutachten kommt folglich zu dem Ergebnis, daß der Landesplanung das Recht zuerkannt werden müsse, Festlegungen auch für Gemeindeteile zu treffen, allerdings unter der Bedingung der Beteiligung der davon betroffenen Gemeinden.

SIEDENTOPF, H.: Gemeindliche Selbstverwaltungsgarantie im Verhältnis zur Raumordnung und Landesplanung. Göttingen 1977. Schriftenreihe des Deutschen Städte- und Gemeindebundes Bd. 29

Diesem Ergebnis widersprachen die Gemeinden, gestützt auf ein Rechtsgutachten von H. SIEDENTOPF, das 1977 vorgelegt wurde. Dieser argumentiert mit der Zielsetzung der kommunalen Gebietsreform, die auch eine Funktionalreform war, indem sie den Gemeinden ein sinnvolles Planen erst ermöglichen sollte. Der neue Gebietszuschnitt und die neue Einwohnerzahl mit entsprechend größeren Verwaltungskapazitäten sollten gerade im Planungsbereich Einheiten schaffen, die den ihnen in der Verfassung garantierten Handlungsspielraum auch nutzen können. Die Gebietsreform sollte die Gemeinden stärken, ein Durchgriffsrecht der Landesplanung hingegen würde nach Ansicht des Gutachters ihr Ergebnis wieder aufheben. Er will es nur in den Fällen zulassen, in denen ein besonderes Interesse an der Funktionsbestimmung oder Funktionssicherung für die Landesplanung besteht, z.B. für industrielle Großprojekte. Diese Argumentation mit der Zielsetzung der Kommunalreform ist zweifellos richtig, doch werden dabei die Begriffe der örtlichen Gemeinschaft des Grundgesetzes und der politischen Gemeinde von heute gleichgesetzt und damit übersehen, daß viele Gemeinden nicht mehr örtliche Gemeinschaften im herkömmlichen Sinne sind.

Ergebnis des Rechtsstreites

Daher geht die heutige Auffassung zum landesplanerischen Durchgriffsrecht, aufbauend auf der neueren Auslegung des Art. 28 Abs. 2, S. GG, davon aus, daß es im Bereich gemeinsamer Aufgaben kein Planungsmonopol der einen oder anderen Seite geben darf, sondern daß der Entscheidungsprozeß so organisiert werden muß, daß sich die Gemeinsamkeit der Verantwortung in den Mitwirkungsrechten widerspiegelt. In allen Ländern werden daher Gemeinden und Gemeindeverbände an der Festlegung von Zielen der Landesplanung beteiligt.

Als eine Folge dieses Rechtsstreites ist in Niedersachsen die Aufgabe der Regionalplanung den Landkreisen und kreisfreien Städten als Pflichtaufgabe übertragen worden.

8 Mittel zur Durchsetzung der Ziele von Plänen und Programmen

8.1 Die Durchsetzung der Ziele im öffentlichen und privaten Bereich

Nachdem wir die Programme und Pläne kennengelernt haben, muß die Frage gestellt werden, mit welchen Mitteln die darin dargestellten Ziele zur Entwicklung der Raumstruktur verwirklicht werden können. Denn mit den Plänen allein ist noch nichts erreicht, es muß angestrebt werden, daß sich die Träger von Maßnahmen im Raum plankonform verhalten.

Frage nach den Mitteln zur Durchsetzung der Ziele

Die Raumstruktur der Bundesrepublik Deutschland wurde im ersten Kapitel als das Ergebnis öffentlicher und privater Raumnutzungsentscheidungen dargestellt. Besonders wichtig sind die **privaten Standortentscheidungen**, nämlich die Wohnortentscheidungen der Einwohner und der Betriebsstandortentscheidungen der Unternehmen. Da jedoch die Freiheit beider grundgesetzlich garantiert ist (Freizügigkeitsgarantie, Art. 11 GG), sind die Möglichkeiten ihrer Beeinflussung durch Mittel der Raumplanung prinzipiell stark eingeschränkt. Die Pläne und Programme der Raumordnung und Landesplanung entfalten dem einzelnen gegenüber keine Bindungswirkung. Es sind in erster Linie verwaltungsinterne Papiere. Im folgenden muß die Frage gestellt werden, wie diese Raumnutzungsentscheidungen trotzdem so beeinflußt werden können, daß eine Raumstruktur entsteht, die den in den Plänen und Programmen dargelegten Zielen entspricht.

Einwirkungsmöglichkeiten auf private Standortentscheidungen

Auch im **öffentlichen Sektor** ist die Durchsetzung der Grundsätze und Ziele der Pläne und Programme schwierig, denn die öffentliche Verwaltung ist kein einheitlicher Träger. Sie handelt auf verschiedenen Ebenen, in verschiedenen Gebietseinheiten und in verschiedenen Sektoren, die häufig in Konkurrenz miteinander stehen.

Durchsetzung im öffentlichen Sektor vgl. Kap. 10.3

8.2 Die Unterscheidung von direkt und indirekt wirkenden Mitteln

Direkt sind diejenigen Maßnahmen, die die Durchsetzung der Ziele der Raumordnung und Landesplanung durch verbindliche Gebote oder Verbote, die mit Zwang durchsetzbar sind, erreichen

Direkt und indirekt wirkende Mittel

können. Indirekt wirkende Mittel versuchen, durch verschiedene Anreiz- oder Diskriminierungsmittel die privaten Standortentscheidungen im Sinne der Ziele der Raumordnung und Landesplanung zu beeinflussen und damit die Entwicklung der Raumstruktur zu steuern.

Eine direkte Steuerung ist prinzipiell bei allen Raumnutzungsentscheidungen öffentlicher Träger möglich, also bei Maßnahmen der Behörden des Bundes, der Länder und Kommunen. Bei ihnen kommt es jedoch auf die Durchsetzungsfähigkeit der übergeordneten Planung gegenüber den fachlichen Entscheidungen der einzelnen Ressorts an. Bei der Einflußnahme auf private Standortentscheidungen muß dagegen überwiegend auf indirekte Mittel zurückgegriffen werden.

8.3 Direkt wirkende Mittel und ihr Steuerungspotential

8.3.1 Ansiedlungs- und Investitionsverbote

Ansiedlungs- und Investitionsverbote praktisch von geringer Bedeutung

Zuzugsbeschränkungen für Einzelpersonen und Haushalte in bestimmte Gebiete, die es z.B. in der Nachkriegszeit aus Gründen der mangelnden Wohnraumversorgung gegeben hat, sind heute aufgrund der Freizügigkeitsgarantie und der EG-Verträge gegenüber Deutschen und Bürgern anderer EG-Staaten nicht mehr durchsetzbar. Investitionsverbote für industrielle und gewerbliche Nur aufgrund der Rechtsnormen des Bau-, Wasser-, Verkehrs- oder Umweltrechts sind Anlagen möglich, also aufgrund von ordnungsrechtlichen Vorschriften. Die Maßnahmen, die daraufhin erfolgen, richten sich jedoch immer auf einzelne Objekte und die von ihnen ausgehende Ordnungswidrigkeit, z.B. zur Durchsetzung von Gewässer- oder Lärmschutz. Aufgrund dieses Instrumentariums ist es nur möglich, bestimmte, z.B. umweltverschmutzende Industrien aus stark belasteten Räumen herauszudrängen, entweder in das ländliche Umland oder in das Ausland. Die nachfolgende Ansiedlung sogenannter „sauberer" Industrien oder von Dienstleistungsbetrieben kann nicht erzwungen werden. Daher ist über ordnungsrechtliche Investitionsverbote nur eine begrenzte Umverteilung, jedoch keine allgemeine Steuerung der Raumentwicklung möglich.

Wahl von Behördenstandorten

Bei Behördenstandorten und sonstigen Investitionen öffentlicher Träger ist dagegen eine direkte Steuerung prinzipiell möglich. Der Staat ist in der Lage, deren Standorte zu bestimmen, doch stößt die Raumordnung hier an die Grenzen ihrer politischen

Durchsetzungsfähigkeit. Die Einrichtung großer Behörden wie des Europäischen Patentamtes in München ist eine politische Prestigeangelegenheit und entzieht sich damit weitgehend einer Steuerung durch die Raumordnung. Im Vergleich zu den Nachbarländern sind zudem die Bundesoberbehörden und aufgrund des föderalistischen Prinzips auch die Landesbehörden einigermaßen gleichmäßig über das Gebiet der Bundesrepublik verteilt, wobei auch strukturschwache Räume berücksichtigt sind. In den Ländern wird ebenfalls überwiegend eine Behördendezentralisierung verfolgt, auch wenn zuweilen die zentralistischen Kräfte stärker sind, die aus jeder Landeshauptstadt eine internationale Metropole machen wollen.

8.3.2 Ansiedlungs- und Investitionsgebote

Ebenso wie Ansiedlungsverbote stoßen dieselben Maßnahmen in positiv-bestimmender Anwendung, also als Gebote, an verfassungsrechtliche Schranken. Dies gilt sowohl für Einzelpersonen als auch für gewerbliche Standortentscheidungen. Staatliche Behörden können zwar im Einzelfall bestimmte Nutzungen mit Zwang durchsetzen, damit übernehmen sie jedoch das gesamte unternehmerische Risiko. Eine Ausnahme bilden hier die staatlichen und halbstaatlichen Unternehmen, die in einigen Ländern in ihren unternehmerischen Entscheidungen direkt an die Grundsätze und Ziele der Raumordnung und Landesplanung gebunden sind, z.B. durch § 8 Abs. 2 des Hessischen Landesplanungsgesetzes. Doch gilt allgemein der Grundsatz, daß diese Unternehmen, aus denen sich der Staat zunehmend zurückzieht (Privatisierung staatlicher Unternehmen), nach betriebswirtschaftlichen Gesichtspunkten zu führen sind. Zudem ist ihre Bedeutung insgesamt in der Bundesrepublik wesentlich geringer als in anderen Ländern, z.B. in England, Italien oder Frankreich. In diesen Ländern sind Ansiedlungs- und Investitionsgebote für staatliche Unternehmen ein wichtigeres Steuerungsmittel für die räumliche Entwicklung und den Ausgleich regionaler Disparitäten.

Ansiedlungs- und Investitionsgebote praktisch ohne Bedeutung

8.3.3 Das Mittel der Flächensteuerung

In der Bundesrepublik Deutschland ist das Mittel der Flächensteuerung bedeutsamer. Da es kaum Bereiche privaten und wirtschaftlichen Handelns gibt, die keine Flächenansprüche haben, erscheint es aussichtsreich, über das Instrument der Bestimmung von Flächennutzungen auf die Entwicklung der Raumstruktur

Steuerung über Flächenbedarf

Einfluß zu nehmen. Dies geschieht zunächst über die genannten flächenhaften Festlegungen in Plänen und Programmen der Länder, an die die Gemeinden ihre Planungen und Maßnahmen anzupassen haben. Um zu vermeiden, daß diese den ihnen verbleibenden Gestaltungsspielraum in einem Sinne nutzen, der diesen Grundsätzen und Zielen zuwiderläuft, geben die Landesplanungsbehörden **Richtwerte** vor, die sich aus den Prognosen der Bevölkerungs- und Arbeitsplatzentwicklung ergeben. Sie bestimmen die insgesamt benötigte Fläche, z.B. Siedlungs-, Gewerbe- und Industriefläche, die dann entsprechend den Zielen der Raumordnung und Landesplanung regional verteilt werden. Die Gemeinde kann ihre Ausweisungen dann nur im Rahmen dieser Richtwerte vornehmen, sonst wird ihren Planungen die Genehmigung versagt, weil sie nicht den Zielen der Landesplanung entsprechen.

Richtwerte

Teilweise eingeschränkte Wirksamkeit

So gut dieses Steuerungsmittel in der Theorie funktioniert, so wenig wirkungsvoll ist es zuweilen in der Praxis. Die Flächensteuerung wirkt ausschließlich restriktiv, durch sie kann zwar ein vorhandenes Potential, etwa eine bestimmte Nachfrage nach Gewerbefläche, durch knappe Kontingentierung von unerwünschten Standorten ferngehalten werden. Eine Lenkung auf raumordnerisch erwünschte Standorte ist jedoch nur dann möglich, wenn die insgesamt vorhandene Fläche die Flächennachfrage nicht oder nicht wesentlich übersteigt. Dies ist aus mehreren Gründen nicht immer der Fall:

Vorhandene Flächenreserven

1. Viele Gemeinden haben Flächenreserven, um sie gegebenenfalls privaten Investoren zur Verfügung stellen zu können, ohne vorhandene Pläne ändern zu müssen. Gewerbeflächen entstehen zudem nicht nur durch Neuausweisung, sondern in zunehmendem Umfang durch Freiwerden vorhandener Flächen. In diesem Fall besteht in der Regel nicht die Möglichkeit, gegen die Gemeinde eine Nutzungsänderung durchzusetzen.

Konkurrenz der Flächenanbieter

2. Besonders in Phasen rezessiver Wirtschaftsentwicklung treten die Gemeinden untereinander als harte Konkurrenten um Investoren auf und versuchen, diese durch günstige Gewerbeflächen, infrastrukturelle Vorleistungen und teilweise sogar Befreiung von Umweltschutzauflagen zu gewinnen, um so Wirtschaftsförderung zu betreiben.

Genehmigte Pläne kaum änderbar

3. Es ist kaum möglich, genehmigte Flächennutzungs- oder Bebauungspläne der Gemeinden zu widerrufen, da dies politische Schwierigkeiten, finanzielle Entschädigungsansprüche der Gemeinden und – im Falle genehmigter Bebauungspläne – der privaten Eigentümer zu Folge haben würde.

Richtwerte problematisch

4. Die Richtwerte für Flächen gehen von einem gesicherten Zusammenhang von Nutzungsintensität und Flächenbedarf

aus, z.B. einem einheitlichen Flächenanspruch je Einwohner oder je Arbeitsplatz (Bruttowohnbauland je Einwohner bzw. Bruttogewerbefläche je Arbeitsplatz). Ersterer ist durch unterschiedlich dichte Bebauungsformen und letzterer durch die neueren Entwicklungen in der industriellen und gewerblichen Produktion hinfällig geworden, die teilweise eine Erhöhung, teilweise eine Verringerung der Flächenansprüche bewirken. Eine genaue Festsetzung über die allgemeine Bestimmung der Art der Flächennutzung hinaus würde unzulässig in die kommunale Hoheit eingreifen, denn nur die Gemeinden haben das Recht, das (quantitative) Maß der baulichen Nutzung zu bestimmen.

So ist die Flächensteuerung unter den heutigen Umständen eher im prosperierenden Ballungs- und Verdichtungsraum als im altindustrialisierten und ländlichen Raum ein geeignetes Mittel der überörtlichen Lenkung räumlicher Entwicklungen, da in diesen eine Flächenknappheit besteht. Im lokalen Bereich dagegen ist ihre Bedeutung hoch, doch ist sie damit ein Instrument der kommunalen Planung und nicht mehr der Steuerung der raumstrukturellen Entwicklung von Ländern oder Regionen. So verbleiben faktisch der Raumordnungspolitik nur die Mittel der indirekten Steuerung.

Räumlich unterschiedliche Wirksamkeit

8.4 Indirekt wirkende Mittel und ihr Steuerungspotential

8.4.1 Öffentliche Infrastrukturinvestitionen

Indirekt wirkende Mittel sind dadurch charakterisiert, daß sie eine Standortentscheidung nicht zwingend ge- oder verbieten, sondern daß sie die Rahmenbedingungen beeinflussen wollen, die für die Standortwahl mitentscheidend sind, indem sie entweder finanzielle Anreize bieten oder die sonstigen für eine Raumnutzungsentscheidung maßgeblichen Faktoren zu beeinflussen versuchen. Am stärksten nehmen öffentliche Träger über ihre Infrastrukturinvestitionen auf die räumliche Entwicklung Einfluß. Diese bestimmen teilweise direkt die Lebensqualität in den Regionen, teilweise wirken sie als wesentlicher Faktor bei den Standortentscheidungen der Unternehmen, die auf diese öffentlichen Infrastrukturen angewiesen sind.

Öffentliche Infrastruktur als indirektes Steuerungsmittel

Unter dem Sammelbegriff der Infrastruktur werden die folgenden Bereiche zusammengefaßt:
– Verkehrseinrichtungen,
– Kommunikationseinrichtungen,

Elemente der öffentlichen Infrastruktur

- Einrichtungen der Energiewirtschaft, insbesondere Strom-, Gas- und Kraftstoffversorgung,
- Wasserwirtschaftliche Einrichtungen,
- Entsorgungseinrichtungen, vor allem zur Abwasser- und Abfallentsorgung,
- Einrichtungen für Bildung und Ausbildung, also Schulen, Hochschulen und Forschungseinrichtungen,
- Einrichtungen des Gesundheitswesens, z.B. Krankenhäuser,
- Kultur-, Erholungs-, Freizeit- und Sporteinrichtungen,
- Staatliche Verwaltungen aller Bereiche.

Bedeutung der öffentlichen Infrastruktur für Standortentscheidungen

Für die meisten dieser Einrichtungen hat der Staat ein Monopol oder er ist entscheidend beteiligt. Dies folgt aus ihrer fehlenden privatwirtschaftlichen Rentabilität und aus der Verpflichtung des Sozialstaates zur Sicherstellung der Versorgung der Bevölkerung. Öffentliche Träger investieren erhebliche Mittel in diese Infrastrukturen. Sie stellen die grundlegende Voraussetzung der Raumnutzung und damit jeder privaten Standortentscheidung dar.

Problem der Einsetzbarkeit als Steuerungsmittel

Wenn also die räumliche Verteilung der öffentlichen Infrastruktur von der Raumordnung bestimmt werden würde, so bestünde damit ein sehr wirkungsvolles Instrument der Raumgestaltung. Dem widersprechen jedoch gewichtige Argumente. Erstens besteht die in Kapitel 3.6 dargestellte Verpflichtung des Staates auf Erreichung oder Erhalt von Mindeststandarts, die sich aus dem Sozialstaatsprinzip herleitet. Sie ist die Begründung für die auf regionalen Ausgleich zielende Raumordnung und Landesplanung. Es wäre ein Widerspruch, wenn künstliche Versorgungsengpässe in einem Sektor geschaffen werden würden, um damit Engpässe in einem anderen Bereich abzubauen. Also entfallen diese als Mittel der Landesplanung. Es kann nur versucht werden, bestehende Engpässe gezielt zu beseitigen. Dies ist in der Vergangenheit vielfach mit Erfolg geschehen, so daß die regionalen Disparitäten in diesem Bereich in den alten Ländern weitgehend abgebaut werden konnten. Dennoch gibt es auch bei diesem Mittel immer wieder Probleme, die sich aus der starken Stellung derjenigen Behörden ergeben, die für die Standortwahl und den Betrieb der entsprechenden Einrichtungen verantwortlich sind. Hinsichtlich der Infrastrukturen liegt die Steuerungsproblematik nicht im Verhältnis staatlicher Behörden zu privaten Trägern, sondern innerhalb des öffentlichen Sektors im Verhältnis der Raumordnung zu den Fachressorts. Darüber hinaus ist es nicht nur ein Problem der horizontalen, sondern auch der vertikalen Koordination, denn ca. zwei Drittel der Infrastrukturinvestitionen werden von den Kommunen getätigt und entziehen sich damit einer direkten Steuerung durch die überörtliche Raumordnung.

Die Steuerung vollzieht sich in diesem Bereich daher nicht durch Direktinvestitionen, sondern durch Finanzzuweisungen an die Gemeinden zur Durchführung von Infrastrukturinvestitionen. Hier ist zwischen Allgemeinzuweisungen und Zweckzuweisungen zu unterscheiden.

Allgemeinzuweisungen, wie sie z.B. im Rahmen des kommunalen Finanzausgleichs erfolgen, dienen dem Ausgleich des unterschiedlichen Steueraufkommens der Gemeinden. Sie sollen diese in die Lage versetzen, die ihnen übertragenen Aufgaben, also insbesondere den Aufbau und die Erhaltung von Infrastrukturen, zu erfüllen. Da es den Gemeinden überlassen bleibt, welche Aufgaben sie mit Hilfe dieser Mittel erfüllen, ist es kein wirksames Mittel zur gezielten Steuerung von Entwicklungen. Eine Gemeinde kann z.B. sowohl ein Freizeitzentrum bauen als auch großflächige Gewerbegebiete erschließen. Zudem orientiert sich die Zuweisung ungebundener Finanzmittel an einem festgelegten Verteilungsschlüssel und nicht an den Zielen der Raumordnung und Landesplanung. Wäre letzteres der Fall, müßte den zuständigen Behörden ein Ermessensspielraum eingeräumt werden. Dieser wäre verfassungsrechtlich bedenklich und ist politisch nicht durchsetzbar, da er als Disziplinierungsinstrument für die Gemeinden verstanden werden würde.

Allgemeinzuweisungen als Steuerungsmittel

Probleme der Einsetzbarkeit

Durch **Zweckzuweisungen** werden bestimmte Investitionen subventioniert, womit Einfluß auf die kommunalen Entscheidungen genommen werden kann. Das Verhältnis von Allgemeinzuweisungen und Zweckzuweisungen für die Gemeinden ist in den Ländern unterschiedlich, es richtet sich nach der Bewertung der verfassungsmäßigen Stellung von Land und Gemeinden. Der Anteil der Zweckzuweisungen ist in denjenigen Ländern besonders groß, die einen großen Steuerungsbedarf des Landes sehen, das sind vor allem Bayern und Nordrhein-Westfalen. Die anderen Länder, vor allem Niedersachsen und Baden-Württemberg, statten die Gemeinden stärker mit Eigenmitteln durch Allgemeinzuweisungen aus.

Zweckzuweisungen als Steuerungsmittel ...

Mit Zweckzuweisungen können die gemeindlichen Infrastrukturinvestitionen sehr gezielt gesteuert werden. Mit ihnen steigt jedoch auch der Planungs- und Koordinationsbedarf auf Landesebene, denn die Mittel werden nicht von den Landesplanungsbehörden, sondern von den Fachbehörden vergeben. Zudem ist dann auf dieser höheren Ebene die Entscheidung zu treffen, ob eine Investition mehr oder weniger zweckmäßig ist. Diese gehört jedoch eher in den Bereich der kommunalen Selbstverwaltung als in das Ermessen einer Landesbehörde. Auf jeden Fall erfordert der Einsatz kommunaler Zweckzuweisungen als Instrument zur

... erfordern hohe Durchsetzungsfähigkeit der Landesplanung

Steuerung raumstruktureller Entwicklungen ein Durchsetzungspotential der Landesplanung gegenüber Gemeinden und Fachplanungsträgern, das in der Praxis nicht oder nicht ausreichend vorhanden ist.

Wirksamkeit in den neuen Ländern

Eine Möglichkeit der Steuerung in unterversorgten Räumen, z.B. in den neuen Ländern, sind die Infrastrukturinvestitionen der übergemeindlichen öffentlichen Träger, insbesondere Verkehrswegeinvestitionen. Während in den gut erschlossenen alten Ländern dieses Instrument stumpf geworden ist, ist es in den neuen noch möglich, dadurch gezielt Standortvorteile zu schaffen.

8.4.2 Positive Investitionsanreize

Bandbreite positiver Investitionsanreize

Positive Anreize für private Investoren sind neben Infrastrukturleistungen das wichtigste Mittel der Einflußnahme im privatwirtschaftlichen Bereich. Durch sie werden Zuschüsse, Darlehen der Bürgschaften vergeben, Unternehmen bekommen einen Teil der Steuern erlassen oder werden von sonstigen Abgaben befreit. Sie erhalten Sondervergünstigungen bei Investitionsabschreibungen oder Prämien für Neuinvestitionen. Die ganze Palette der Subventionen und Finanzhilfen ist kaum überschaubar. Doch werden diese in vielen Fällen nicht nur aufgrund raumordnungspolitischer Ziele vergeben, sondern dienen der sektoralen Strukturpolitik, z.B. in der Mittelstands- oder Agrarförderung, der Unterstützung von Exporten oder der Entwicklung neuer Technologien.

Relativ große Bedeutung, vgl. Kap. 8.5

Ihre große Bedeutung zeigt sich auch daran, daß sowohl der Bund als auch sämtliche Länder derartige Programme haben, über die beträchtliche Geldmittel vergeben werden.

8.4.3 Negative Anreize

Defavorisierungs- oder Diskriminierungsinstrumente als Mittel

Wenn die Möglichkeiten positiver Anreize ausgeschöpft sind, ist zu prüfen, ob nicht durch negative Anreize, sogenannte Defavorisierungs- oder Diskriminierungsinstrumente, in den strukturstarken Regionen eine interregionale Umverteilung erreicht werden könnte. Dies wären insbesondere Ansiedlungs- und Investitionserschwernisse in bestimmten Regionen, z.B. durch Sonderabgaben für Haushalte und Unternehmen. So könnten die Folgekosten der Agglomerationen, die von der Allgemeinheit getragen werden, über erhöhte Einkommens- oder Investitionssteuern an die Verursacher weitergegeben werden. Neben ihrer verfassungsrechtlichen Problematik sind derartige Mittel praktisch nicht durchsetzbar, vor allem wegen der bereits bestehenden Probleme in den Kernen der Ballungsgebiete und den Engpässen der entsprechenden kommunalen Haushalte. Das Beispiel amerikanischer Großstädte, in deren Innenstädten sich sozial schwache Bevölkerungsgruppen und gefährdete Unternehmen der Stagnationsbranchen sammeln und zu kaum lösbaren ökonomischen und sozialen Problemen führen, spricht als warnendes Beispiel dagegen. Ein weiteres Argument gegen Negativanreize ist die wachsende internationale Verflechtung der Wirtschaft und der damit verbundene verschärfte internationale Wettbewerb. Zusätzliche Belastungen würden die internationale Konkurrenzfähigkeit gerade der Unternehmen gefährden, auf die die exportorientierte Wirtschaft der Bundesrepublik angewiesen ist. Auch bestünde die Gefahr, daß Betriebsverlagerungen nicht zugunsten peripherer Räume im eigenen Land, sondern in das Ausland erfolgen, wenn die dortigen Produktionsbedingungen günstiger sind. Aus diesen Gründen sind in der Bundesrepublik negative Anreize als indirekt wirkende Mittel zur Steuerung der raumstrukturellen Entwicklung nicht durchsetzbar und in einer Zeit zunehmender internationaler Konkurrenz um Arbeitsplätze nicht sinnvoll.

Praktisch keine wirksamen Steuerungsmittel

Insgesamt bleibt festzustellen, daß alle dargestellten Mittel zur Durchsetzung der Ziele der Raumordnung und Landesplanung erhebliche Probleme in ihrer Anwendung und Wirkung haben. Ein Wirtschaftssystem, das grundsätzlich den privaten Trägern die Standortentscheidungen zubilligt, kann nur mittelbar über Subventionen steuernd Einfluß nehmen. Die Forderung nach Streichung aller Subventionen, wie sie angesichts leerer Kassen der öffentlichen Hände zuweilen ertönt, hätte den vollständigen Verzicht auf die noch vorhandene staatliche Standortbeeinflussung zur Folge. Da positive Anreize das wichtigste Mittel zur Verwirklichung der Ziele der Raumordnung und Landesplanung darstellen, werden im folgenden einige derartige Programme genannt.

Fazit

8.5 Regionale Wirtschaftsförderungsprogramme

Ein spezielles Programm, das über positive Anreize gezielt die privatwirtschaftlichen Investitionen in wirtschaftsstrukturschwachen Gebieten fördern will und dem Ausgleich regionaler Disparitäten dient, ist das Programm „**Verbesserung der regionalen Wirtschaftsstruktur**", das von Bund und Ländern gemeinsam getragen und daher als „Gemeinschaftsaufgabe" bezeichnet wird. Es wurde 1969 durch Änderung und Ergänzung des Grundgesetzes (Art. 91 a) und das „Gesetz über die Gemeinschaftsaufgabe Verbesserung der regionalen Wirtschaftsstruktur"

Gemeinschaftsaufgabe zur Förderung der regionalen Wirtschaftsstruktur: GRW geschaffen. Mit seiner Hilfe werden strukturschwache Gebiete, deren Wirtschaftskraft erheblich unter dem Bundesdurchschnitt liegt oder darunter abzusinken drohen, gefördert. Ein gemeinsamer Ausschuß von Bund und Ländern beschließt einen „Rahmenplan der Gemeinschaftsaufgabe Verbesserung der regionalen Wirtschaftsstruktur" (1992: 21. Rahmenplan für den Zeitraum 1992 bis 1995), der die Fördergebiete und die Förderbedingungen enthält. Den in den Rahmenplänen ausgewiesenen Schwerpunktorten können Investitionszuschüsse bis zu 18% der Gesamtinvestitionssumme sowie bis zu 20.000 DM pro Arbeitsplatz gezahlt werden. In den neuen Ländern, die flächendeckend Fördergebiet sind, betragen die Höchstsätze 23% bzw. 25.000 DM.

Investitionszuschüsse

Förderungsprogramme der Länder

Neben diesem Bund-Länder-Programm gibt es in allen Ländern regionale Förderprogramme, die ebenfalls mit positiven Anreizen, also insbesondere Investitionszuschüssen, operieren. Häufig sind sie mit Maßnahmen der Landeserschließung gekoppelt, so daß zu Raumordnungsplänen eine enge Verwandschaft besteht.

Beispiel: Programm Nord

Dies gilt z.B. für das „Programm Nord", das vom Land Schleswig-Holstein schon 1953 für den strukturschwachen Nordwesten des Landes geschaffen wurde. Dabei werden für Investitionen in folgenden Bereichen staatliche Förderungen gezahlt:
– Flurbereinigung,
– Verbesserung der Verkehrsinfrastruktur,
– Ausbau der Wasserversorgung,
– Abwasserbeseitigung,
– Aufforstungen und
– Gewerbeförderung.

Lit.: WIEBE, D.: Das Programm Nord. Paderborn und München 1979 (Reihe Fragenkreise)

Finanziert wird das Programm aus Mitteln der Bund-Länder-Gemeinschaftsaufgabe „Verbesserung der Agrarstruktur und des Küstenschutzes" sowie der Europäischen Gemeinschaft. Es wird in diesen Räumen ergänzt durch landeseigene Programme für die Landesteile Schleswig und Westküste sowie betriebliche Förderprogramme des Landes und eine Reihe fachlicher Pläne, die ebenfalls raumstrukturelle Wirkung haben, z.B. im Bereich des Küstenschutzes einen Generalplan Deichverstärkung, Deichverkürzung und Küstenschutz, der 1963 ausgestellt wurde und zur Zeit in der Fassung der Fortschreibung von 1986 Handlungsgrundlage für entsprechende Maßnahmen ist.

Beispiele aus Baden-Württemberg

Die anderen Länder haben vergleichbare Programme und Pläne der Fachressorts mit raumstrukturverbessernden Maßnahmen. Baden-Württemberg fördert seit 1973 gezielt mit einem Schwarzwaldprogramm und einem Albprogramm, die die speziellen Belange dieser Teilräume berücksichtigen.

Der Freistaat Bayern stellt für die Grenzgebiete im Osten spezielle Grenzlandprogramme auf, die die Förderungsmaßnahmen sehr genau beschreiben. Die Struktur des Landes ist durch starke regionale Disparitäten gekennzeichnet, z.B. zwischen dem Wachstumspol München und dem Bayerischen Wald. Im Zuge einer verstärkten Lenkung von Bundesmitteln zum Ausgleich gesamtstaatlicher Gefälle, insbesondere zu den neuen Ländern, kommt derartigen Landesprogrammen eine erhebliche Bedeutung zu.

Beispiele aus Bayern

In Niedersachsen soll das Zentrum-Peripherie-Gefälle mit Förderprogrammen für die westlichen Landesteile mit dem Regierungsbezirk Weser-Ems und das ehemalige Zonenrandgebiet im Osten abgebaut werden. Während traditionell die öffentliche Infrastruktur die meisten Mittel band, z.B. der Elbe-Seitenkanal zur Erschließung und Industrieansiedlung im Zonenrandgebiet, wird heute verstärkt versucht, regionale Potentiale zu aktivieren und Zukunftstechnologien günstige Standortbedingungen zu bieten.

Beispiele aus Niedersachsen

Alle anderen Länder haben, ebenfalls ausgehend von Infrastrukturprogrammen, die regionale Engpässe beseitigen sollen, z.B. Rheinland-Pfalz im ländlichen Raum Eifel-Hunsrück, regionale oder sektorale Wirtschaftsförderungsprogramme aufgestellt, die das Ziel verfolgen, die bestehenden Standortnachteile durch Investitionszuschüsse auszugleichen. Die Fülle unterschiedlicher Programme ist kaum überschaubar, doch ist sie Konsequenz des Versuchs, anstelle von Allgemeinzuweisungen sowohl räumlich als auch sachlich gezielt zu fördern, um die erkannten Defizite von Teilräumen abzubauen.

Bedeutung regionaler oder sektoraler Wirtschaftsförderungsprogramme

9 Die kommunalen Planungen

9.1 Die Entstehung gegenwärtiger Stadtstrukturen

Charakteristika städtischer Siedlungen

Städte als hochentwickelte Formen menschlichen Zusammenlebens sind schon seit Jahrtausenden bekannt. Sie sind jeweils Ergebnis der unterschiedlichen natürlichen, wirtschaftlichen und sozialen Rahmenbedingungen, unter denen sie entstehen. Daher spiegeln sie als soziale und bauliche Gebilde diese wider. Kennzeichnend für eine Stadt sind ihre Größe, gemessen an der Zahl der Einwohner, und das Vorhandensein städtischer Funktionen. Vom Erscheinungsbild her treten eine erhöhte Dichte der Besiedlung und eine mehr oder weniger ausgeprägte Geschlossenheit in der Bebauung hinzu. Alle diese Charakteristika lassen sich nicht durch feste Grenzwerte präzisieren, es gibt weder eine Mindesteinwohnerzahl, noch einen Mindestkatalog städtischer Funktionen, noch eine mindeste Besiedlungsdichte usw., oberhalb derer von einer Stadt gesprochen werden kann, und doch sind alle diese Merkmale konstitutiv für eine Stadt. Auch rechtlich läßt sich die Stadt heute nicht mehr definieren, Grundgesetz und Länderverfassungen sprechen nur von Gemeinden, von deren Rechtsgleichheit sie ausgehen, unabhängig von Größe, Struktur oder Besiedlungsdichte.

Kennzeichen der Städte der hoch- und spätmittelalterlichen Stadtgründungsperiode

Die meisten deutschen Städte stammen aus der großen abendländischen Stadtgründungsperiode (ca. 1200 bis 1400). Älter sind nur die römischen Städte vor allem westlich des Rheins und südlich der Donau. So unterschiedlich diese mittelalterlichen Städte zunächst erscheinen, so kann man einige wesentliche allen gemeinsame Charakteristika herausstellen:

- Die Städte waren scharf gegen das Umland abgegrenzt, meist mit Wall, Graben oder Mauer.
- Die Städte waren sozial und funktional gegliedert, z.B. in Quartiere der Geistlichkeit, der Kaufleute, der Handwerker, der Bauern, später auch der Obrigkeit oder der Universitäten. Innerhalb dieser Viertel wohnten und arbeiteten die der jeweiligen sozialen Gruppe zugehörigen Menschen.
- Die Städte zeigen neben der Viertelsbildung eine Hierarchisierung der Bauten entsprechend der sozialen Stellung ihrer Nutzer. Das baulich herausgehobene Rathaus der Bürger, die Zunfthäuser der Kaufleute oder der Bischofspalast sind jeweils Zeugnisse politischer und wirtschaftlicher Macht oder sozialen Selbstbewußtseins.

- Stadterweiterungen bilden eigene Viertel, die sich vom alten Stadtkörper deutlich abheben.

Viele dieser Charakteristika haben sich bis in das 19. Jahrhundert erhalten. Neugründungen nach gänzlich anderen Schemata wie die Idealstadtpläne der Renaissance (z.B. Mannheim) oder Fürstengründungen des Absolutismus (z.B. Karlsruhe) treten zahlenmäßig zurück.

Veränderungen der Stadtstruktur seit dem 19. Jahrhundert

Erst seit dem 19. Jahrhundert fand ein tiefgreifender Wandel der Größe, des Erscheinungsbildes und der inneren Struktur der Städte statt. Er wurde ausgelöst durch eine radikale Umschichtung der wirtschaftlichen Produktion. Während um 1800 noch ca. 80% aller Erwerbstätigen im primären Sektor (Land- und Forstwirtschaft) arbeiteten, waren es um 1900 nur noch ca. 40% und bis heute ist der Anteil auf ca. 5% gefallen. Entsprechend nahm der Anteil des sekundären Sektors (industrielle und gewerbliche Produktion, einschließlich Bergbau) bis 1900 auf knapp 40% zu, danach stieg dieser Anteil nur gering und ist heute sogar rückläufig. Der Anstieg des tertiären Sektors (Handel, Verkehr und sonstige Dienstleistungen) erfolgte zu Beginn des Industrialisierungsprozesses langsamer, beschleunigt sich aber in der Gegenwart. Die Perioden eines besonders rasanten Wandels bezeichnet man als **industrielle Revolutionen**. Die erste brachte in Mitteleuropa seit ca. 1850 einen steilen Anstieg der industriellen Produktion, die sogenannte Industrialisierung. Der gegenwärtig ablaufende Prozeß, der als zweite industrielle Revolution bezeichnet wird, bewirkt durch die Automatisierung der Produktion eine rückläufige Zahl der im sekundären Sektor Beschäftigten bei gleichzeitiger Zunahme der Bedeutung des tertiären Sektors.

Die erste industrielle Revolution, die ihren Ausgangspunkt in England und Schottland hatte und dann Frankreich, Belgien und anschließend Mitteleuropa erreichte, hat die Rahmenbedingungen der Stadtentwicklung durchgreifend verändert. Das bis dahin sehr langsame Wachstum der Städte änderte sich vor allem in den Wachstumspolen der Industrialisierung schlagartig. Vor allem in Oberschlesien, dem Ruhrgebiet und dem Saarland entstanden innerhalb weniger Jahrzehnte in ländlichen Räumen hochverdichtete Siedlungsgebilde, die vom Bergbau und der industriellen Produktion geprägt waren. Mit Ausnahme Berlins erfolgte die Entwicklung in den traditionellen Stadträumen wesentlich langsamer, in abgelegenen Räumen kam es sogar zur Stagnation oder Schrumpfung. Insgesamt stieg die Bevölkerungszahl, vor allem aufgrund einer rückläufigen Sterberate, aber auch durch die im Rahmen der Agrarreformen des 19. Jahrhunderts durchgesetzte Bauernbefreiung, die Abschaffung der Heiratsbeschränkungen

Bevölkerungs- und siedlungsstrukturelle Prozesse während der industriellen Revolution

und die Schaffung von Freizügigkeit. Die Folge war eine hohe Mobilität der Bevölkerung, die vom Land in die Stadt drängte, um durch Arbeit in der Industrie den Lebensunterhalt zu verdienen oder sozial aufzusteigen.

Entwicklung des Verkehrswesens während der industriellen Revolution

Für die räumliche Entwicklung der Städte ist die **Verkehrsentwicklung** von herausragender Bedeutung. Zunächst verbesserte das schnell wachsende Eisenbahnnetz die Verbindung der Städte untereinander, gegen Ende des 19. Jahrhunderts verbesserten Stadteisenbahn, Straßen- und Untergrundbahn auch die innerstädtischen Verbindungen. War zu Beginn der Industrialisierung der enge räumliche Verbund von Wohn- und Arbeitsstätten zwingend notwendig, so wurde er zunächst durch öffentliche Verkehrsmittel zunehmend gelockert. Die Städte wuchsen entlang der Verkehrsachsen ins Umland. Seit dem zweiten Weltkrieg hat die Individualmotorisierung dieses Wachstum in die Fläche ausgedehnt. Entsprechend haben sich die regionalen Wanderungsprozesse zugunsten des anwachsenden Pendelverkehrs gewandelt. War bis zum zweiten Weltkrieg eine Land-Stadt-Wanderung Kennzeichen der Verstädterung oder Urbanisierung, so wurde sie im Zuge der Individualmotorisierung von einer Stadt-Land-Wanderung in das Umland abgelöst.

9.2 Die funktionale Gliederung der Stadt und ihre Probleme

Entwicklung des Stadtkerns zur City

Entsprechend den vielschichtigen Prozessen der Stadtentwicklung ist die funktionale Gliederung der Städte. Sie ist durch den Prozeß der Industrialisierung grundlegend verändert worden.

Im **Stadtkern** ist die alte räumlich-soziale Viertelbildung mit dem Verbund von Wohn- und Arbeitsstätten durch nach Branchen differenzierte Geschäftszentren ersetzt worden. Der Bereich der Altstadt oder Innenstadt wird zum Stadtzentrum, zur City. Er ist meist der Mittelpunkt der Stadt (Stadtmitte), somit der unter dem Aspekt der Versorgung der Bevölkerung optimale Standort. Entsprechend drängen sich in ihm Geschäfte, Kaufhäuser, Banken, Versicherungen, Behörden, öffentliche und private Dienstleistungen in hoher räumlicher Verdichtung. Die Knappheit der Fläche schafft hier besondere Nutzungskonkurrenzen und bauliche Strukturen. Die hohen Baulandpreise und Mieten können im privatwirtschaftlichen Bereich nur von Unternehmen erwirtschaftet werden, die eine hohe Rendite habe. Sie verdrängen die in der City verbliebene Wohnnutzung mehr und mehr, was dadurch begünstigt wird, daß dort vor allem Altbauquartiere zu finden sind, in denen sich vorwiegend alte Menschen und Ausländer befinden, da junge Familien mit ihrer höheren Mobilität im Stadtrandbereich des Umlandes wohnen. Das Wachstum des tertiären Sektors, dessen optimaler Standort die City ist, verdrängt somit die Wohnfunktion zunehmend. Man versucht heute, in diesen Prozeß steuernd einzugreifen, um den vollständige Rückgang der Wohnbevölkerung zu vermeiden, die am Abend aus dem tagsüber von Menschen überquellenden CBD (Central Business District) eine menschenleere Geisterstadt werden läßt, während am Stadtrand und im Umland sogenannte Schlafstädte entstanden sind.

CBD

Auch im Sinne der Sicherung erhaltenswerter baulicher Bestandteile ist es erforderlich, die City nicht allein der Entwicklung nach den Gesetzen der wirtschaftlichsten Bodennutzung zu überlassen. Zahlreich sind die Fälle, in denen alte Bausubstanz, die in der schnellebigen und hektischen Atmosphäre der Stadtmitte für die Erhaltung lokaler Identität wichtig ist, durch moderne Zweckbauten ersetzt wurden, die zwar die Fläche optimal nutzen, aber aufgrund ihrer Austauschbarkeit das städtische Erscheinungsbild vereinheitlichen und ihm seine individuellen Züge nehmen. Gerade deren Bedeutung wird in jüngster Zeit zunehmend wiederentdeckt. Beispiele sind aufwendige Restaurierungen oder Rekonstruktionen wie der Alten Oper oder des Römerbergs in Frankfurt.

Aufgabe, die Entwicklung des Stadtkerns nicht nur ökonomischen Einflußgrößen zu überlassen

Zahlreiche weitere Elemente geben der City ein typisches Gepräge. Die vielfach durchgehenden Ladenfronten im Erdgeschoß, die allgegenwärtige Werbung, die Häufung von Zeitungskiosken, Imbißstuben, Automaten usw., meist vollständig für den Verkehr gesperrte Straßen, die Fußgängerzonen, andererseits großzügig dimensionierte Parkhäuser und viele weitere Charakteristika unterscheiden den Citybereich deutlich von allen anderen Stadtteilen. Wichtig für die Erklärung des Erscheinungsbildes sind die Lagevorteile für die Dienstleistungen aufgrund der räumlichen Nachbarschaft mit gleichartigen, ergänzenden oder konkurrierenden Einrichtungen. Sie führen zur Bildung von Standortpräferenzen, die eine Viertelbildung im Dienstleistungsbereich bewirken, etwa ein Bankenviertel, ein Maklerviertel oder ein Vergnügungsviertel.

Erscheinungsbild der City

Mit dem Wachstum der Funktionen, die in der Stadtmitte ihren optimalen Standort haben, einerseits, mit einer zunehmend restriktiven Haltung der Planung gegenüber baulichen Großvorhaben im Innenstadtbereich und dem Schutz der Wohnfunktion, alter Bausubstanz und der wenigen verbliebenen Freiflächen andererseits ist eine räumliche Ausdehnung über den alten Stadtkern hinaus zu beobachten. Dabei findet in diesen Bereichen derselbe Verdrängungsmechanismus statt, der zuvor die Altstadt

Prozesse im Cityrandbereich

erfaßt hatte. Hier sind vielfach auch noch gewerbliche Produktionsstätten, die durch ihre Emissionen dazu beitragen, den Wohnwert dieser Gebiete zu senken. Es sind die häufigsten Wohnstandorte von Ausländern. Dieser **Cityrandbereich** ist zur Zeit durch besonders starke Nutzungskonflikte gekennzeichnet.

Stadterweiterungen

Der Cityrandbereich geht vielfach nahtlos und allmählich in den Bereich der **Stadterweiterungen** des 19. und 20. Jahrhunderts über, die entweder in großen Projekten nach einheitlichen Konzepten gestaltet worden sind – das ausgehende 19. Jahrhundert ist die erste Blütezeit des modernen Städtebaus – oder straßenweise erschlossen wurden. In ihnen herrscht bis heute die Wohnfunktion vor, teilweise durchmischt mit Versorgungs- und Dienstleistungsbetrieben. Das Wachstum der Städte hat nicht nur zu mehr oder weniger geordneten Stadterweiterungen geführt, es hat auch Nachbarstädte, Dörfer und Weiler miteinbezogen. Die Eingemeindungen als Kennzeichen des Städtewachstums haben noch einmal seit den siebziger Jahren im Rahmen der Gebiets- und Verwaltungsreform zu einer deutlichen Vergrößerung der Städte geführt, vielfach jedoch ohne die bestehenden Verflechtungen, lokale Identitäten und Zusammengehörigkeiten zu berücksichtigen. So sind die wachsenden Siedlungsgebilde nicht monozentrisch strukturiert, sondern komplizierte polyzentrische Gebilde, deren Zentren teilweise nach der Eingemeindung weiterbestanden oder sich aufgrund veränderter Standortvorteile verlagerten. Häufig sind sie auch gezielt durch die städtischen Planungsträger angelegt worden, um größere Zentren zu entlasten und das Verkehrsaufkommen durch Pendler zu verringern.

Prozesse am Stadtrand und im Umland

Der **Stadtrand** ist geprägt durch das unaufhaltsame räumliche Wachstum der Stadt. Die bestehende landwirtschaftliche Nutzfläche wird zunächst durch städtische Komplementärnutzungen wie Freizeit- oder Kleingartengelände verringert, ferner wird sie Bauerwartungsland und damit Spekulationsobjekt, das oft den Eigentümer wechselt. Das häufige Brachfallen im Stadtumland und die Nutzung landwirtschaftlich wertvoller Flächen als Schrottplätze und dergleichen war stets ein Symptom für derartige Prozesse, die seit den siebziger Jahren durch eine konsequente Anwendung des städtebaulichen Ordnungsinstrumentariums verhindert werden können. Die von der Stadt allmählich heranrückende oder sich in Großprojekten in Form von Trabantenstädten vollziehende Bebauung bringt schließlich das ehemalige Umland auch baulich in die zusammenhängend gebauten Ortsteile.

Standorte der gewerblichen Produktion in der Stadt

Ein wesentliches Charakteristikum der Stadt ist auch ihre Funktion als **Standort der gewerblichen Produktion**. Hier haben sich ebenfalls seit der Industrialisierung Verschiebungen der Standorttendenzen ergeben. Die erste Generation der Industrieflächen entstand im 19. Jahrhundert am damaligen Stadtrand, vor allem entlang der neuen Eisenbahnlinien, auf die alle Industrien angewiesen waren. Die vom Stadtzentrum heranrückende Wohnbebauung schloß diese Flächen bald ein, nahm damit die Erweiterungsmöglichkeiten und führte zu Nutzungskonflikten, vor allem durch die Emissionen der Industrie (Lärm, Rauch, Abgase). Diese **Mischgebiete** von Wohnen und gewerblicher Produktion bestehen teilweise bis heute, sie zu entmischen, bei einer Blockrandbebauung diese Blöcke zu entkernen, ist eine zentrale Aufgabe der städtebaulichen Planung. Dazu werden Industrie- und Gewerbeflächen außerhalb der bebauten Ortsteile gesucht, von denen möglichst keine Störungen auf benachbarte städtische Nutzungen ausgehen. Sie müssen an die bestehenden Infrastrukturen (Verkehr, Ver- und Entsorgungsleitungen) angeschlossen werden können und weitere für Industrie und Gewerbe erforderliche Standortvoraussetzungen bieten, z.B. ebene Lage oder erhöhte Belastbarkeit des Baugrundes. Solche großflächigen Gewerbe- und Industriegebiete werden auch für flächenintensive Dienstleistungsbetriebe, z.B. Möbelmärkte oder Verbrauchermärkte ausgewiesen. Dabei wird versucht, das monotone Erscheinungsbild dieser Gebiete durch Grünanlagen und sonstige Freiflächen aufzulockern. Damit entstehen sogenannte **Industrieparks**, die seit den siebziger Jahren in zahlreichen Städten zu finden sind und die auch aus Landesmitteln in strukturschwachen Räumen gefördert werden.

Mischgebiete

Industrie- und Gewerbegebiete

Industrieparks

Mit dem Wachstum der Städte steht das **Verkehrsaufkommen** in unmittelbarem Zusammenhang. Einerseits ermöglichen der Ausbau des Verkehrsnetzes und neue Verkehrsmittel erst das flächenhafte Wachstum der Städte zu großen Agglomerationen, andererseits drohen diese dann am durch sie geschaffenen Verkehr, insbesondere dem Individualverkehr, zu ersticken. Typische städtische Verkehrsspannungen sind radial, also vom Zentrum in die Randbereiche und umgekehrt gerichtet, tangentiale Verkehrsströme sind nur bei starken kreuzenden überregionalen Verkehrstrassen bedeutsam. Mit dem Wachstum der Stadt nimmt dabei die Belastung des Stadtzentrums und der von ihm ausgehenden Verbindungen zu den Außenbezirken sprunghaft zu, verstärkt noch durch den regionalen Verkehr, der mit zunehmender Zentralitätsstufe der Siedlung ansteigt. Durch sie kann das städtische Verkehrssystem, insbesondere in Zeiten der Spitzenbelastung, der Rush-hour, kollabieren. Auch bewirkt der Verkehr am stärksten die Minderung innerstädtischer Wohnqualität.

Verkehrsaufkommen in der Stadt

Städtische Verkehrsspannungen und Verkehrsströme

Zu Beginn der Individualmotorisierung hat man geglaubt, die Städte autogerecht umformen oder neue Städte und Stadtteile so

Leitbild der autogerechten Stadt

großzügig planen zu können, daß es reibungslose Verkehrsströme gibt, die die Wohnqualität der in der Stadt wohnenden Menschen nicht beeinträchtigen. Dieses **Leitbild der autogerechten Stadt** mit der absoluten Priorität des Individualverkehrs hat viel zur Zerstörung der Städte durch das Automobil beigetragen. Es ist heute durch die Erkenntnis überholt, daß eine autogerechte Stadt nicht menschengerecht sein kann. Städtische Verkehrsplanung und die Steuerung der Stadtentwicklung haben heute mehr das Ziel, das Verkehrsaufkommen insgesamt zu verringern, verkehrsintensive Einrichtungen und damit Verkehrsströme aus der Stadt zu verlagern und den innerörtlichen Verkehr durch Verkehrsberuhigung zu verlangsamen, um die von ihm ausgehenden Beeinträchtigungen zu vermindern. Schließlich soll die Flächeninanspruchnahme des ruhenden Verkehrs herabgesetzt werden, indem die Parkplätze, die wichtige Freiflächen blockieren, in Parkhäusern und Tiefgaragen konzentriert werden.

Städte stehen damit vor einer Vielzahl von Strukturproblemen, die eine übergeordnete und koordinierende Raumplanung erforderlich machen. Stärker als auf jeder anderen Stufe des Systems der öffentlichen Planungen stellt sich die Frage, an welchen Grundsätzen die räumliche Entwicklung orientiert werden soll und wie die Stadtentwicklung so gesteuert werden kann, daß die verschiedenen Ziele erreicht werden, ohne sich gegenseitig zu behindern.

9.3 Die gemeindliche Planungshoheit, das Baugesetzbuch und die Bauleitpläne

Bedeutung der kommunalen Planungsstufen

Die Darstellung der Raumordnung und Landesplanung, insbesondere der Regionalplanung als unterer Stufe der Landesplanung, hat gezeigt, daß diese überörtlichen Planungen als Hauptadressaten die Fachplanungen einerseits und die Gemeinden andererseits haben. Alle Maßnahmen im Raum vollziehen sich, von sehr wenigen Ausnahmen abgesehen, auf der Fläche einer Gemeinde. Da diese das in der Verfassung garantierte Selbstverwaltungsrecht haben, kann die Landesplanung nicht ohne deren Beteiligung Festsetzungen treffen. Die Gemeinden ihrerseits haben die Pflicht, ihre Planungen den Zielen der Raumordnung und Landesplanung anzupassen (Baugesetzbuch – im folgenden: BauGB – §1 Abs.4). Die gemeindliche Planungsebene ist mit der Bebauungsplanung die einzige, die für den betroffenen Bürger unmittelbar geltendes Recht setzt, und sie hat den höchsten Konkretheitsgrad aller Planungsstufen der räumlichen Gesamtplanung.

Die gemeindliche Planung ist aus dem **Städtebau** heraus entstanden. Daher wird für sie noch häufig dieser Begriff verwendet, obwohl nicht nur Städte, sondern alle Gemeinden gemeint sind, und sich die Tätigkeit auch nicht nur durch das Bauen beschreiben läßt. Ebenso wird der Begriff der **Stadtplanung** für die räumlichen Gesamtplanungen auf kommunaler Ebene verwendet; besser wäre allerdings der Begriff der Ortsplanung.

Städtebau und Stadtplanung

Welcher Instrumente sich die gemeindliche Planung zu bedienen hat, ist im **Bauplanungsrecht** geregelt, für das der Bund eine ausschließliche Gesetzgebungskompetenz hat. Der Vielfalt der Regelungen der Landesplanung steht also die einheitliche Regelung der kommunalen Planungen gegenüber. Der Bund hat 1960 ein Bundesbaugesetz erlassen, das seit 1987 als **Baugesetzbuch – BauGB –** novelliert wird.

Bundeskompetenz im Bauplanungsrecht

Baugesetzbuch – BauGB

Das zentrale Instrument der gemeindlichen Planung ist die **Bauleitplanung**, über die es in §1 Abs.1 und 2 BauGB heißt:

Instrument der Bauleitplanung

§1 Aufgabe, Begriff und Grundsätze der Bauleitplanung
(1) Aufgabe der Bauleitplanung ist es, die bauliche und sonstige Nutzung der Grundstücke in der Gemeinde nach Maßgabe dieses Gesetzbuchs vorzubereiten und zu leiten.
(2) Bauleitpläne sind der Flächennutzungsplan (vorbereitender Bauleitplan) und der Bebauungsplan (verbindlicher Bauleitplan).

Die Bauleitplanung ist also ein zweistufiges Planungssystem, auf dessen oberer Stufe der Flächennutzungsplan als vorbereitender Bauleitplan steht. Gemäß § 5 BauGB ist der Flächennutzungsplan für das ganze Gemeindegebiet zu erstellen. Er stellt die sich aus der beabsichtigten räumlichen Entwicklung der Gemeinde ergebende Art der Bodennutzung in den Grundzügen dar. Der Bebauungsplan hingegen wird für Teilbereiche der Gemeinde aufgestellt. Er enthält die rechtsverbindlichen Festsetzungen, die von allen Raumnutzern zu beachten sind, z.B. Bauherren, die ein Grundstück gekauft haben und ein Haus bauen wollen, oder Hausherren, die eine bauliche Veränderung an ihrem Haus vornehmen wollen.

Zweistufiges verbindliches Planungssystem

Die planerischen Aktivitäten der Gemeinden sind ihrer Aufgabenfülle entsprechend vielfältig. Daher gibt es neben der raumbezogenen Planung sehr viele weitere Pläne, von denen die gemeindlichen Fachplanungen die wichtigsten sind, z.B. Schulplanung, Grün- und Landschaftsplanung, Sozialplanung, Krankenhausplanung, Verkehrsplanung, Wohnbedarfsplanung, Freizeit- und Erholungsplanung und andere. Ferner gibt es in vielen Gemeinden eigene Planungsstufen, die im BauGB nicht vorgeschrieben sind. Am verbreitetsten sind die Stadtentwicklungsplanung und die städtebauliche Rahmenplanung, wobei die verwendeten Begriffe verschieden sind.

Weitere nichtverbindliche Planungsstufen

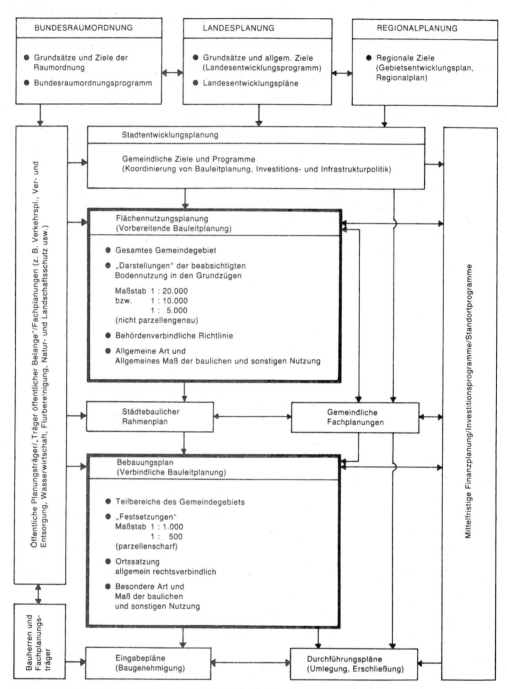

Quelle: Akademie für Raumforschung und Landesplanung (ARL), Borchard, Klaus: Bauleitplanung. Daten zur Raumplanung Teil B, Nr. VIII.3.1.(2), Hannover 1983

Abb. 30: System der gemeindlichen Planung

Die Stadtentwicklungsplanung hat neben verschiedenen anderen die Funktion der Koordinierung der Fachplanungen der Gemeinde. Die städtebauliche Rahmenplanung ist eine spezielle Planart zur städtebaulichen Bestandsaufnahme und gestalterischen Planung von Teilbereichen, z.B. von Innenstädten. Das System der unterschiedlichen gemeindlichen Planungen ist im Schaubild (Abb. 30) zusammengefaßt. In der obersten Zeile sind die übergemeindlichen Planungsträger enthalten. Von diesen enthalten die Planungen des Landes und der Region die verbindlichen Vorgaben in Form der Ziele der Landesplanung. In der Mitte sind dann die vier Stufen der gemeindlichen Planung – Stadtentwicklungsplanung, Flächennutzungsplanung, städtebauliche Rahmenplanung und Bebauungsplanung – dargestellt, wobei die Stufen der Bauleitplanung fett umrissen sind, weil sie die wichtigsten und verbindlich vorgeschriebenen gemeindlichen Planungen sind.

Überblick über das gemeindliche Planungssystem

9.4 Der Flächennutzungsplan

Der Flächennutzungsplan, der für das gesamte Gemeindegebiet aufgestellt wird, gibt die im Planungshorizont, das sind meist zehn bis 15 Jahre, angestrebte Bodennutzung in den Grundzügen an. Dabei kommen die folgenden Nutzungskategorien zur Darstellung:

Planungshorizont der Flächennutzungsplanung

Für die Bebauung vorgesehenen Flächen werden nach der **allgemeinen Art ihrer baulichen Nutzung** unterschieden in
- Wohnbauflächen (W)
- gemischte Bauflächen (M)
- gewerbliche Bauflächen (G)
- Sonderbauflächen (S)

Allgemeine Art der baulichen Nutzung

Diese können nach der **besonderen Art der baulichen Nutzung** zusätzlich in die folgenden zehn Gruppen differenziert werden:
1. Kleinsiedlungsgebiete (WS)
2. Reine Wohngebiete (WR)
3. Allgemeine Wohngebiete (WA)
4. Besondere Wohngebiete (WB)
5. Dorfgebiete (MD)
6. Mischgebiete (MI)
7. Kerngebiete (MK)
8. Gewerbegebiete (GE)
9. Industriegebiete (GI)
10. Sondergebiete (SO)

Besondere Art der baulichen Nutzung

Die Baunutzungsverordnung – BauNVO –, eine Rechtsverordnung zum BauGB, legt für diese Gruppen genau fest, welche Nutzungen darin zulässig oder ausnahmsweise zulässig sind (Abb.31).

Bauflächen Allgemeine Art der baulichen Nutzung	Baugebiete Besondere Art der baulichen Nutzung		Zulässige Bebauung
W Wohnbauflächen		**WS** Kleinsiedlungs-Gebiet	Vorwiegend Kleinsiedlungen, landwirtschaftliche Nebenerwerbsstellen
		**WR** Reines Wohngebiet	Wohngebäude Ausnahmsweise: Läden, nicht störende Handwerksbetriebe
		**WA** Allgemeines Wohngebiet	Wohngebäude, Läden, Schank- und Speisewirtschaften, kirchliche, kulturelle, soziale und gesundheitliche Anlagen
		**WB** Besonderes Wohngebiet	Wohngebäude, Läden, Schank- und Speisewirtschaften, Kirchen, kulturelle, soziale und gesundheitliche Anlagen, sonstige Gewerbebetriebe Ausnahmsweise: zentrale Einrichtungen der Verwaltung
M Gemischte Bauflächen		**MD** Dorfgebiet	Land- u. forstw. Betriebe, Kleinsiedlungen, Verarbeitungsbetriebe, Einzelhandel, Wirtschaften, Handwerksbetriebe, nicht störende Gewerbebetriebe, kirchliche, kulturelle, soziale Einrichtungen, Gärtnereien, Tankstellen
		**MI** Mischgebiet	Wohngebäude, Geschäfts- u. Bürogebäude, Einzelhandel, Wirtschaften, nicht störendes Gewerbe, Verwaltung, Gärtnereien, Tankstellen
		**MK** Kerngebiet	Geschäfts-, Büro-, Verwaltungsgebäude, Einzelhandel, Wirtschaften, Beherbergung, Vergnügungsstätten, nicht störendes Gewerbe, Kirche, Kultur usw., Tankstellen, Wohnungen für Bereitschaft, Ausnahmsweise: sonstige Wohnungen
G Gewerbliche Bauflächen		**GE** Gewerbegebiet	Gewerbe, nicht erheblich belästigend, Geschäfts-, Büro-, Verwaltungsgebäude, Tankstellen Ausnahmsweise: Wohnungen für Betriebsangehörige
		**GI** Industriegebiet	Industriebetriebe, Tankstellen Ausnahmsweise: Wohnungen für Betriebspersonal
S Sonderbauflächen		**SO** Sondergebiete, die der Erholung dienen, wie z.B. Wochenendhausgebiet	Wochenendhäuser
		**SO** Sonstige Sondergebiete, mit besonderer Zweckbestimmung	Gebiete mit besonderer Zweckbestimmung, wie Hochschul-, Klinik-, Kur-, Hafen- oder Ladengebiete

Quelle: Städtebauliche Planung. Mitwirkung des Bürgers. In: Schriftenreihe des Innenministers NW, Heft 16, 1978, S. 49.

Abb. 31
Art der baulichen Nutzung

Im Flächennutzungsplan werden diese Flächen bestimmt. Ferner ist jeweils unterschieden nach Bestand und Planung. Da der Flächennutzungsplan viele – auch nicht bauliche – Nutzungen im Raum berücksichtigen muß, werden diese ebenfalls erhoben und wiedergegeben. Ferner soll das räumlich-funktionale Nutzungsmuster zum Ausdruck kommen, so daß auch zentrale Einrichtungen mit aufgenommen sind. Zu der Darstellung der baulichen Nutzung treten also, jeweils im einzelnen spezifiziert, hinzu:

Weitere Inhalte des Flächennutzungsplans

– Bauliche Anlagen und Einrichtungen für den Gemeinbedarf,
– Verkehrsflächen,
– Ver- und Entsorgungsanlagen,
– Ver- und Entsorgungsleitungen,
– Grünflächen, Spiel- und Sportstätten, Freizeit- und Erholungsanlagen,

- Wasserflächen und Flächen für die Wasserwirtschaft,
- Flächen für die Land- und Forstwirtschaft,
- nachrichtliche Übernahmen von wichtigen raumbedeutsamen Fachplanungen, z.B. Naturschutzgebiete, Wasserschutzgebiete, Überschwemmungsgebiete oder vom Bergbau betroffene Gebiete.

Die zeichnerische Form der Darstellung ist ebenfalls einheitlich in einer Rechtsverordnung geregelt, der **Planzeichenverordnung** – PlanZVO –, sodaß es mühelos möglich ist, Bauleitpläne aus dem gesamten Bundesgebiet ohne langes „Einlesen" miteinander zu vergleichen. Ein Beispiel für die Darstellung im Flächennutzungsplan enthält Abbildung 32.

Planzeichenverordnung – PlanZVO –

Da der Flächennutzungsplan aus anderen Flächennutzungsarten, z.B. landwirtschaftlicher Nutzfläche, Bauerwartungsland macht, sind damit beträchtliche Wertsteigerungen verbunden. Mit Bauerwartungsland ist in der Vergangenheit häufig spekuliert worden. In der Regel war dies erfolgreich, da Städte und Gemeinden stetig in das Umland gewachsen sind. Wird jedoch aus dem im Flächennutzungsplan ausgewiesenen Bauerwartungsland nicht Bauland, wird also keine Bebauung in einem Bebauungsplan festgelegt, hat der Eigentümer oder Spekulant kein Recht auf eine Entschädigung. Dies hat er erst, wenn ein rechtskräftiger Bebauungsplan geändert wird.

Spekulationsobjekt Bauerwartungsland

Es ist offensichtlich, daß Grundbesitzer häufig das Interesse haben, daß durch Nutzungsänderung eine Wertsteigerung ihrer Flächen erfolgt. Daher ist die kommunale Bauleitplanung einem erheblichen Interessendruck ausgesetzt. Sie hat jedoch nicht nur die Ziele von einzelnen Gruppen zu vertreten, sondern auch Belange, die keine mächtigen Interessenvertretungen haben, z.B. den Natur- und Landschafts- sowie Umweltschutz. Diese kann sie am besten vertreten, wenn sie durch ihre Bodenpolitik das Ziel verfolgt, das Eigentum an möglichst vielen Flächen zu erwerben.

Interessendruck und kommunale Bodenpolitik

Keine Gemeinde ist in der Flächennutzungsplanung völlig ungebunden. Im folgenden wird anhand der Bestimmung des Flächenzuwachses der Siedlungsfläche gezeigt, auf welche Weise sie zu der Ausweisung einer Fläche gelangt.

Ermittlung von Flächen

Der erste Schritt ist die **Flächenbedarfsermittlung**. Dazu ist es erforderlich, die Bevölkerungsentwicklung im Planungszeitraum zu bestimmen. Grundlage dazu sind regionale Bevölkerungsprognosen, die meist durch die Regionalplanung erstellt werden und für Gemeinden oder Gemeindeteile die Bevölkerungsveränderung im Prognosezeitraum bestimmen. Da die Zuwanderung

1. Flächenbedarfsermittlung

Abb. 32 Ausschnitt Flächennutzungsplan

gezielt im Raum verteilt wird, sind diese Prognosen nicht nur ein analytisches Instrument, sondern ein landesplanerisches Ziel, an dem die Gemeinden ihre Planung auszurichten haben. Handelt es sich bei dem Ort um eine „Gemeinde mit Eigenentwicklung", darf sie keinen Zuzug verrechnen, sondern nur die natürliche Bevölkerungsentwicklung des Ortes. Ansonsten ist von dem in der Regionalplanung vorgegebenen Zuzug auszugehen. Der Flächenbedarf ergibt sich dann aufgrund der Zuwanderung sowie einem sogenannten „inneren Bedarf". Er folgt aus der natürlichen Bevölkerungsentwicklung aufgrund der Altersstruktur der Gemeinde, der Verringerung der Belegungsdichte der Wohnungen, aus dem Ersatz durch sanierungsbedingten Abbruch und sonstigen Wegfall von Wohnungen sowie der Zuweisung von Aus- und Übersiedlerkontingenten. Daraus errechnet sich eine Zu- oder Abnahme der Wohnbevölkerung im Prognose- bzw. Planungszeitraum. Mit Hilfe der vorgegebenen Richtzahl der Belegungsdichte (ca. 2,5 Einwohner pro Wohneinheit) wird die Zahl der notwendigen Wohneinheiten ermittelt. Solche Planungsrichtwerte gibt es auch für die anderen Rechenschritte, z.B. kann die Reduzierung der Belegungsdichte mit 0,6% der Wohneinheiten jährlich angesetzt werden. Insgesamt wird so die Veränderung, in der Regel eine Zunahme der Wohneinheiten im Prognosezeitraum, bestimmt. Mit Hilfe des Richtwertes „Wohneinheiten je Flächeneinheit" läßt sich die benötigte Wohnbaufläche berechnen. Ein Durchschnittswert sind 25 Wohneinheiten je Hektar. Ist landesplanerisch eine Verdichtung erwünscht, sind es mehr, sonst weniger.

Vom errechneten Flächenbedarf sind die Reserven im Bestand abzuziehen, die sogenannten **Baulücken**. Das sind rechtskräftig ausgewiesene noch unbebaute Baugrundstücke. Das verbleibende Bauflächendefizit im Planungszeitraum ist der Flächenbedarf für die Wohnbebauung. Ähnlich wird der Gewerbeflächenbedarf bestimmt.

2. Ermittlung der Baulücken

Der Flächenbedarfsermittlung folgt die Erarbeitung einer räumlichen **Entwicklungskonzeption**. Dabei sind diejenigen Flächen zu bestimmen, auf denen der festgestellte Bedarf mit einem städtebaulich sinnvollen Konzept befriedigt werden kann. Häufig gibt der Regionalplan in seiner zeichnerischen Darstellung die Erweiterungsrichtung der Gemeinde vor. Falls dies nicht der Fall ist, sind alternative Flächen, mit denen dem Bedarf entsprochen werden kann, gegeneinander abzuwägen. Im Flächennutzungsplan darf quantitativ nur diejenige Fläche neu ausgewiesen werden, die als Bedarf anhand der genannten Rechenschritte belegt wird. Weitergehende Ausweisungen entsprechen nicht den Zielen der Raumordnung und Landesplanung. Wenn der Flächennutzungsplan in diesem Fall bei der höheren Verwaltungsbehörde

3. Entwicklungskonzeption

zur Genehmigung vorgelegt wird, muß diese feststellen, daß die Gemeinde ihrer Anpassungspflicht nicht nachgekommen ist und muß die Genehmigung versagen. Dann bleiben der Gemeinde nur die Möglichkeit, entweder einen neuen, den Zielen der Landesplanung entsprechenden Plan zu erstellen, oder ein Raumordnungsverfahren zur Änderung der die Gemeinde betreffenden Ziele der Landesplanung einzuleiten.

9.5 Der Bebauungsplan

Entwicklungsgebot

Die wichtigste Funktion des Flächennutzungsplanes ist die Vorbereitung der Bebauungsplanung, weshalb er auch vorbereitender Bauleitplan heißt. Das ergibt sich aus dem sogenannten **Entwicklungsgebot** in § 8 Abs. 2, S.1 BauGB:

„Bebauungspläne sind aus dem Flächennutzungsplan zu entwickeln."

Rechtsverbindliche Festsetzungen des Bebauungsplans

Der Bebauungsplan oder verbindliche Bauleitplan hat die Aufgabe, die Nutzung der Grundstücke durch rechtsverbindliche Festsetzungen so zu bestimmen, daß die erstrebte städtebauliche Ordnung damit erreicht wird.

Inhalte des Bebauungsplans

Die möglichen Inhalte des Bebauungsplanes sind in § 9 BauGB genannt. Sie sind weitreichend und ermöglichen nicht nur detaillierte Angaben zu allen Baumaßnahmen, sondern z.B. auch freizuhaltende Schutzflächen, Pflanzgebote für Bäume oder Sträucher.

Parzellenschärfe

Im Gegensatz zum Flächennutzungsplan beinhaltet der Bebauungsplan parzellenscharfe Bestimmungen, d.h. er enthält für jedes einzelne Grundstück eindeutige und verbindliche Festlegungen.

Maß der baulichen Nutzung:

Als wichtigste Aussage legt der Bebauungsplan Art und Maß der baulichen Nutzung, die Bauweise und die überbaubaren Grundstücksflächen fest. Für die Art gelten die gleichen Bestimmungen wie für den Flächennutzungsplan. Mit dem **Maß der baulichen Nutzung** wird die maximale Nutzungsintensität mittels der folgenden Parameter bestimmt:

– Zahl der Vollgeschosse

GRZ
– Die Grundflächenzahl (GRZ)
  Diese gibt an, wieviel Quadratmeter Grundfläche des Gebäudes je Quadratmeter Grundstücksfläche zulässig sind.

GFZ
– Die Geschoßflächenzahl (GFZ)
  Diese gibt an, wieviel Quadratmeter Geschoßfläche des Gebäudes je Quadratmeter Grundstücksfläche zulässig sind.

BMZ
– Die Baumassenzahl (BMZ)
  Diese wird besonders in Industrie- und Gewerbegebieten anstelle der Geschoßflächenzahl verwendet. Sie gibt an, wie-

viel Kubikmeter Baumasse je Quadratmeter Grundstücksfläche zulässig ist.
- Die Höhe baulicher Anlagen
Dabei können sowohl Höchst- als auch Mindestmaße der Höhe über dem Gelände bestimmt werden.

Als **Bauweise** wird der Zusammenhang der einzelnen Baukörper bezeichnet. Offene Bauweise ist bei klassischer Einfamilienhausbebauung gegeben, bei der die Einzelhäuser unverbunden nebeneinander stehen oder zu Doppelhäusern verbunden sind, sofern deren Länge 50 m nicht überschreitet. Bei der offenen Bauweise müssen die Gebäude einen seitlichen Grenzabstand zum Nachbargrundstück einhalten, den sogenannten **Bauwich**, dessen Maße in den Landesbauordnungen festgelegt sind. Bei der geschlossenen Bauweise werden die Gebäude ohne einen seitlichen Grenzabstand aneinander gebaut. Dies ist typisch für verdichtete Zeilenbebauung oder die Blockrandbebauung der Kernstädte.

Bauweise

Bauwich

Als **überbaubare Grundstücksflächen** werden im Bebauungsplan diejenigen Flächen ausgewiesen, innerhalb derer die Gebäude errichtet werden dürfen. Da sie wie ein Fenster im Grundstück liegen, werden sie auch als Baufenster bezeichnet.

Baufenster

Dem Bebauungsplan ist eine Begründung beizufügen. In ihr sollen die Ziele, Zwecke und wesentlichen Auswirkungen des Bebauungsplanes dargestellt werden. Meist werden diejenigen Überlegungen zusammengefaßt, die unter Abwägung der einzelnen Belange zum festgelegten Planungsergebnis geführt haben.

Begründung zum Bebauungsplan

Der Gemeinderat beschließt den Bebauungsplan nach Abschluß des Verfahrens, zu dem auch die Bürgerbeteiligung (siehe Kapitel 9.9) gehört, als Satzung. Anschließend wird er der höheren Verwaltungsbehörde zur Genehmigung vorgelegt, die insbesondere zu prüfen hat, ob die Verfahrensvorschriften eingehalten wurden und der Plan aus dem Flächennutzungsplan entwickelt wurde und damit den Zielen der Landesplanung nicht widerspricht. Ist er genehmigt, wird dies ortsüblich – meist durch Veröffentlichung in der Tagespresse – bekanntgegeben. Damit wird er für jedermann verbindliches Ortsrecht.

Beschluß des Bebauungsplanes als Satzung

Das Verfahren zur Aufstellung oder Änderung von Bauleitplänen kann sich über mehrere Jahre erstrecken. Es ist daher zu verhindern, daß in dieser Zeit an den Grundstücken Veränderungen vorgenommen werden, die die spätere Verwirklichung des Planes erschweren. Es ist den Gemeinden die Möglichkeit gegeben, eine Veränderungssperre zu erlassen, Baugesuche zurückzustellen und Vorkaufsrechte auszuüben, d.h. sie können in den Handel

Sicherungsmittel der Bauleitplanung

Auszug aus der Zeichenerklärung
(vgl. Planzeichenverordnung – PlanZVO)

▨	Bauliche Nutzung: Allgemeines Wohngebiet
▦	Grünfläche
— — —	Baulinie (begrenzt die Fläche für den Baukörper)
•••••••	Begrenzung von Flächen unterschiedlicher Festsetzung
◯	Pflanzgebot für einen Baum
Ga	Garagen
St	Stellplätze für KfZ

Füllschema der Nutzungsschablone

Baugebiet (WA=Allgemeines Wohngebiet)	Z=Zahl der Vollgeschosse
GRZ = Grundflächenzahl	GFZ = Geschoßflächenzahl
(Baumassenzahl)	Bauweise (z.B. E=Einzelhäuser D=Doppelhäuser)

Angaben über Dachneigung, Traufhöhe usw.

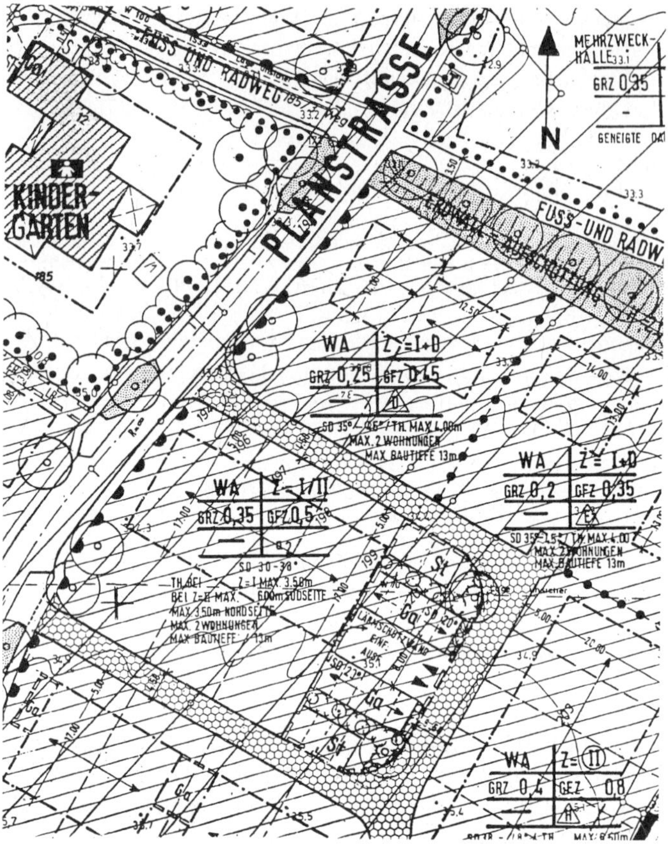

Abb. 33
Ausschnitt Bebauungsplan

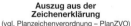

kommende Grundstücke bevorzugt erwerben. Man nennt diese Instrumente die **Sicherungsmittel der Bauleitplanung**.

Umlegung und Erschließung

Im Geltungsbereich des Bebauungsplanes können die Grundstücke durch eine **Umlegung** so neugeordnet werden, daß sie nach Lage, Form und Größe für die vorgesehene Nutzung geeignet sind. Ferner muß die Gemeinde die **Erschließung** sicherstellen, d.h. die Anlage von Straßen, Wegen, Ver- und Entsorgungsleitungen. Die Flächen dazu werden anteilmäßig von den Eigentümern umgelegt. Zur Deckung der Kosten wird von diesen ein Erschließungsbeitrag eingezogen.

Innenbereich
§ 34 BauGB

In jeder Gemeinde gibt es Bereiche, die schon immer baulich genutzt werden, für die aber nie ein Bebauungsplan erstellt worden ist. Diese gelten als „im Zusammenhang bebaute Ortsteile", auch „Innenbereich", selbst wenn es noch Baulücken gibt. Soll eine dieser Baulücken genutzt werden, so muß kein Bebauungsplan erstellt werden. Das Bauvorhaben ist dann zulässig, wenn es sich nach Art und Maß der baulichen Nutzung, der Bauweise und der Grundstücksfläche, die überbaut werden soll, in die Eigenart der näheren Umgebung einfügt und die Erschließung gesichert ist (§ 34 BauGB).

Die Fläche, die weder Innenbereich noch Planbereich der Bebauungspläne ist, ist **Außenbereich**. Bauen im Außenbereich ist grundsätzlich nur für sogenannte privilegierte Vorhaben zulässig, das sind z.B. Aussiedlerhöfe oder Ver- und Entsorgungseinrichtungen. Damit soll dieser Bereich vor einer ungeordneten Besiedlung, einer „Zersiedlung", geschützt werden (§ 35 BauGB).

Außenbereich
§ 35 BauGB

Abbildung 33 enthält einen Ausschnitt aus einem Bebauungsplan für eine randstädtische Wohnflächenerweiterung.

9.6 Die Stadtsanierung als Sonderfall

Nach dem 2. Weltkrieg war die Hauptaufgabe der Wiederaufbau der im Bombenkrieg zerstörten Städte sowie die Unterbringung der aus den Ostgebieten vertriebenen Bevölkerung. Diese Aufgabe stellte sich als quantitatives Problem dar und wurde als solches durch den Stadt-Neubau in Angriff genommen. Darauf war das damalige Bauplanungsrecht ausgerichtet. Erst in den sechziger Jahren erkannte man die Aufgabe in der Stadterneuerung im Bereich der alten, historisch gewachsenen Innenstädte und erarbeitete ein Städtebauförderungsgesetz, das 1971 in Kraft trat, mehrfach novelliert wurde und 1987 als das **besondere Städtebaurecht** in das Baugesetzbuch (§§ 136 ff.) integriert wurde.

Aufgabe der Stadtsanierung

Besonderes Städtebaurecht

Städtebauliche Sanierungsmaßnahmen sind Maßnahmen, durch die ein Gebiet zur Behebung städtebaulicher Mißstände wesentlich verbessert oder umgestaltet wird. Das Problem besteht darin, daß hier in bereits bebauten und bewohnten Gebieten grundlegende Veränderungen vorgenommen werden. Dies kann in enger Zusammenarbeit mit den Eigentümern und Nutzern der Bausubstanz geschehen, weshalb spezielle Rechtsnormen, die dieser Situation Rechnung tragen, erforderlich sind. Die Zuständigkeit für die Vorbereitung und Durchführung von Sanierungsmaßnahmen liegt bei den Gemeinden. Die teilweise sehr hohen Kosten teilen sie sich mit Bund und Ländern.

Städtebauliche Sanierungsmaßnahmen zur Behebung städtebaulicher Mißstände

Die Beseitigung städtebaulicher Mißstände kann durch Verbesserung der Gebäudesubstanz oder Wiederherstellung der Funktionsfähigkeit des Stadtteils erreicht werden. Diese wird mit den Begriffen der Substanzsanierung und der Funktionsschwäche-

Formen der städtebaulichen Sanierung

sanierung beschrieben. Mit dem Begriffspaar Objektsanierung und Flächensanierung wird differenziert, ob Einzelobjekte oder eine gesamte Fläche, meist ein oder mehrere Straßenblocks, saniert werden. In innerstädtischen Wohngebieten sind meist Mischgebiete zu entmischen, wobei der Blockinnenraum entkernt wird, um wohnungsbezogene Freiflächen zu schaffen.

Phasen und Arbeitsschritte der städtebaulichen Sanierung

Das Verfahren der Sanierung ist im BauGB bestimmt. Es beginnt mit der Feststellung des städtebaulichen Mißstandes in der Situationsanalyse, die zur Vorbereitungsphase zählt. Diese Sanierungsvoruntersuchungen sind sehr umfangreich und werden meist von privaten Trägern im Auftrag der Gemeinden durchgeführt. Die Phase endet mit der förmlichen Festlegung des Sanierungsgebietes. Daran schließt sich die Durchführung der Sanierung an, die nicht nur aufgrund von Gestaltungs-, Bau- und Kostenplänen erfolgt, sondern auch den Sozialplan einschließt. In der Vorbereitungsphase und während der Sanierung müssen mit den Betroffenen Gespräche über ihre Wohnungs-, Erwerbs- und Familienverhältnisse geführt werden, um ihnen eine möglichst wirksame Unterstützung bei der Lösung ihrer mit der Sanierung verbundenen Probleme zu bieten und nachteilige Folgen zu mindern. Dies gilt z.B. für Fälle, in denen es zum Wohnortwechsel, zur Betriebsverlagerung oder zum Arbeitsplatzwechsel kommt. Der Sozialplan setzt sich zusammen aus der Sammlung der Niederschriften von Gespräche mit den Betroffenen und der Lösung der sanierungsbedingten Probleme bzw. die gewährten finanziellen und materiellen Hilfen. Das Gesamtvorhaben wird – mehrere Jahre nach der förmlichen Festlegung – mit der förmlichen Aufhebung des Sanierungsgebietes beendet.

Seit 1993 Konzentration auf die neuen Länder

In über zwanzig Jahren sind mit Hilfe der Städtebauförderung in den alten Ländern zahlreiche Kernstädte und sonstige Problemzonen saniert worden. Seit 1993 konzentriert sich die Förderung daher gezielt auf die neuen Länder, in denen ein erheblicher Nachholbedarf besteht.

Dorferneuerung

Wird das Instrumentarium der Städtebauförderung auf dörfliche Gemeinden oder Gemeindeteile angewandt, spricht man von Dorfsanierung oder Dorferneuerung.

9.7 Kommunale Entwicklungsplanung

Kritik am System und Instrumentarium der Bauleitplanung

Vor dem Hintergrund zunehmender Aufgaben der Gemeinden, z.B. im Umwelt- und Umweltvorsorgebereich, ebenso im Sozialbereich, erwies sich die Bauleitplanung immer weniger als geeignetes Instrument, um die kommunalen Fachplanungen zu koordinieren und vor allem auf eine zielgerichtete Gestaltung hin zu bündeln. Das ausschließlich auf die Festlegung der Flächennutzung gerichtete Instrument der Flächennutzungsplanung ist nicht in der Lage, komplizierte räumlich-funktionale Beziehungsgeflechte darzustellen und damit den verschiedenen unterschiedlichen Trägern kommunaler Aufgaben als Orientierungsrahmen zu dienen. Vor allem sind die Bauleitpläne inflexible Instrumente, deren Inhalte und Darstellungsformen gesetzlich in einem engen Rahmen festgelegt sind. Der Flächennutzungsplan ist zudem ein sehr statisches Instrument, das ein Ziel für einen weiten Planungszeitraum festschreibt.

Daher entstand, vor allem in großen Städten mit ihrer Problem- und Aufgabenfülle für die Verwaltungen, das Bedürfnis nach einem Koordinationsinstrument und einer rahmensetzenden integrierenden Planung, die für alle Aktivitäten der kommunalen Verwaltung verbindlicher Handlungsrahmen ist. Sie werden unter dem Begriff der gemeindlichen Entwicklungsplanung zusammengefaßt. Es handelt sich dabei um sehr vielfältige, gesetzlich nicht vorgesehene und auch nicht in Form und Inhalt bestimmte Planungen, die meist Stadtentwicklungsprogramm oder -plan heißen. Sie werden vom Stadtrat verabschiedet und enthalten auf der Basis einer Analyse der räumlich-strukturellen Entwicklung der Stadt eine Zusammenfassung der Entwicklungsbedingungen und Entwicklungsziele. Bei sehr großen Städten werden daraus häufig noch Stadtteilentwicklungsprogramme abgeleitet.

Entstehung der Stadtentwicklungsplanung

Der Flächennutzungsplan wird so zu einer zweiten Planungsstufe, die die Zielvorstellung der Stadtentwicklungsplanung in einen Plan zur Nutzung der Flächen umsetzt und damit zum Vollzugsplan wird. Indem die Stadtentwicklungsplanung ein politisches Leitbild der Stadtentwicklung enthält, ist es eine Art Regierungsprogramm der Verwaltungsspitze. Da sie oft auch einen Zeit- und Kostenrahmen der geplanten Maßnahmen beinhaltet, hat sie einen hohen Konkretheitsgrad.

Stadtentwicklungsplanung im kommunalen Planungsprozeß

Stadtentwicklungsplanung vollzieht sich nicht nur in der Erstellung von Plänen und Programmen, sie versteht sich darüber hinaus als kontinuierlicher Planungsprozeß, der die Aktivitäten der Verwaltung bündelt und aufeinander abstimmt. Organisatorisch ist damit dann nicht ein einzelnes Amt betraut, sondern eine Stabsgruppe, die sinnvollerweise dem Oberbürgermeister direkt zugeordnet ist. Nach außen sichtbare Ergebnisse sind zuweilen Stadtentwicklungsberichte, die – analog zu den Raumordnungsberichten – sehr genau über die Entwicklungen innerhalb der Gemeinde Auskunft geben. In den neunziger Jahren haben als

Verständnis der Stadtentwicklungsplanung

Folge der Finanzknappheit der meisten Gemeinden die kommunalen Gesamtentwicklungsplanungen Mittel einsparen und einen Bedeutungsverlust hinnehmen müssen.

9.8 Städtebauliche Rahmenplanung

Wurzeln der städtebaulichen Rahmenplanung

Eine weitere Planungsstufe der gemeindlichen Planung, die nicht vorgeschrieben, jedoch häufig eingesetzt wird, ist die der städtebaulichen Rahmenplanung. Sie hat zwei Wurzeln. Die kommunale Gebietsreform der sechziger und siebziger Jahre hat die Flächengröße der Gemeinden vervielfacht. Andererseits werden die Geltungsbereiche der Bebauungspläne immer kleiner, da das Gestaltungspotential abnimmt. Damit hat die Maßstabskluft zwischen der Flächennutzungsplanung und der Bebauungsplanung zugenommen. Ferner leidet auch die Bebauungsplanung aus der Sicht des Städtebaus an der rechtlichen Fixierung dieser Planungsstufe, die keine weiteren Darstellungsformen und Inhalte zuläßt als die im BauGB und in der Planzeichenverordnung vorgegebenen. Besonders für gestalterische Überlegungen oder die Entwicklung von Planungsalternativen fehlt eine Planungsstufe. Angeregt durch die Sanierungspläne von städtebaulichen Problembereichen, insbesondere Innenstädten, entwickelte sich daher die **städtebauliche Rahmenplanung**.

Inhalte der städtebaulichen Rahmenplanung

Ein Rahmenplan beinhaltet die räumliche Analyse und planerische Konzeption eines in sich abgeschlossenen Gebietes (Altstadt, Stadtteil o.ä.) vor allem in Hinblick auf eine städtebaulich-funktionale Einbindung in die Gesamtstadt und als Vorgabe für einzelne sukzessiv aufzustellende Bebauungspläne. Das Instrument ist bei Planern sehr beliebt, weil es nicht an Rechtsnormen gebunden ist und sich die gestalterische Phantasie voll entfalten kann. Wie die Stadtentwicklungspläne und -programme wurden sie in den siebziger und achziger Jahren in großer Zahl aufgestellt, sind aber seit Ende der achtziger Jahre zunehmend ein Opfer der engen Finanzierungsspielräume geworden.

Umsetzung über den Bebauungsplan

Aus dem städtebaulichen Rahmenplan wird in der letzten Stufe der Bebauungsplan entwickelt, der als einziger Plan die außenwirksam verbindlichen Festsetzungen enthält. Nur in Sondergebieten, z.B. bei Stadtsanierungen, kann er durch eine Gestaltungssatzung, die sich ebenfalls aus dem Rahmenplan ableiten kann, ergänzt werden.

9.9 Bürgerbeteiligung in der kommunalen Planung

Es ist ein Grundsatz der Planung im föderativen System, diejenigen Träger an der Erarbeitung von Planungszielen zu beteiligen, für die eine Anpassungspflicht besteht. So werden die Regionen an der Landesplanung und die Kommunen an der Aufstellung der Regionalpläne beteiligt. Der Bürger, für den diese Planungen nicht verbindlich sind, kann nur mittelbar über die jeweiligen gewählten Vertretungskörperschaften mitwirken.

Mittelbare Bürgerbeteiligung auf höherstufigen Planungsebenen

Die kommunale Planung setzt als letzte Planungsstufe die Ziele, an die der Bürger eine Anpassungspflicht hat. Deshalb ist es wichtig, ihn direkt an der Planaufstellung zu beteiligen. Dies geschieht in der Bauleitplanung in zwei Stufen, durch die **vorgezogene Bürgerbeteiligung** und die **öffentliche Auslegung**. Da eine Beteiligung um so effektiver ist, je früher sie in den Planungsverlauf einbezogen wird, bestimmt § 3 Abs. 1 BauGB:

Zweistufige Bürgerbeteiligung in der Kommunalplanung

> „Die Bürger sind möglichst frühzeitig über die allgemeinen Ziele und Zwecke der Planung, sich wesentlich unterscheidende Lösungen, die für die Neugestaltung oder Entwicklung eines Gebiets in Betracht kommen, und die voraussichtlichen Auswirkungen der Planung öffentlich zu unterrichten; ihnen ist Gelegenheit zur Äußerung und Erörterung zu geben. (…)"

Daher macht die Gemeinde ortsüblich – meist durch Veröffentlichung in der Lokalpresse und durch einen Aushang im Rathaus – bekannt, daß sie eine Planungsabsicht hat, und fordert die Bürger zur Mitwirkung auf. Zuweilen werden Informationsabende durchgeführt, oft wird nur ein Ansprechpartner beim Stadtplanungsamt benannt (Abb. 34).

Vorgezogene Bürgerbeteiligung

Wenn die Verwaltung einen Bebauungsplan-Entwurf erarbeitet hat, macht sie dies öffentlich bekannt und legt den Planentwurf mit Begründung einen Monat lang öffentlich aus. Sie fordert den Bürger nun wiederum zur Mitarbeit auf (Abb. 35). Während der Auslegung kann dieser Bedenken vorbringen oder Anregungen geben, die protokolliert und im weiteren Verfahren berücksichtigt werden müssen. Nach der Auslegungsfrist hat der zuständige Planer zu prüfen, ob diesen Anregungen und Bedenken entsprochen werden kann oder ob in der planerischen Abwägung andere öffentliche oder private Belange einen Vorrang haben müssen. Die Entscheidung muß begründet sein und einer Überprüfung standhalten können. Wird im weiteren Verfahren die Planung noch einmal grundsätzlich verändert, muß der Plan erneut öffentlich ausgelegt werden.

Öffentliche Auslegung

Amtliche Bekanntmachungen der Stadt Tübingen

Aufstellung des Bebauungsplanes »Nördlich der Herrenberger Straße«

Der Gemeinderat der Universitätsstadt Tübingen hat am 29. 6. 1992 in öffentlicher Sitzung aufgrund von § 2 Abs. 1 BauGB beschlossen, für den Bereich zwischen der Herrenberger Straße, dem Hagellocher Weg und der Straße Vor dem Kreuzberg einen Bebauungsplan aufzustellen und eine vorgezogene Bürgerbeteiligung nach § 3 Abs. 1 BauGB durchzuführen.
Für den Planbereich ist das Plankonzept vom 9. 6. 1992 maßgebend. Er ergibt sich aus folgendem Kartenausschnitt:

Mit der Aufstellung des Bebauungsplanes sollen die planungsrechtlichen Voraussetzungen für eine mit einer geordneten städtebaulichen Entwicklung vereinbare Nutzung des vorgenannten Bereiches geschaffen werden. Einschränkungen der bisherigen gärtnerischen Nutzung des Bereiches sind nicht vorgesehen.

Die Ziele und Zwecke der Planung werden in einer Informationsveranstaltung dargestellt, auf die durch ortsübliche Bekanntmachung im Schwäbischen Tagblatt hingewiesen wird.

Quelle: Schwäbisches Tagblatt 3.7.1992

Abb. 34
Vorgezogenen Bürgerbeteiligung, Aufforderung durch ortsübliche Bekanntmachung

 Amtliche Bekanntmachungen der Stadt Tübingen

Bebauungsplan »Gewerbegebiet Au-Ost«, Tübingen-Lustnau
Der Planungsausschuß des Gemeinderates hat in seiner öffentlichen Sitzung am 30. 3. 1992 die öffentliche Auslegung des Bebauungsplanentwurfes »Gewerbegebiet Au-Ost« nach § 3 Abs. 2 BauGB beschlossen.

Das Plangebiet wird
– im Westen durch das Wasserschutzgebiet »Au«,
– im Norden durch den Gleiskörper der Bundesbahn,
– und im Osten und Süden durch den Böschungsfuß des neuen Anschlußknotens B 27/Stuttgarter Straße
begrenzt. Maßgebend ist der Entwurf des Bebauungsplanes in der Fassung vom 30. 1. 1992. Zur allgemeinen Orientierung dient folgender Kartenausschnitt:

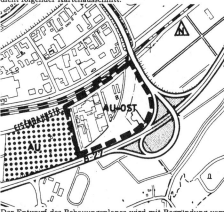

Der Entwurf des Bebauungsplanes wird mit Begründung vom 18. 5. 1992 bis einschließlich 19. 6. 1992 beim Bauverwaltungsamt der Stadt Tübingen, Brunnenstr. 3, 1. OG, Zimmer 106, vormittags vom 8.00 bis 12.30 Uhr, nachmittags von 13.30 bis 17.00 Uhr öffentlich ausgelegt.

Während dieser Auslegungsfrist können beim Bauverwaltungsamt Bedenken und Anregungen schriftlich oder zur Niederschrift vorgetragen werden. Schriftlich vorgebrachte Anregungen und Bedenken sollten die volle Anschrift des Verfassers und ggf. auch die Bezeichnung des betroffenen Grundstückes/Gebäudes enthalten.

Tübingen, 4. 5. 1992   **Bürgermeisteramt**

Quelle: Schwäbisches Tagblatt 5.5.1992

Abb. 35
Öffentliche Auslegung; ortsübliche Bekanntmachung

10 Raumbedeutsame Fachplanungen

10.1 Die Koordination von Fachplanungen

Die Gliederung der Verwaltung nach dem Ressortprinzip in thematisch voneinander abgrenzbare Einheiten hat in diesen zur Entstehung eigener Planungssysteme geführt, die im Gegensatz zur zusammenfassenden überfachlichen Planung als **Fachplanung** bezeichnet werden. Die wichtigsten Fachplanungen sind
- Landschaftsplanung,
- Verkehrsplanung,
- Planungen des technischen Umweltschutzes,
- Wasserwirtschaftsplanung,
- Abfallwirtschaftsplanung,
- Fremdenverkehrs- und Erholungsplanung,
- Landwirtschaftsplanung,
- Forstwirtschaftsplanung,
- Energiewirtschaftsplanung,
- Wirtschafts- und Arbeitsmarktförderungsplanung,
- Planungen der Bildungsinfrastruktur,
- Sozialplanung (Gesundheitswesen, Sozialhilfe, Jugendhilfe),
- Verteidigungs- und Zivilschutzplanung.

Fachplanungen als Planungen der Ressorts

Beispiele

Für diese und andere fachlich gebundene Planungen sind verschiedene vertikale Stufen der Verwaltung zuständig. Im Bereich der Verkehrsplanung ist dies besonders anschaulich. Es gibt Bundesstraßen, deren Linienbestimmung dem Bund obliegt, Landesstraßen in der Kompetenz des Landes, Kreisstraßen, die die Kreisverwaltungen planen, bauen und unterhalten sowie Gemeindestraßen. Zur Abstimmung zwischen den unterschiedlichen Trägern ist eine enge vertikale Zusammenarbeit erforderlich, damit sich die Straßennetze sinnvoll miteinander verflechten. Diese wird als **vertikale Koordination** bezeichnet.

Vertikale Koordination der Planungsebenen

Darüber hinaus ist es auf jeder Planungsebene notwendig, sie mit anderen Fachplanungen und der räumlichen Gesamtplanung abzustimmen. Dies ist die **horizontale Koordination**. Sie soll verhindern, daß mit der Fachplanung lediglich die Optimierung eines Bereiches erfolgt, also z.B. die Verkehrsplanung nur an einer ökonomischen Trassenführung und weder an Zielen des Natur- und Landschaftsschutzes noch an Zielen der Raumplanung orientiert wird. Da die räumliche Gesamtplanung die Aufgabe der Koordination unterschiedlicher Ressortplanungen hat, muß sie deren wichtigster Ansprechpartner sein. Um dies zu erreichen,

Horizontale Koordination der Ressorts

enthalten viele Fachgesetze, z.B. das Bundesfernstraßengesetz, das Flurbereinigungsgesetz, das Wasserhaushaltsgesetz und das Luftverkehrsgesetz eine sogenannte **Raumordnungsklausel**, in der von der Fachplanung gefordert wird, die Belange der Raumordnung und Landesplanung zu beachten.

Landschaftsplanung als Beispiel

Der zunehmenden Bedeutung des Natur- und Landschaftsschutzes für die räumlichen Planungen entsprechend soll im folgenden das System der Landschaftsplanung dargestellt werden. Der formale Aufbau ist in denjenigen Fachplanungen, in denen der Bund ebenfalls eine Rahmengesetzgebungskompetenz hat oder die der konkurrierenden Gesetzgebung unterliegen, z.B. der wasserwirtschaftlichen Planung, sehr ähnlich.

10.2 Das Beispiel der Landschaftsplanung

Rahmengesetzgebungskompetenz des Bundes: Bundesnaturschutzgesetz

Unter dem Begriff der Landschaftsplanung wird die Fachplanung für Naturschutz und Landschaftspflege zusammengefaßt. Wie in der Raumplanung hat der Bund darin eine Rahmengesetzgebungskompetenz, die er durch den Erlaß eines Gesetzes für Naturschutz und Landschaftspflege ausgefüllt hat (Bundesnaturschutzgesetz – BNatSchG –). Der damit umrissene Rahmen wird in der Ländern durch unterschiedliche Landesnaturschutzgesetze ausgeführt.

Finalnorm § 1 BNatSchG

Die meisten Gesetze des öffentlichen Rechtes – auch das bislang genannte ROG und BauGB – enthalten im ersten Paragraphen die Aussage, welche Ziele mit diesem Gesetz verfolgt werden. Es handelt sich dabei um keine Begründung der Gesetzesentstehung, sondern um die Bestimmung des dem Gesetz zugrunde liegenden Zweckes, der bei der Interpretation von Rechtsnormen eine wichtige Rolle spielt. Man bezeichnet diese Paragraphen als Finalnormen.

Die Ziele des Naturschutzes und der Landschaftspflege bestimmt § 1 Abs. 1 BNatSchG folgendermaßen:

> „Natur und Landschaft sind im besiedelten und unbesiedelten Bereich so zu schützen, zu pflegen und zu entwickeln, daß
> 1. die Leistungsfähigkeit des Naturhaushalts,
> 2. die Nutzungsfähigkeit der Naturgüter,
> 3. die Pflanzen- und Tierwelt sowie
> 4. die Vielfalt, Eigenart und Schönheit von Natur und Landschaft als Lebensgrundlagen des Menschen und als Voraussetzung für seine Erholung in Natur und Landschaft nachhaltig gesichert sind."

Weil die Maßnahmen im Hinblick auf die Nutzung von Natur und Landschaft durch den Menschen erfolgen und nicht ihr Eigenwert das Schutzgut darstellt, spricht man von einem anthropozentrischen Schutzkonzept. Das kann die Gefahr beinhalten, daß Naturschutzbelange eine höhere Schutzwürdigkeit haben, wenn sie eine direkte Inwertsetzung erfahren, z.B. als Freizeit- und Erholungsgebiete.

Auffällig ist die besondere Betonung des besiedelten Bereichs, für den der Grundsatz gilt, daß dort „Teile von Natur und Landschaft, auch begrünte Flächen und deren Bestände, in besonderem Maße zu schützen, zu pflegen und zu entwickeln" (BNatSchG § 2 Abs. 1 Nr. 2) sind. Naturschutz und Landschaftspflege richten sich daher nicht auf Teilräume, etwa den Außenbereich, sondern den gesamten Raum, womit sie zu den gesamträumlichen Planungen zählen, für die im Idealfall ein lückenloses flächendeckendes Muster von Plänen existiert.

Landschaftsplanung im besiedelten und unbesiedelten Bereich

Ähnlich wie im ROG nennt das BNatSchG in § 2 allgemeine Grundsätze. Sie werden von den Ländern übernommen und landesspezifisch ergänzt. Das Instrumentarium der Landschaftsplanung sind gemäß § 5 und 6 BNatSchG Landschaftsprogramme, Landschaftsrahmenpläne und Landschaftspläne.

Grundsätze der Landschaftsplanung

Landschaftsprogramme enthalten die Maßnahmen von Naturschutz und Landschaftsplanung für das gesamte Land. Sie werden von der zuständigen Behörde, das ist das entsprechende Landesministerium – aufgestellt. In einer Raumordnungsklausel wird die Beachtung der Grundsätze und Ziele der Raum- und Landesplanung gefordert. Die Landschaftsprogramme entsprechen also den Landesentwicklungsplänen und -programmen, daher enthalten sie außer der Dokumentation des Bestandes eher pauschale, räumlich unscharfe Ziele.

Landschaftsprogramme auf Länderebene

Räumlich konkretisiert werden sie für Teilräume des Landes in **Landschaftsrahmenplänen**. Diese werden auf der Ebene der Regionalplanung, überwiegend von deren Trägern, aufgestellt. Die unterste der überörtlichen Planungsstufen zeichnet sich durch einen höheren räumlichen und sachlichen Detaillierungsgrad aus.

Landschaftsrahmenpläne auf Regionsebene

Die Ebene der kommunalen Landschaftsplanung ist wie die Bauleitplanung zweigeteilt. Dem Flächennutzungsplan entspricht der **Landschaftsplan**, der für das gesamte Gemeindegebiet (in NRW außerhalb der im Zusammenhang bebauten Ortsteile) aufzustellen ist. Er enthält in Text, Karte und Begründung die örtlichen Erfordernisse und Maßnahmen zur Verwirklichung der Ziele des Naturschutzes und der Landschaftspflege. Dem Bebau-

Landschaftspläne für die gesamte Gemeinde

Grünordnungspläne für den Geltungsbereich eines Bebauungsplans	ungsplan entspricht in der Landschaftsplanung der **Grünordnungsplan**, der in Text und Karte für den Bereich eines Bebauungsplanes Ziele wie Pflanz- oder Erhaltungsgebote enthält. Letzterer ist bundesrechtlich nicht vorgesehen, lediglich in den Landesnaturschutzgesetzen von einzelnen Bundesländern.
	Auch Maßstäbe und Detaillierungsgrad entsprechen denjenigen der räumlichen Gesamtplanung dieser Planungsstufe.
Verbindlichkeit der Landschaftsplanung	Die Verbindlichkeit ist jedoch nicht wie in der gesamträumlichen überfachlichen Planung geregelt, sondern sie erfolgt ausschließlich mittelbar über die entsprechenden überfachlichen Programme und Pläne. Es werden also nur diejenigen Planinhalte für andere Planungsträger verbindlich, die aus dem Fachplan übernommen werden. Daher kommt der Verflechtung von Landschaftsplanung und räumlicher Gesamtplanung eine herausragende Rolle zu. Sie erfolgt in den Ländern unterschiedlich, wobei es drei Gruppen gibt:
Verflechtung mit der gesamträumlichen Planung	
1. Vollintegration	1. Bei „**Vollintegration**" ist die Landschaftsplanung Bestandteil der räumlichen Gesamtplanung. Es wird also kein eigener Plan erstellt, sondern die Planung ist in einem Kapitel der räumlichen Gesamtplanung enthalten; die räumlichen Konkretisierungen stehen meist auf einer eigenen Karte. Der Nachteil ist, daß damit kein eigenes Konzept erstellt und vertreten wird, sondern erst nach der Abwägung mit anderen Belangen eine Fixierung erfolgt. Daher wird nicht dokumentiert, in welchen Bereichen die Landschaftsplanung gegenüber anderen Interessen zurücktreten mußte. Der Vorteil ist, daß die Landschaftsplanung damit voll an der Verbindlichkeit der gesamträumlichen Planungen partizipiert und nachgeordnete Planungen und Fachplanungen eine Anpassungspflicht haben.
2. Vorlaufende Landschaftsplanung	2. Bei der „**vorlaufenden Landschaftsplanung**" werden eigene Pläne und Programme der Landschaftsplanung, häufig von eigenen Behörden, erstellt. Diese sind dann so etwas wie thematische Vorarbeit für die Aufstellung der gesamträumlichen Planungen und dokumentieren die Belange von Natur und Landschaft. Dem Nachteil, daß sie keinerlei Bindungswirkung haben, steht der Vorteil gegenüber, daß die räumlichen Ziele der Landschaftsplanung eindeutig dokumentiert werden. Im Vergleich mit der gesamträumlichen Planung ist es nachvollziehbar, welche davon anderen Belangen haben weichen müssen.
3. Mitlaufende Landschaftsplanung	3. Bei der „**mitlaufenden Landschaftsplanung**" werden die Landschaftspläne von den Behörden, die die räumliche Gesamtplanung durchführen, parallel zu diesen aufgestellt. Es werden eigene Pläne und Programme erarbeitet, die dann in die Novellierungen der Gesamtplanung eingehen.

Die Landschaftsplanung ist jünger als die räumlichen Gesamtplanungen. Sofern keine Vollintegration gegeben ist, hatten räumliche Gesamtplanungen in den Zeit- und Kostenbudgets der Träger meist einen Vorrang. Daher liegen in vielen Gebietseinheiten des Bundesgebietes noch keine Landschaftspläne vor.

Stand der Landschaftsplanung

In der ehemaligen DDR ist den Belangen von Natur und Landschaft im Rahmen der **sozialistischen Landeskultur** auf der Grundlage des Naturschutzgesetzes von 1954 und des Landeskulturgesetzes von 1970 entsprochen worden. Das Landeskulturgesetz hatte eine primär ökonomische Ausrichtung, denn schon in seiner Begründung in der Volkskammer wurde ausgeführt, daß „die Maßnahmen dieses Gesetzes eng und unmittelbar mit der notwendigen weiteren Erhöhung der ökonomischen Leistungsfähigkeit unserer Volkswirtschaft und ihrer Effektivität zusammenhängen und ihre Durchführung die allseitige Erfüllung der Volkswirtschaftspläne voraussetzt" (zit. nach E. u. V. NEEF 1977, S. 19). Es verstand sich als ein Schritt zum weiteren planmäßigen Ausbau der entwickelten sozialistischen Gesellschaft. Allerdings ist das Ziel, die negativen Auswirkungen der intensiven Nutzung natürlicher Ressourcen zu vermeiden, nicht erreicht worden, so daß die Erfassung und Sanierung der eingetretenen Schäden in den neuen Ländern heute eine zentrale Aufgabe der Landschaftsplanung ist.

Sozialistische Landeskultur in der ehemaligen DDR

Neben dem System der Landschaftsplanung existiert das Instrument des **landschaftspflegerischen Begleitplanes**. Der Planungsträger einer öffentlich-rechtlichen Fachplanung ist verpflichtet, zum Ausgleich der Eingriffe in Natur und Landschaft die erforderlichen Maßnahmen des Ausgleichs dieser Eingriffe in Text und Karten darzustellen. Dies geschieht entweder in dem entsprechenden Fachplan selbst oder in einem landschaftspflegerischen Begleitplan, der Bestandteil des Fachplans und wie diese rechtsverbindlich ist. Fachplanungen, die erhebliche Eingriffe in Natur und Landschaft bewirken, sind z.B.

Landschaftspflegerische Begleitplanung

– wasserwirtschaftliche Planungen wie Hochwasserrückhaltebecken,
– Agrarplanungen wie Flurbereinigungspläne,
– Straßenplanungen,
– Neubautrassen der Bundesbahn usw.

Hierzu gibt es landschaftspflegerische Begleitpläne, die so detailliert sind, daß die beauftragten Landschaftsgärtner auf deren Grundlage die Maßnahmen durchführen können. Dessen ungeachtet sind die Ausgleichsmöglichkeiten prinzipiell begrenzt, weil wertvolle Biotope so standortgebunden sind, daß sie auch mit aufwendigen Pflegemaßnahmen am neuen Standort nur unvollständig geschaffen werden können. Auch sind viele ökologische Schäden, z.B. die Zerschneidung von Räumen durch Verkehrstrassen, durch einen flächenhaften Ausgleich nicht zu beseitigen. Die Ausgleichspflicht darf also nicht suggerieren, ein vollwertiger Ausgleich sei möglich. Daher bleibt es Aufgabe der Landschaftsplanung und der räumlichen Gesamtplanungen, möglichst früh auf die Planungsphase Einfluß zu nehmen, um bei der Bewertung von Trassenvarianten die Belange von Natur und Landschaft gegen technische und finanzielle Interessen zu vertreten.

System der Landschaftsplanung

Abbildung 36 stellt das System der räumlichen Gesamtplanung, der Landschaftsplanung sowie der weiteren umweltbedeutsamen Fachplanungen mit ihren landschaftspflegerischen Begleitplänen gegenüber. Daraus wird ersichtlich, daß die landschaftspflegerische Begleitplanung ein wesentlicher Bestandteil des Systems der Landschaftsplanung ist.

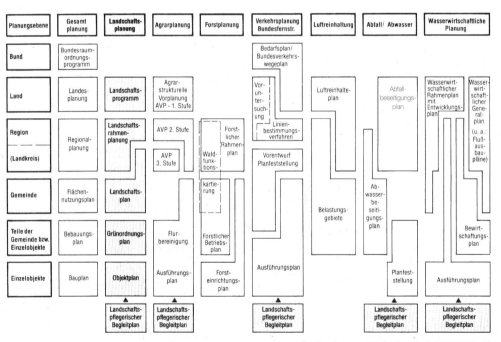

Quelle: Geographische Rundschau 1989, S. 40

Abb. 36
Landschaftsplanung im System der umweltbedeutsamen räumlichen Planung

10.3 Die Konkurrenz zwischen Fachplanung und Raumplanung

Die Landschaftsplanung nimmt eine Mittelstellung zwischen Fachplanung und räumlicher Gesamtplanung ein, da sie zwar einem Fachressort zugeordnet ist, aber keine eigenen Planungen mit Außenwirkungen und deren Realisierung durchführen kann. Gerade letzteres ist jedoch für Fachplanungen die Regel. Ihr Apparat erstellt eigene rechtsverbindliche Pläne und leitet die Maßnahmen der Realisierung, indem er selbst tätig wird oder Aufträge an Private vergibt.

Stellung der Fachplanung zur Gesamtplanung

Es stellt sich dann stets die Frage, wessen Belange das bessere Durchsetzungspotential haben. Dabei ist zu berücksichtigen, daß die Raumplanungen im Gegensatz zu den Fachplanungen über keine eigenen Mittel verfügen, um Maßnahmen im Raum durchzuführen. Daher haben die Fachplanungen den Vorteil, daß sie einen Kreis von Begünstigten haben, also ein Klientel, das von den Aufträgen der Fachplanungsträger lebt. Im Bereich der Verkehrsplanung sind dies die Tiefbauunternehmen und der ADAC. Zwar gibt es unter ihnen Verteilungskonflikte, doch besteht ein weitreichender Konsens bei der Forderung nach entsprechenden Investitionen. Deshalb können sich Fachplanungen bei Konflikten innerhalb von Politik und Verwaltung auf die nachdrückliche Unterstützung durch die Interessengruppen verlassen. Soll z.B. das Straßenbauprogramm gekürzt werden, so braucht die Fachplanung gar nicht aktiv zu werden, die Interessengruppen werden von sich aus sofort und wirkungsvoll protestieren und geeignete Maßnahmen ergreifen. Dabei haben sie wesentlich bessere Möglichkeiten als die Verwaltung, Politiker und öffentliche Meinung für ihre Interessen zu gewinnen und einzusetzen.

Frage nach dem Durchsetzungspotential

Bedeutung der Interessengruppen

Die Planungen der Raumordnung und Landesplanung werden dagegen meist als Beschränkung der Handlungsmöglichkeiten der Fachplanung aufgefaßt, auch gibt es keine unmittelbar Begünstigten und damit keine Interessengruppen für die Raumplanung. Ferner sind ihre Ziele langfristig und abstrakt, die Maßnahmen der Fachplanungen meist kurz- oder mittelfristig und konkret. Bei im Rhythmus von Wahlen geprägten politischen Perspektiven haben jedoch die kurz- und mittelfristigen konkreten Ziele wesentliche Vorteile.

Strategische Nachteile der Raumordnung und Landesplanung

In einer stark von Interessengruppen und der Mobilisierung öffentlicher Meinung abhängigen Gesellschaft wird also die Fachplanung stets durchsetzungsfähiger sein als die überfachlichen räumlichen Gesamtplanungen.

Fazit

11 Planungsprobleme in Grenzräumen und grenzüberschreitende Raumplanung

11.1 Entstehung und Probleme von Grenzräumen

Zuständigkeiten im Raum

Probleme im Raum sind in der Regel nicht an Verwaltungsgrenzen oder bestimmte Zuständigkeiten gebunden. Sie umfassen mehrere Ressorts, verschiedene Gebietseinheiten und auch verschiedene Verwaltungsebenen.

Verwaltungsgliederung vgl. Kap. 4.1

Die öffentliche Verwaltung wurde in drei Dimensionen dargestellt, vertikal, horizontal und territorial. Die vertikale Gliederung, die dem Prinzip der verfassungsrechtlichen Kompetenzordnung nach Bund, Ländern und Gemeinden folgt, führt daher in der Raumplanung zu Gemeinschaftsaufgaben, z.B. zwischen Bund und Ländern sowie Ländern und Gemeinden.

Vertikale Gliederung: Gemeinschaftsaufgaben

Horizontale Gliederung: gemeinsame Gremien

Die horizontale Gliederung, die dem Ressortprinzip, also der Ordnung nach Sachbereichen, folgt, führt bei Problemen im Raum zu interministeriellen Ausschüssen und Arbeitsgruppen, die ressortübergreifende Lösungsansätze erarbeiten.

Territoriale Gliederung: räumliche Grenzen, Grenzgefälle

Die territoriale Gliederung hat zur Folge, daß ein Verwaltungsträger einen fest umgrenzten räumlichen Zuständigkeitsbereich hat. An seinen Grenzen stoßen die Auswirkungen der Tätigkeit unterschiedlicher Verwaltungsträger aufeinander, womit **Grenzgefälle** entstehen können. Sie führen zu dem im folgenden behandelten Thema, der Wirkungen von Grenzen im Raum, den besonderen Problemen von Grenzräumen und den Bemühungen um grenzüberschreitende Planung.

Höherrangige Verwaltungsgrenzen als politische Grenzen

Die höherrangigen Verwaltungsgrenzen sind die Grenzen politischer Einheiten und damit auch die Grenzen der Gültigkeit von Rechtsordnungen. Es ergeben sich Probleme, wenn diese Grenzen nicht mit den Abgrenzungen von naturräumlichen und sozioökonomischen Einheiten zusammenfallen, sondern wenn sie funktional zusammengehörige Räume zerschneiden.

Hierarchie von Grenzen

Die Grenze hat die Funktion, den Bereich der Zuständigkeit einer Verwaltung exakt zu definieren. An der administrativen Grenze stoßen damit Zuständigkeiten von Verwaltungen aufeinander. Entsprechend der vertikalen Verwaltungsgliederung gibt es eine

Hierarchie der Grenzen von der Gemeindegrenze bis zu Staatsgrenze. Letztere bestimmt den Geltungsbereich des jeweiligen Staatsrechts und den Wirkungsbereich der staatlichen Verwaltung. Sie sind wesentliche Kennzeichen moderner Flächenstaaten.

Die Staatsgrenze ist die Berührungslinie benachbarter Staaten. Die politischen, ökonomischen und sozialen Beziehungen beider Staaten zueinander bestimmen daher wesentlich den Charakter der Grenze. Dies gilt auch für innerstaatliche Grenzen. Je ausgeprägter der Föderalismus, desto stärker treten diese in Erscheinung, je ausgeprägter die zentralistischen Kräfte, desto stärker werden sie nivelliert.

Einflußfaktoren des Grenzgefälles

Grenzen sind linienhafte Strukturen, doch sie entfalten räumliche Wirkungen, die je nach der Funktion der Grenze unterschiedlich sind. Historisch war für Europa die Verteidigungsfunktion von Grenze und Grenzraum sowie die relative Undurchlässigkeit für Menschen, Güter und Meinungen kennzeichnend. Derartige Funktionen bestimmen die Raumstrukturen sehr nachhaltig.

Grenzen entfalten räumliche Wirkungen in Grenzräumen

Dies belegt das Beispiel der Wirtschaftsstruktur im südlichen Oberrheingraben. Das linksrheinische Elsaß wurde nach der Annektion durch Frankreich im 17. Jahrhundert ein Peripherraum – u.a. weil es eine nichtfranzösische Bevölkerung hatte – und fiel wirtschaftlich zurück. Die Wiedereingliederung in das Deutsche Reich 1871 bewirkte jedoch nicht, daß die Entwicklungsdefizite durch gezielte Wirtschaftsförderung aufgehoben worden wären. Aus militärischen Gründen blieb es ein Peripherraum, indem industrielle Investitionen links des Rheins im Wirkungsbereich der französischen Artillerie gezielt vermieden wurden. Dadurch wurden die ökonomischen Defizite verstärkt, die infrastrukturelle Ausstattung zurückgesetzt und die Standortgunst weiter vermindert. So vergrößerte sich das Entwicklungsgefälle zwischen dem rechtsrheinischen Baden und dem linksrheinischen Elsaß. Es ist bis heute die Ursache für einen Entwicklungsrückstand des linksrheinischen Raumes, der sich auch im pfälzischen Gebiet zeigt. Die mehr als 30 Jahre dauernde enge Zusammenarbeit zwischen Deutschland und Frankreich hat dieses Gefälle nur mildern, nicht beseitigen können.

Beispiel: Grenzraum im südlichen Oberrheingraben

(vgl.: K. BECKER-MARX: Raumordnung im Oberrheingraben. In: 43. Deutscher Geographentag 1981: Tagungsbericht und wissenschaftliche Abhandlungen. Wiesbaden 1982. S. 327–330)

Dazu hat die zentralistische französische Raumordnung, die ‚Planification', ebenso beigetragen. In Frankreich wurden bis zur Regierungsübernahme durch die Linksunion 1981 ausschließlich auf zentraler Ebene definierte politische und ökonomische Ziele verfolgt und regionale Interessenartikulationen unterdrückt. Erst seit 1981 wird eine – im Vergleich zum föderativen System der Bundesrepublik – vorsichtige Dezentralisierungs- und Regionali-

Bedeutung des Planungssystems und des Grades der Zentralisierung sierungspolitik eingeleitet, die auch Kompetenzen an untergeordnete Verwaltungsträger delegiert.

Charakteristika von Grenzräumen

Das Beispiel des Elsaß veranschaulicht, daß Grenzen ihre räumlichen Wirkungen in **Grenzräumen** entfalten. Diese sind charakterisiert durch
- relativ dünne Besiedlung, häufig negative Wanderungssalden,
- hinter der allgemeinen Entwicklung zurückgebliebene wirtschaftliche Inwertsetzung,
- unzureichende infrastrukturelle Erschließung,
- parallele Verkehrsachsen beiderseits der Grenze mit unzulänglichen Querverbindungen,
- geringe grenzüberschreitende Verflechtungen, besonders auf dem Versorgungssektor,
- unterschiedliche Wirtschaftsstrukturen beiderseits der Grenze und hohe Empfindlichkeit bei wirtschaftlichen Rezessionen,
- Umweltkonflikte durch fehlende Koordination, z.B. infolge grenzüberschreitender Transporte von Wasser- oder Luftverunreinigungen.

Das Maß dieser Charakteristika wird bestimmt durch die Barrierefunktion. Sie kann staatlich gezielt herbeigeführt werden, z.B. an den Grenzen zur Zeit des kalten Krieges. Meist ist sie durch über Jahrhunderte bestehende ethnische, kulturelle oder wirtschaftliche Unterschiede gewachsen, wie an den Grenzen von Nationalstaaten. Bei generalisierender Betrachtung können Grenzräume als **supranationale Deglomerationsräume** bezeichnet werden, also als Peripherräume aufgrund von Zentralisierungstendenzen in den angrenzenden Kernräumen. Es sind meist „Passivräume" oder „hinter der allgemeinen Entwicklung zurückgebliebene Räume".

Grenzen als supranationale Deglomerationsräume

Standortgunst und Standortnachteile im Grenzraum

Die Probleme der Grenzräume ergeben sich dadurch, daß funktionale Zusammenhänge und Austauschbeziehungen durch politisch-administrative Trennungslinien gestört werden. Eine reduzierte Standortgunst kann ebenso die Folge sein wie Standortvorteile, die aufgrund eines Grenzgefälles bestehen.

Austauschbeziehungen über Grenzen

Diese wurden schon immer bei den Produktionsfaktoren wie Boden, Kapital und Arbeitskräften genutzt, in jüngerer Zeit treten staatlich bestimmte, d.h. meist subventionierte Energie- und Rohstoffpreise sowie zulässige Grenzwerte für Umweltbelastungen als Hemmungs- oder Anregungsfaktoren hinzu. Daher sind grenzüberschreitende Verflechtungen nicht immer sinnvolle Austauschbeziehungen als vielmehr „Gefällesymptome" (W. BRÜCHER). Ihre Problematik wird dadurch verstärkt, daß der Einsatz von direkten und indirekten Steuerungsmitteln der Raumentwicklung immer dann beschränkt ist, wenn die Grenzen offen sind, wenn sich also Allokationsalternativen für die Betriebe anbieten. Dann kann eine Umweltschutzauflage für ein Gewerbe oder eine Steuererhöhung die Verlagerung über die Grenze zur Folge haben.

Ein Sonderfall eines Grenzraumes ist es, wenn mit Grenzen das Ziel verfolgt wird, Barriere zu sein und räumliche Interaktionen zu verhindern, wie dies für das Zonenrandgebiet charakteristisch war. Es erstreckte sich entlang der nach dem zweiten Weltkrieg von den Siegermächten festgelegten Grenze zwischen der Ostzone und den drei Westzonen, die spätere innerdeutsche Grenze. Hinzu kam die Grenze zur CSSR, der heutigen Tschechischen Republik. Durch diese Grenzen wurden ab 1945 die bestehenden intensiven wirtschaftlichen und sozialen Verflechtungen unterbrochen, wodurch der beiderseitige Grenzraum in der Entwicklung zurückblieb, was sich besonders im marktwirtschaftlich orientierten Westen auswirkte. Um die Folgen für die westdeutschen Räume auszugleichen, förderte die Bundesregierung seit 1953 das sogenannte Zonenrandgebiet, seit 1971 im Rahmen des Zonenrandförderungsgesetzes. Die Regierung der DDR dagegen hat durch Verlagerungen von Bevölkerung und Arbeitsplätzen sowie administrative Maßnahmen den Grenzraum bewußt zum Peripherraum entwickelt.

Sonderfall der ehemaligen innerdeutschen Grenze

11.2 Aufgaben grenzüberschreitender Planung

Die strukturellen Probleme von Grenzräumen können, sofern ein beiderseitiges Interesse daran besteht, durch grenzüberschreitende Planung gemildert bzw. beseitigt werden. Sie hat das Ziel, die von den verschiedenen kulturellen, Rechts- und Wirtschaftssystemen herrührenden Grenzgefälle auf technischem, rechtlichem und wirtschaftlichem Gebiet durch Zusammenarbeit abzuschwächen.

Aufgabe: Abbau des Grenzgefälles

Grenzüberschreitende Planung umfaßt die Kooperation auf den Gebieten der räumlichen Gesamtplanungen von der gesamtstaatlichen bis zur kommunalen Ebene sowie der Fachplanungen unterschiedlicher Ressorts. Die Formen reichen von gegenseitigen informellen Kontakten über die Abstimmung von Programmen und Plänen oder einzelner Maßnahmen bis hin zur Aufstellung gemeinsamer Raumordnungspläne, Fachpläne und Bauleitpläne oder zur Finanzierung und Durchführung gemeinsamer Maßnahmen.

Formen grenzüberschreitender Zusammenarbeit

Quelle: Frhr. von Malchus, Grenzüberschreitende Zusammenarbeit des Landes NRW, hg. vom ILS, Dortmund 1994

Abb. 37: Aufgaben grenzüberschreitender Raumplanung

Gründe grenzüberschreitender Zusammenarbeit

Die Notwendigkeit grenzüberschreitender Planung ergibt sich durch die Abkehr vom Wirtschaftsliberalismus und die Hinwendung zu einem vorsorgenden Sozialstaat, der in immer mehr Bereiche der Wirtschaft und des sozialen Lebens steuernd eingreift. Dazu gehört auch die Verpflichtung, als Folge des Sozialstaatsprinzips auf den Abbau regionaler Disparitäten hinzuwirken. Schließlich spielt auch die politische Idee der europäischen Integration eine Rolle. Daraus ergibt sich die Aufgabe, staatliche und nach Möglichkeit private Maßnahmen beiderseits der Grenze zu koordinieren, zumindest aber widersprüchliche Planungsaussagen zu vermeiden sowie Grenzgefälle abzubauen.

Systematisierungen

Grenzüberschreitende Planung kann nach der Trägerschaft (überstaatliche, staatliche, gliedstaatliche, regionale oder kommunale Ebene), nach der Form und der Intensität der Zusammenarbeit, dem Gegenstand der Planung sowie den Zielen systematisiert werden. In der Praxis entscheidend ist die Hierarchie der Grenzen, weil sie die Problembereiche des Grenzraumes bedingen. So ist bei Staatsgrenzen überschreitender Planung das internationale öffentliche und private Recht betroffen, während innerhalb der Staaten eine einheitliche Rechtsordnung – auch bei unterschiedlichen Gesetzen der Länder – besteht.

Zusammenarbeit auf allen Verwaltungsebenen

Es wird daher im folgenden zwischen Staatsgrenzen überschreitender Planung, Ländergrenzen überschreitender Planung und den Fall der zwischengemeindlichen Planung in Nachbarschaftsverbänden unterschieden. Probleme der Fachplanungen werden nur erwähnt, soweit sie den Anlaß für räumliche Gesamtplanungen gegeben haben oder sofern räumliche Gesamtplanungen gezielt als Rahmen für Fachplanungen erstellt worden sind.

11.3 Staatsgrenzen überschreitende Raumplanung

Staatsgrenzen überschreitende Raumplanung wird von verschiedenen Planungsträgern auf folgenden Planungsebenen betrieben:
- gesamtstaatliche Ebene (Bund, Nationalstaat, bi-, tri- oder multinational),
- gliedstaatliche Ebene (z.B. Bundesland, Kanton, Provinz)
- regionale Ebene (z.B. Regierungsbezirk, Region, Kreis, Département) und
- kommunale Ebene.

Kompetenz des Bundes

Auf jeder dieser Ebenen handelt es sich um Beziehungen über Staatsgrenzen hinweg, so daß sie in die Kompetenz des Bundes fallen, denn Art. 32 Abs. 1 GG bestimmt:

„Die Pflege der Beziehungen zu den auswärtigen Staaten ist Sache des Bundes."

Daraus folgt, daß ohne lokale Kooperation der Dienstweg für die Abstimmung zweier Gemeindestraßen beiderseits einer Grenze über alle vertikalen Verwaltungsebenen bis zum auswärtigen Amt, von dort in den Nachbarstaat und wieder über alle Verwaltungsebenen herunter zur Gemeinde laufen müßte. Es ist wenig sinnvoll, jedes grenzüberschreitende Problem über die Außenminister der betroffenen Staaten zu regeln. Daher forderte das Europäische Parlament in einer Entschließung zu diesem Thema am 13.4.1984:

Verlagerung der Kompetenz auf untere Verwaltungsträger ...

„Die Regelung der Vielzahl alltäglicher Probleme von Gemeinden zu beiden Seiten der Grenze kann nur begrenzt durch das Außenministerium der jeweiligen Länder gelöst werden. Die Suche nach Problemlösungen zwischen direkt betroffenen lokalen oder regionalen Gebietskörperschaften und Behörden im Rahmen ihrer Zuständigkeiten ist in der Regel schneller, effektiver, realitätsbezogener und vor allem bürgernah."

Als Lösungen bieten sich **Verwaltungsabkommen** an, in denen fest definierte bundes- oder gliedstaatliche Kompetenzen auf untergeordnete Verwaltungsträger oder sonstige Körperschaften übertragen werden.

... in Verwaltungsabkommen

Die häufigste Form sind **Vereinbarungen auf Regierungsebene** in der Form von Staatsverträgen, Regierungsabkommen, Ressortverträgen oder vergleichbaren Vereinbarungen wie Protokolle oder Notenwechsel. Darin sind die Aufgaben, Organisations-

Bildung von Raumordnungskommissionen

form, Mitglieder, Vorsitz, Geschäftsführung, Beschlüsse, Sprachregelungen etc. für diejenigen Organisationen geregelt, denen die Durchführung übertragen ist. Sie werden meist **Raumordnungskommissionen** genannt. In ihnen bzw. ihren Unterkommissionen und Arbeitsgruppen wirken neben Regierungsvertretern auch Vertreter der kommunalen Verbände, der Industrie- und Handelskammern sowie privatrechtlicher Zusammenschlüsse und Sachverständige mit. Zweck der Raumordnungskommissionen ist zunächst die gegenseitige Konsultation und Information, ferner die Dokumentation und laufende Raumbeobachtung, darüber hinaus auch die gegenseitige Abstimmung von Planungen und Maßnahmen. Die Verbindlichkeit ist meist auf Empfehlungen an die zuständigen Stellen der beteiligten Staaten beschränkt.

Beispiel der DNRK: Aufgaben

Ein Beispiel ist die **Deutsch-niederländische Raumordnungskommission (DNRK)**. Sie besteht seit 1967 auf der Basis einer zweiseitigen Regierungsvereinbarung, seit 1976 auf der Grundlage eines „Abkommens zwischen der Regierung der Bundesrepublik Deutschland und der Regierung des Königreichs der Niederlande über die Zusammenarbeit auf dem Gebiet der Raumordnung". Ihr Arbeitsgebiet umfaßt einen 30 bis 50 km breiten Streifen beiderseits der Landesgrenze von der Nordsee bis zum Raum Aachen-Maastricht.

Die Aufgaben der DNRK sind
– gegenseitiger Informationsaustausch über raumbedeutsame Vorhaben,
– Konsultation über Raumordnungsprobleme,
– Abstimmung raumbedeutsamer Planungen und Maßnahmen, Verbesserung der Raumstruktur mit Hilfe der Planung,
– Erarbeitung von Beiträgen für ein europäisches Raumordnungskonzept.

Wegen der unterschiedlichen Raumstrukturen in diesem Gebiet und der Verschiedenartigkeit der zu lösenden Aufgaben wurden zwei Unterkommissionen (Nord und Süd) gebildet.

Gliederung in Unterkommissionen

Die Unterkommission Nord umfaßt das nördliche Gebiet der niederländisch-deutschen Grenze, das sich durch dünne Besiedlung, den Mangel an höher qualifizierten Arbeitsplätzen, dadurch bedingtem negativen Wanderungssaldo sowie zu wenig Aus- und Weiterbildungsangebote auszeichnet. Dies betrifft sowohl die niederländische Provinz Groningen als auch das westliche Niedersachsen. Der Zuständigkeitsbereich der Unterkommission Süd umfaßt die teilweise verdichteten Grenzräume beiderseits der nordrhein-westfälisch-niederländischen Grenze. Die Kommissionen beraten die Hauptkommission, die Beschlüsse faßt.

Beide Unterkommissionen führen raumordnerische Bestandsaufnahmen grenzüberschreitender Planungsprobleme durch. Sie haben gemeinsame räumliche Strukturskizzen entworfen, Zielanalysen sowie Untersuchungen über Zentralitätsstufen durchgeführt. Es wurden Vorschläge für die Lokalisierung von Infrastrukturen, geeignete Grenzübergangsstellen oder die Verbesserung des grenzüberschreitenden Schienenverkehrs erarbeitet sowie ein Abkommen über die Errichtung und Ausgestaltung eines gemeinsamen Naturparks vorbereitet. Ferner hat die DNRK 1980 eine „Empfehlung für die grenzüberschreitende Information und Abstimmung der Bauleitplanung der Gemeinden im deutsch-niederländischen Grenzgebiet" erstellt, um einander störende oder ausschließende Flächennutzungen zu vermeiden. Auch die höherstufigen Planungen wurden aufeinander abgestimmt, so die niederländischen Strukturschemata und ‚Streekplanen' mit den deutschen Landesentwicklungplänen, Gebietsentwicklungsplänen bzw. Regionalen Raumordnungsprogrammen.

Arbeitsgruppen befassen sich z.B. mit dem Schutz des Wattenmeeres, den Hafenerweiterungen im Dollart, der Lokalisierung von Industrie- und Gewerbestandorten, der Verknüpfung der Straßen- und Eisenbahnnetze, Kraftwerksstandorten, Flughafenplanungen oder dem Auf- und Ausbau von Landschaftsschutzgebieten. Die Raumordnungskommission ist dabei der institutionelle Rahmen der Zusammenarbeit verschiedener nationaler Fachplanungsbehörden.

Arbeitsgruppen für Einzelfragen

Ein Beispiel ist die Planung einer 380/220 KV-Hochspannungsleitung vom deutschen Umspannwerk Gronau zum niederländischen Energieverbundnetz, die in Zusammenarbeit zwischen dem provinzialen planologischen Dienst der Provinz Overijssel und der Bezirksplanungsbehörde Münster erfolgte (Abb. 38). Die Energieversorgungsunternehmen beabsichtigen, sich im Fall von Störungen oder in Notfällen zu unterstützen und haben die Planung der dargestellten Trasse gemeinsam durchgeführt.

Beispiel für ein Projekt der DNRK

Ein ähnlicher Fall ist der Katastrophen- und Feuerschutz. Unter Federführung des Regierungspräsidenten in Münster wurde eine Auflistung der im Raum beiderseits der Grenze erreichbaren ständig besetzten Feuerwachen, die für den grenzüberschreitenden Einsatz zur Verfügung stehen, erarbeitet. Ohne Verwaltungsabkommen wäre eine grenzüberschreitende Hilfe nicht möglich.

Weitere Tätigkeitsfelder

Ähnliche Kommissionen wie die DNRK gibt es für alle anderen Grenzräume der Bundesrepublik. Neben derartigen Vereinbarungen auf Regierungsebene gibt es solche zwischen regionalen Organisationen. Es handelt sich dabei meist um Vereine, die dem

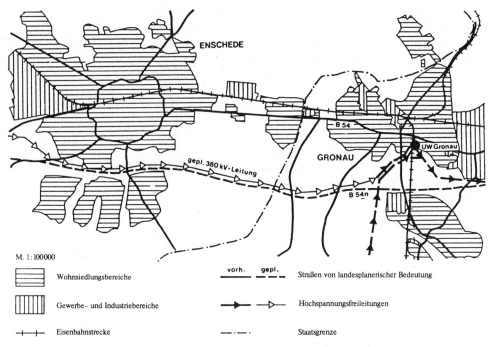

Quelle: F.W. Steinmann, Grenzüberschreitende Zusammenarbeit des Regierungspräsidenten Münster in: Staatsgrenzenüberschreitende Zusammenarbeit des Landes NRW, hg. vom ILS des Landes NRW, Dortmund 1984

Abb. 38: Planung einer grenzüberschreitenden Hochspannungsleitung im Bereich der DNRK

Privatrechtliche Organisationen. Beispiel Euregio Maas-Rhein Euregio (EUropäische REGIOn)

Privatrecht unterliegen. Ein Beispiel ist die **EUREGIO Maas-Rhein**, deren Tätigkeitsbereich die Provinzen Limburg und Lüttich im Königreich Belgien, den südlichen Teil der Provinz Limburg im Königreich der Niederlande sowie auf deutscher Seite die Regio Aachen im Regierungsbezirk Köln umfaßt. Sie wurde 1975 in dem Bestreben gegründet, die grenzüberschreitenden Kontakte „im Schmelztiegel und Berührungspunkt drei bedeutender Kulturströmungen in Europa" (so eine Broschüre der Euregio Maas-Rhein) vor allem auf kulturellem Gebiet zu vertiefen. Mittlerweile hat dieser sehr erfolgreiche Verein viele Veranstaltungen durchgeführt und Publikationen erstellt. Daraus entwickelte sich das Bestreben, daß die Zusammenarbeit auch auf den Gebieten der Wirtschaft, Raumplanung und Infrastrukturplanung vertieft werden soll. Zwar kann ein privatrechtlicher Verein auf diesen Gebieten nicht tätig werden, doch entsteht durch seine Tätigkeit ein Druck auf die Arbeitsgruppen der deutsch-niederländischen und deutsch-belgischen Raumordnungskommissionen sowie die Industrie- und Handelskammern, die angesprochenen Probleme aufzunehmen und pragmatische Lösungen zu finden.

Ähnliche Bemühungen entfalten zahlreiche um grenzüberschreitende Zusammenarbeit bemühte Organisationen an den deutschen Grenzen. Wegen ihrer Vorreiterfunktion für die Zusammenarbeit auch außerhalb der Mitgliedsstaaten der EG ist die **Regio Basiliensis Conférence Tripartite** bedeutsam. Dieser privatrechtliche Baseler Verein, in dem Behörden, Planungsverbände, Kreise, Départements und Gemeinden der Dreiländer-Agglomeration um Basel vertreten sind, besteht seit 1963. Sein Ziel ist „die Beteiligung an der Planung und die Förderung der wirtschaftlichen, politischen und kulturellen Entwicklung des als Regio bezeichneten Raumes, eines von Jura, Schwarzwald und Vogesen umschlossenen Gebietes entlang des Rheins. Den spezifischen Funktionen und Aspekten der verschiedenen Parteien ist Rechnung zu tragen" (Art. 1 der Vereinsstatuten).

Beispiel: Regio Basiliensis

Zu diesem Zweck wurden die unterschiedlichsten Aktivitäten entwickelt, die Erstellung eines Regio-Strukturatlas, Aufbau eines Kontakt- und Informationssystems, Gutachten und Planvorschläge zur Raum- und Fachplanung sowie Förderung der wirtschaftlichen, sozialen und kulturellen Entwicklung der Regio. Der Verein arbeitet mit einer von den schweizerischen Kantonen Basel-Land und Basel-Stadt getragenen „Internationalen Koordinierungsstelle" zusammen, die die Arbeiten der deutsch-französisch-schweizerischen Regierungskommission vorbereitet.

Tätigkeiten

Die französische Planerin M. ARNOLD-PALUSSIÈRE zieht aus den Aktivitäten der Regio folgende Bilanz:

Wertung

> „Es ist der Regio gelungen, den Weg zu einer offensiven grenzüberschreitenden Zusammenarbeit zu weisen: Ihr Beispiel ist in allen Grenzgebieten bekannt geworden. Sie hat es verstanden, eine Dynamik in Gang zu setzen, und es besteht die Wahrscheinlichkeit, daß die deutsch-französisch-schweizerische Regierungskommission ohne die Regio niemals entstanden wäre – zumindest hätte sie nicht die jetzige Form eines ausgedehnten Aktionsbereiches mit regionalem Gepräge erhalten." (M. ARNOLD-PALUSSIÈRE 1983, S. 118)

Eine ebenfalls schon sehr traditionsreiche Kooperation gibt es im grenzüberschreitenden altindustriellen Montanrevier des Saarlandes und Lothringens, in dem 1970 eine französisch-deutsche Regierungskommission geschaffen wurde. Ihr trat 1971 das Großherzogtum Luxemburg bei, und es wurde die trilaterale Saar-Lor-Lux-Regionalkommission gegründet. Auch hier begleitet ein privater Verein, das IRI (Institut für regionalpolitische Zusammenarbeit in innergemeinschaftlichen Grenzräumen), eine sehr aktive Kooperationsförderung auf wirtschaftlichem, kulturellem und politischem Gebiet, der die Anstöße zur Tätigkeit der öffentlichen Träger, insbesondere der Kommission gibt. Letztere hat

Beispiel der Saar-Lor-Lux-Regionalkommission

wie in anderen Grenzräumen nur die Möglichkeit, gemeinsame Empfehlungen auszusprechen.

Bedeutung der Tätigkeiten

Der Wert derartiger Organisationen ist weniger an der Verbindlichkeit ihrer Zielaussagen zu messen als vielmehr an der Initiierung von Planungen, der Aufbereitung von Planungsgrundlagen und der Schaffung eines Klimas gegenseitigen Verständnisses und konstruktiver Zusammenarbeit, das gerade in Grenzregionen wichtig ist, wo besonders mit Überzeugungskraft, nicht mit hoheitlichen Maßnahmen oder Zwang zu arbeiten ist.

Multilaterale Zusammenschlüsse

Neben bi- und trilateralen Vereinigungen spielen multilaterale Zusammenschlüsse eine große Rolle, so die 1972 gegründete „Arbeitsgemeinschaft Alpenländer" (Arge Alp), die Konferenz für Regionalentwicklung in Nordwesteuropa (KRENWE) oder die 1976 gegründete „Arbeitsgemeinschaft europäischer Grenzregionen".

Zusammenarbeit von Gemeinden

Die unterste Ebene Staatsgrenzen überschreitender Zusammenarbeit ist die der Gemeinden. Sie kann sich teilweise auf Staatsverträge stützen, meist jedoch wird das Instrumentarium der privatrechtlichen Verträge gewählt. Da die Gemeinden in ihren Bauleitplänen letztlich alle Maßnahmen der Raumordnung und Landesplanung umsetzen, ist die interkommunale Kooperation entscheidend. Sie wird in verschiedenen Formen durchgeführt,
– als grenzüberschreitender multilateraler Zusammenschluß von Gemeinden oder Gemeindeverbänden zu Interessen- oder Arbeitsgemeinschaften oder
– in Form bilateraler Absprachen durch privatrechtliche Verträge oder
– ohne rechtsverbindliche Form.

Zusammenschluß von Gemeinden: Euregio Rhein-Ems-Yjssel

Ein Beispiel für einen multilateralen gemeindlichen Zusammenschluß ist die erste europäische Region (Euregio), die 1949 für das Gebiet zwischen Rhein, Ems und Yjssel im deutsch-niederländischen Grenzgebiet gegründet wurde. In drei Arbeitsgemeinschaften werden Strukturuntersuchungen durchgeführt, Entwicklungskonzepte, Stellungnahmen zu Einzelplanungen und Maßnahmen erarbeitet sowie grenzüberschreitende Seminare, Ausstellungen und kulturelle Veranstaltungen durchgeführt. Diese Euregio stellt sich selbst folgendermaßen dar:

> „Angesichts der verschiedenen Zuordnungen der Gebietsteile zu den beiden Staaten, zu Ländern und Provinzen, Regierungsbezirken und Kreisen haben sich die selbständigen Gemeinden und Gemeindeverbände zu einer freiwilligen und funktionierenden Zusammenarbeit bereitgefunden. Die EUREGIO sieht in dem noch bestehenden Mangel an eigener gesetzgeberischer Befug-

nis zugleich den Impuls, die Leitvorstellungen und daraus abgeleitete Einzelmaßnahmen ständig neu zu vertreten und die für die Zukunft notwendige Zusammenarbeit ständig bewußt zu erproben." (Euregio Rhein-Ems-Yjssel, Hrsg.: Euregio, eine europäische Region, een europese regio. Epse 1973, S. 9)

Derartige Zusammenschlüsse stellen den Versuch von Gemeinden und Gemeindeverbänden dar, ihre bisherige Grenz- und Peripherlage zu den jeweiligen Nachbarn umzuwandeln in die eines europäischen Binnengebietes, das Aktivität und Eigendynamik entwickelt, während es bislang ein Passivraum war. Wirtschaftlich ist es meist das Ziel, das Grenzgefälle inwertzusetzen, z.B. mit Unternehmen, die beiderseits der Grenze arbeiten und die jeweils günstigsten Rahmenbedingungen nutzen.

Ziel: Nutzung des Grenzgefälles

Bilaterale zwischengemeindliche Absprachen über Staatsgrenzen hinweg sind meist auf fachressortbezogene Aufgaben beschränkt, z.B. die Wasserversorgung, Müllverbrennung, Abwasserbeseitigung, Energieversorgung, den öffentlichen Nahverkehr, usw. Im stadtplanerischen Bereich gibt es erst Ansätze einer grenzüberschreitenden Zusammenarbeit, z.B. zwischen Kehl und Straßburg, Breisach und Neuf-Brisach sowie Braunau und Simbach am Inn. Hier wirkt sich u.a. das Fehlen von Rechtsgrundlagen für die Zusammenarbeit auf lokaler und regionaler Ebene aus, um dessen Schaffung sich der Europarat seit Anfang der sechziger Jahre bemüht. 1980 hat ca. die Hälfte seiner Mitgliedsstaaten das „Europäische Rahmenübereinkommen über die grenzüberschreitende Zusammenarbeit zwischen den Gebietskörperschaften" unterzeichnet, das der Kooperation neue Impulse verleihen soll.

Ansätze stadtplanerischer Zusammenarbeit

11.4 Ländergrenzen überschreitende Raumplanung

Im Gegensatz zur Bundesgrenzen überschreitenden Raumplanung gibt es für die grenzüberschreitenden Planungen innerhalb des Bundesgebietes einen gesetzlichen Auftrag in § 4 Abs. 4 ROG:

Gesetzlicher Auftrag

> „Die Länder haben bei raumbedeutsamen Maßnahmen darauf Rücksicht zu nehmen, daß die Verwirklichung der Grundsätze (der Raumordnung) in benachbarten Bundesländern und im Bundesgebiet in seiner Gesamtheit nicht erschwert wird."

Darüber hinaus sind Bund und Länder nach § 10 Abs. 4 ROG zu gegenseitiger Information verpflichtet:

> „Bund und Länder sind verpflichtet, sich gegenseitig alle Auskünfte zu erteilen, die zur Durchführung der Aufgaben der Raumordnung und Landesplanung notwendig sind. (...)"

Selbst zur Zusammenarbeit auf regionaler Ebene besteht eine Verpflichtung:

> „(...) Ist eine Regionalplanung über die Grenzen eines Landes erforderlich, so treffen die beteiligten Länder die notwendigen Maßnahmen im gegenseitigen Einvernehmen" (§ 5 Abs. 3 ROG).

Anfänge grenzüberschreitender Zusammenarbeit vgl. Kap. 3.1

Doch die Wurzeln grenzüberschreitender Zusammenarbeit sind älter als das Raumordnungsgesetz. In Kapitel 3.1 ist ausgeführt worden, daß die moderne Raumplanung ihren Ursprung im Problem grenzüberschreitender Verflechtungen, insbesondere in Verdichtungsräumen, hatte. Dies war nicht nur eine Herausforderung für die Gemeindegrenzen überschreitende Zusammenarbeit wie beim Zweckverband Groß-Berlin oder beim Siedlungsverband Ruhrkohlenbezirk, sondern auch eine Aufgabe für die Ländergrenzen überschreitende Zusammenarbeit, so z.B. bei den Städten Bremen und Hamburg, deren Gemeindegrenzen zugleich Landesgrenzen sind. Bereits 1928 wurde ein Abkommen zwischen Hamburg und Preußen geschlossen, das die Konstituierung des **Hamburgisch-preußischen Landesplanungsausschusses** beinhaltete. Seine Wirksamkeit war trotz zukunftsweisender Planungen dadurch beschränkt, daß der gemeinsamen Planung gemeinsame Realisierungsinstrumente wie Exekutivbefugnisse oder eigene Finanzmittel fehlten.

Intensivierung grenzüberschreitender Verflechtungen

Einwohnerzuwachs und Individualmotorisierung nach dem zweiten Weltkrieg haben dazu beigetragen, den Verflechtungsbereich der Ballungsräume und Großstädte enorm auszuweiten. Die in den Ressorts Verkehr, Versorgung, Bildung, Freizeit oder Arbeit entstandenen intensiven Beziehungen haben in allen grenznahen oder grenzüberschreitenden Ballungsräumen zur Koordination von Planungen geführt, so im Bereich der Stadtstaaten, im Rhein-Main-Raum, dem Rhein-Neckar Raum oder zwischen den Städten Ulm und Neu Ulm. Dabei standen zunächst fachplanerische Aspekte im Vordergrund wie Wasser- und Energieversorgung, Entsorgung, Verkehrsplanung oder Bemühungen um einen Finanzausgleich. Seit der Schaffung umfassender überfachlicher Grundlagen der Raumplanung in Form von Programmen oder Plänen kam es zu einer Intensivierung der Zusammenarbeit, die nunmehr auch die Koordinierung der raumplanerischen Zielsysteme beiderseits der Grenze umfaßten. Die Bestrebungen, die regionalen Disparitäten abzubauen, d.h. die durch Abwanderung der Bevölkerung und Verlagerung der Arbeitsplätze gekennzeichnete Entwicklung in den Peripherräumen aufzuhalten, führte dabei auch zu einer Einbeziehung des Umlandes in gemeinsame grenzüberschreitende Pläne und Programme.

Ebenen ländergrenzüberschreitender Zusammenarbeit

Grenzüberschreitende Raumplanung zwischen den Ländern wird auf den Ebenen der Landesplanung und der Regionalplanung betrieben, wobei es unterschiedliche Kooperationsformen gibt. Planungsebene und Art der Zusammenarbeit sind die beiden möglichen Kriterien der Systematisierung. Im folgenden wird nach ersterer differenziert.

Ländergrenzen überschreitende Landesplanung bezieht sich auf die obersten Landesplanungsbehörden und die entsprechenden Fachressorts. Sie wird bi-, tri- oder multilateral organisiert und findet sich vor allem im norddeutschen Raum und trilateral in den Dreiländerecken zwischen Hessen, Niedersachsen und Nordrhein-Westfalen sowie Hessen, Nordrhein-Westfalen und Rheinland-Pfalz. Von Bedeutung ist auch die multilaterale „Konferenz Norddeutschland" als gemeinsame Organisation der Küstenländer.

Oberste Ebene: Zusammenarbeit der Landesplanungsbehörden

Wird die gemeinsame Landesplanung unter Beteiligung regionaler Körperschaften organisiert, so bilden Staatsverträge zwischen den beteiligten Ländern den Rahmen. Solche bestehen z.B. zwischen Bayern und Baden-Württemberg, Hessen und Rheinland-Pfalz für den Ballungsraum Rhein-Neckar oder zwischen Baden-Württemberg und Rheinland-Pfalz für die Zusammenarbeit in den Regionen Mittlerer Oberrhein und Südpfalz.

Zusammenarbeit auf regionaler Ebene aufgrund von Staatsverträgen

Eine direkte organisierte Zusammenarbeit von Trägern der Regionalplanung findet seit den sechziger Jahren zwischen Nordrhein-Westfalen, Rheinland-Pfalz, Hessen und dem Saarland in verschiedenen regionalen Kooperationsgremien statt. Ein Sonderfall stellt die **Region Donau-Iller** dar. Die besonders engen Verflechtungen zwischen Bayern und Baden-Württemberg um das gemeinsame Oberzentrum Ulm/Neu-Ulm hatten schon 1965 mehrere Landkreise und zahlreiche Gemeinden zu der privatrechtlich organisierten Planungsgemeinschaft Donau-Iller-Blau e.V. zusammengeführt. Darauf baute 1973 ein Staatsvertrag zwischen beiden Ländern auf, der die baden-württembergischen Kreise Ulm, Alb-Donau und Biberach mit den bayerischen Kreisen Günzburg, Neu-Ulm und Unterallgäu zu einem öffentlich-rechtlichen Planungsverband zusammenschloß. Dieser hat einen gemeinsamen Regionalplan erstellt, der von den obersten Landesplanungsbehörden beider Länder für verbindlich erklärt wurde. Damit ist ein für die Landesgrenzen überschreitende Regionalplanung im Bundesgebiet einmaliger Integrationsgrad erreicht.

Sonderfall Region Donau-Iller

Ähnlich weitreichend sind die Regelungen zwischen **Berlin und Brandenburg** über die gemeinsame Landesplanung, die in dieser Form als Vorgriff auf das geplante, jedoch in der Volksabstimmung abgelehnte gemeinsame Bundesland geschaffen worden sind. In einem Landesplanungsstaatsvertrag wurde eine gemeinsame „Landesplanungsabteilung" eingerichtet, die für beide Länder die oberste Landesplanungsbehörde ist. Sie untersteht sowohl dem Ministerpräsidenten von Brandenburg als auch dem Regierenden Bürgermeister von Berlin und ist damit „Diener zweier Herren". Der Entwurf eines gemeinsamen Landesentwicklungsplanes befindet sich zur Zeit (1996) im Beteiligungsverfahren. Institutionalisiert ist auch eine gemeinsame Landesplanungskonferenz unter dem Vorsitz der beiden Regierungschefs.

Ländergrenzüberschreitende Zusammenarbeit an allen Grenzen

Faßt man die unterschiedlichen Planungsebenen und Organisationsformen zusammen, wird deutlich, daß es mit geringfügigen Ausnahmen keine Grenzräume mehr gibt, die nicht in irgendeiner Form über die Grenzen hinweg zusammenarbeiten. Von Bedeutung sind dabei auch die politischen Vorgaben. Die Zusammenarbeit funktioniert besser, wenn beide Gebietskörperschaften von derselben Partei oder Koalition regiert werden. Die Intensität der Zusammenarbeit zwischen Bremen und Niedersachsen zeigte in den zurückliegenden 20 Jahren z.B. eine auffällige Korrelation zum politischen Konsens der Regierenden.

Abhängigkeit der Intensität der Zusammenarbeit

Aufgabenfelder

Grenzüberschreitende Landesplanung hat drei wesentliche Aufgabenfelder,
1. die Schaffung und Erhaltung einer der besonderen Aufgabe angemessenen planungsorganisatorischen Basis,
2. die konzeptionell-planerische Arbeit und
3. das auf Umsetzung der Planungsziele gerichtete Verwaltungshandeln.

Koordination der Raumordnungsvorstellungen

In allen Bereichen ist die Arbeit erheblich schwieriger als im Verwaltungsraum, der nicht durch Grenzen getrennt ist. Sie hat zu Formen geführt, die nur aus der speziellen rechtlich-organisatorischen, konzeptionellen und politischen Konstellation des Planungsraumes erklärbar sind.

Die inhaltliche Arbeit besteht in der Abstimmung der gegenseitigen Raumordnungsvorstellungen sowie der Stellungnahmen, die zu Planungen anderer Träger abgegeben werden. Im folgenden werden einige Ergebnisse exemplarisch dargestellt.

Entsprechend den Inhalten der Pläne und Programme auf Länder- und Regionalebene werden die Raumordnungsvorstellungen durch die Ordnungselemente der Achsen, des Systems der zentralen Orte und der Vorrangfunktionen beschrieben. Da sie mit politischen Zielvorgaben übereinstimmen müssen, ist die Kompromißfindung zuweilen schwierig. So besitzt die Stadt Hamburg ein Entwicklungsmodell für ein schnellbahnbezogenes Achsenkonzept mit einer baulichen Konzentration an den Schnellbahnstationen, um im fußläufigen Einzugsbereich einer Station eine

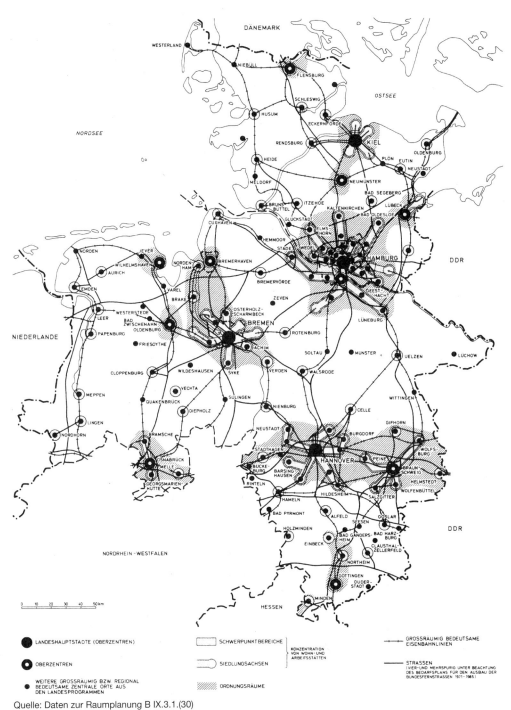

Abb. 39: Raumordnungsvorstellungen der vier norddeutschen Länder

Bevölkerung von bis zu 18.000 Personen zu erreichen. Die Übernahme dieses Achsenkonzeptes durch die Nachbarländer ist nur sinnvoll in Verbindung mit dem entsprechenden Verkehrssystem, denn dieses hat das Achsenkonzept bestimmt. Entsprechendes gilt für das System zentraler Orte und das Flächenmosaik der Vorranggebiete, z.B. für die Naherholung im Hamburger Umland.

Multilaterales Konzept für Norddeutschland (Konferenz Norddeutschland, Hg.: Raumordnungsvorstellungen der vier norddeutschen Länder. Bremen, Hamburg, Hannover, Kiel 1975)

In der multilateralen **„Konferenz Norddeutschland"** werden zwar vorrangig, aber nicht ausschließlich Planungen von Grenzräumen koordiniert. Es werden auch raumordnerische Konzepte für die gesamten Länder sowie für größere Problemräume erstellt. In ihr haben sich nach mehrjährigen Erörterungen die beteiligten Länder auf ein gemeinsames Konzept „Raumordnungsvorstellungen der vier norddeutschen Länder" einigen können, das in Text und Karte Zielvorstellungen für folgende Bereiche enthält:
- Bevölkerungsentwicklung,
- Raumkategorien: Ordnungsräume und ländliche Gebiete,
- Systeme zentraler Orte,
- Achsen, differenziert nach Siedlungs- und Kommunikationsachsen,
- Bildung und Forschung,
- Verkehr,
- Wirtschaftsentwicklung,
- Energieversorgung,
- Land- und Forstwirtschaft,
- Freizeit und Erholung, Fremdenverkehr,
- Wasserwirtschaft, Abfallbeseitigung und Immissionsschutz,
- Naturschutz und Landschaftspflege.

Die entsprechende räumliche Strukturskizze ist in Abbildung 39 in vereinfachter Form wiedergegeben. Daraus wird deutlich, daß die Instrumente von den Raumkategorien bestimmt werden. Mit dem Instrument der Achsen wird im Gegensatz zu den Landesentwicklungsplänen und -programmen nur im Ordnungsraum gearbeitet. Eine Verbindlichkeit haben die Planungen nicht, nur empfehlenden Charakter. Sie richten sich an die Träger der Landes- und Regionalplanung sowie in den Städten Hamburg und Bremen an die Stadtentwicklungs- und Bauleitplanung.

Trilaterales Beispiel: Raum Siegen-Betzdorf-Dillenburg

Auch im folgenden Beispiel der trilateralen grenzüberschreitenden Landesplanung im **Raum Siegen-Betzdorf-Dillenburg** (Nordrhein-Westfalen, Rheinland-Pfalz, Hessen) galt es, sich zunächst auf gemeinsame Ordnungselemente und ihre Anwendung zu einigen. Nachdem dies mit einem Netz zentraler Orte und Entwicklungsachsen geschehen war (Abb. 40), konnte ein gemeinsamer grenzüberschreitender Raumordnungsplan erstellt werden, der vorrangig Aussagen enthielt über

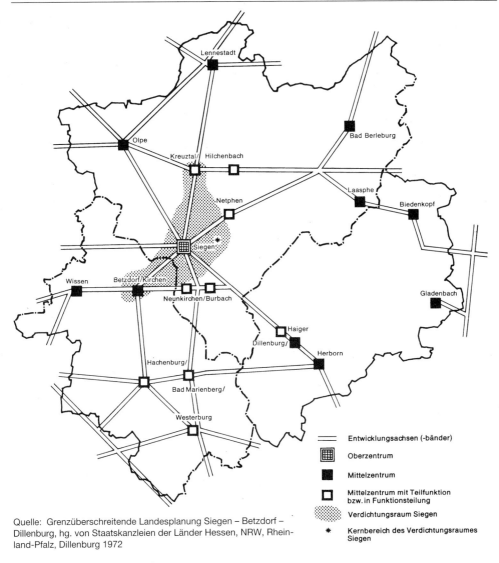

Quelle: Grenzüberschreitende Landesplanung Siegen – Betzdorf – Dillenburg, hg. von Staatskanzleien der Länder Hessen, NRW, Rheinland-Pfalz, Dillenburg 1972

Abb. 40: Grenzüberschreitende Landesplanung Siegen – Betzdorf – Dillenburg

- die geordnete räumliche Schwerpunktbildung,
- die Bereitstellung von Flächen für strukturverbessernde Industrie- und Gewerbebetriebe,
- die weitere Verbesserung der Verkehrsanbindungen unter Beachtung der angestrebten Entwicklungsachsen,
- die Berücksichtigung des regionalen und überregionalen Bedarfs an Erholungsmöglichkeiten und
- die Sicherung der Wasser- und Energieversorgung.

Verbindlichkeit: Empfehlung

Es handelt sich dabei um keinen rechtsverbindlichen regionalen Raumordnungsplan, sondern eine Empfehlung und einen Beurteilungsmaßstab für Fachplanungsträger und Gebietskörperschaften. Dennoch entfaltete er nicht nur erheblichen Einfluß auf einzelne Planungen und Maßnahmen, sondern wirkte sich auch entscheidend auf die danach aufgestellten bzw. novellierten Regionalpläne aus. Heute gibt die Arbeitsgruppe Empfehlungen zu allen raumbedeutsamen Planungen im Grenzgebiet ab, z.B. zum Hochwasserschutz und der Wasserversorgung, zur Planung eines Regionalflughafens oder des öffentlichen Personennahverkehrs.

Beispiel Rhein-Neckar-Raum: höhere Verbindlichkeit

Eine höhere Verbindlichkeitsstufe haben die gemeinsamen Planungen im **Rhein-Neckar-Raum.** Die Kooperation beruht heute – nach verschiedenen Vorgängerformen – auf einem Staatsvertrag zwischen Baden-Württemberg, Hessen und Rheinland-Pfalz, in dem sich die Länder verpflichten, alle Aufgaben der Raumordnung und Landesplanung einschließlich der Regionalplanung, die über das Gebiet eines der Länder unmittelbar oder mittelbar hinauswirken, in ständiger Zusammenarbeit wahrzunehmen. Diese vollzieht sich in einer aus Vertretern der obersten Landesplanungsbehörden zusammengesetzten Raumordnungskommission sowie dem Raumordnungsverband Rhein-Neckar, einem Dachverband der beteiligten Regionen und Kreise. Er hat einen Raumordnungsplan erstellt, der 1979 nach Zustimmung der drei obersten Landesplanungsbehörden in Kraft getreten ist. Seine Verbindlichkeit geht über den bloß empfehlenden Charakter des Planes Siegen-Betzdorf-Dillenburg hinaus, indem er die drei landesinternen Träger der Regionalplanung direkt bindet. Erst mit deren Regionalplänen allerdings, in denen seine Vorgaben sachlich und räumlich konkretisiert werden, werden andere öffentliche Planungsträger gebunden. Man kann also von einem zweistufigen System der Regionalplanung im Rhein-Neckar-Raum sprechen.

Zweistufiges System der Regionalplanung

Weitreichendste Zusammenarbeit: Region Donau-Iller als grenzüberschreitender Regionalverband

Entsprechend der Organisationsform ist der inhaltlich und von der Außenwirkung her weitreichendste Plan der Regionalplan der **Region Donau-Iller.** Er enthält gemeinsame überfachliche Ziele für die Entwicklung der Region sowie fachliche Ziele für die Bereiche Natur und Landschaft, Siedlungswesen, Land- und Forstwirtschaft, gewerbliche Wirtschaft, Arbeitsmarkt, Bildungswesen, Freizeit und Erholung, Sozial- und Gesundheitswesen, Verkehr und Nachrichtenwesen, Energieversorgung, Wasserwirtschaft und Umweltschutz in der gleichen Form und Bindungswirkung wie in jedem anderen Regionalplan. Als weitere Aufgaben fördert der Regionalverband z.B. die kommunale Zusammenarbeit. So ist für den grenzüberschreitenden Nahverkehrsraum Ulm/Neu-Ulm eine Nahverkehrskommission eingerichtet. Die erfolgreiche Arbeit dieses grenzüberschreitenden Regionalverbandes ist bislang noch nicht zum Modell für andere Regionen geworden, was die Beharrungs-kraft von Grenzen, was nichts anderes als das Festhalten an bestehenden Kompetenzen bedeutet, anschaulich belegt.

Der Schritt zur grenzüberschreitenden Zusammenarbeit ist immer mit der Verlagerung von Zuständigkeiten auf gemeinsame Gremien verbunden, in denen demokratische Strukturen geschaffen werden. Das bringt naturgemäß auch Probleme der Rechtsaufsicht in einem hierarchisch aufgebauten Verwaltungssystem mit sich, das mehrheitlich monokratisch strukturiert ist, also jeweils einen verantwortlichen Behördenleiter hat. Dies erklärt die Tendenz, den Kooperationsgremien nur Empfehlungen und Stellungnahmen zu konzedieren, macht aber auch deutlich, wie mutig die Gründung des gemeinsamen Regionalverbandes Donau-Iller war.

Wertung

11.5 Zwischengemeindliche Planung in Nachbarschaftsverbänden

Ebenso wie die Initiative für die grenzüberschreitende Landesplanung von den schnell wachsenden Ballungsgebieten ausgegangen ist, ist die Notwendigkeit Gemeindegrenzen überschreitender kommunaler Planungen von den Großstädten und Verdichtungsgebieten ausgegangen, wo über die Grenzen der Kernstädte hinweg zahlreiche wechselseitige Abhängigkeiten und Verflechtungen zwischen den beteiligten Verwaltungseinheiten entstanden sind. Dies führt zu speziellen Planungsproblemen und -aufgaben in Verdichtungsgebieten, z.B.
– der Koordinierung von Verkehrsplanungen unterschiedlicher Träger,
– dem Ausgleich finanzieller Lasten der Verkehrsinfrastruktur wie U-Bahn, S-Bahn oder Flughäfen,
– der Steuerung der Wanderungsbewegungen zwischen Kernstadt und Umland mit einer Vielzahl beteiligter Gemeinden,
– der Sicherung der zentralen Funktionen der Kernstadt ohne Vergrößerung der Flächeninanspruchnahme,
– der Koordinierung von Flächennutzungen im kommunalen und regionalen Maßstab,
– dem Anwachsen kommunaler Aufgaben, insbesondere der Ver- und Entsorgung, auf die Maßstabebene einer Region,
– dem Ausgleich finanzieller Lasten der Kernstadt aus dem Unterhalt zentraler Einrichtungen,
– der Sanierung von Gemeindegrenzen überschreitenden Umweltbelastungen.

Bedeutung zwischengemeindlicher Zusammenarbeit: Aufgaben

Diese und ähnliche Aufgaben werden häufig unter dem Begriff der **Stadt-Umland-Probleme** zusammengefaßt.

Nachbarschaftsverbände

Zweckverbände

Deren Lösung erfordert konkrete Maßnahmen der Bauleitplanung vor Ort. Damit würde die Landes- und Regionalplanung die Grenzen ihrer Kompetenzen überschreiten, indem sie weit in die kommunale Planungshoheit eingreifen müßte. Es sind dies typische Aufgaben für eine Gemeindegrenzen überschreitende Planung, die in Form von **Nachbarschaftsverbänden** oder vergleichbaren Organisationen vorgenommen wird. Diesen sind all diejenigen Kompetenzen der Gemeinden zugewiesen, die die Lösung der übergreifenden Probleme erfordern. Vorstufen sind fachbezogene **Zweckverbände**, z.B. Abwasserverbände, die am orographisch tiefsten Punkt eine Sammelkläranlage unterhalten. Weitergehende Aufgabengebiete reichen von der Aufstellung oder Änderung des Flächennutzungsplanes über die Planung großflächiger Freizeit und Erholungseinrichtungen bis hin zur Bodenbevorratung oder Standortwerbung im Rahmen der kommunalen Boden- und Gewerbepolitik.

Fließende Grenze zu Formen der Regionalplanung

Es gibt verschiedene Organisationsmodelle, die das Ziel verfolgen, einen Kompromiß zwischen den unstrittigen Ansprüchen nach übergemeindlicher Zusammenarbeit und gemeindlicher Selbständigkeit zu finden. Die Nachbarschaftsverbandsgesetze regeln dazu Zuständigkeiten und Organisationen. Die Grenze zur Regionalplanung ist fließend, häufig sind die Verbandsdirektoren der Regionalverbände auch Geschäftsführer von Nachbarschaftsverbänden, z.B. im Raum Stuttgart/Mittlerer Neckar.

Umlandverbände als Form der Nachbarschaftsverbände

Noch stärker der Regionalplanung vergleichbar sind **Umlandverbände**, z.B. der Umlandverband Frankfurt, der von der Stadtgrenze Wiesbadens im Westen bis an die Bayerische Landesgrenze im Osten, vom Hintertaunus im Norden bis vor die Tore Darmstadts im Süden reicht. Es ist offensichtlich, daß das gesetzliche Instrumentarium des Flächennutzungsplanes in einem solchen ca. 1400 qkm großen Gebiet an seine Grenzen stößt. Auch die erforderliche Integration der Interessen von 43 Städten und Gemeinden bedingt, daß Raumnutzungsplanungen mehr den Charakter eines koordinierenden Regionalplanes mit konzeptionellen Vorgaben für die Flächennutzungsplanung haben. Die Tätigkeiten dieser Verbände sind sehr umfangreich, auch der Bürger kommt häufig mit ihnen in Kontakt, wenn sie z.B. den öffentlichen Personennahverkehr betreiben oder andere kommunale Aufgaben übernehmen.

11.6 Fazit: Stellenwert grenzüberschreitender Planung

Grenzgefälle und grenzüberschreitende Aufgaben erfordern gemeinsame Lösungen, deren Planung auf allen Ebenen der Raumplanung zu finden ist. Die schwierigen rechtlichen, organisatorischen und fachlichen Probleme haben zu einer Vielzahl von Regelungen geführt, wobei vordergründig in Zweifel gezogen werden kann, ob die bisherigen Ergebnisse den Aufwand rechtfertigen, weil sie meist unverbindlichen Charakter haben. Doch gibt es keine Alternative zu dem ständigen Bemühen, Entwicklungen beiderseits von Grenzen zu harmonisieren und Grenzgefälle abzubauen, weil es sonst zu gegenseitigen Störungen und Raumnutzungskonflikten kommt.

Die Entwicklung von Zielen, das Aufstellen von gemeinsamen Plänen und Programmen oder die Abgabe von Stellungnahmen und Empfehlungen tendieren, formal betrachtet, zum kleinsten gemeinsamen Nenner und damit zu der räumlich und sachlich unbestimmtesten Formulierung. Doch belegt die Erfahrung, daß die ortsnahe grenzüberschreitende Perspektive häufig von höheren politischen Entscheidungsträgern akzeptiert und übernommen wird. Damit liegt die mittel- bis langfristige Wirkung grenzüberschreitender Planung für viele Sachbereiche weit über dem gemeinsamen Nenner.

Die grenzüberschreitende Planung ist, wie jede andere auch, die Suche nach einem Kompromiß. In Zeiten florierender wirtschaftlicher Entwicklungen ist dies einfacher als in rezessiven Phasen, in denen Verteilungskämpfe zwischen Körperschaften auf beiden Seiten einer Grenze die Suche nach gemeinsam getragenen Lösungen erschweren.

Anhang A — Organisation der Regionalplanung

	Träger der Regionalplanung	Aufgabenverständnis der Regionalplanung	Organe des Trägers
Baden-Württemberg	Regionalverbände	Eigenständige, kommunalverbandlich verfaßte Planungsstufe, getragen von den Stadt- und Landkreisen der Region	1. Verbandsversammlung (in Stuttgart: Regionalversammlung) 2. Verbandsvorsitzender
Bayern	Regionale Planungsverbände	Eigenständige, kommunalverbandlich verfaßte Planungsstufe, getragen von den Gemeinden und Landkreisen einer Region	1. Verbandsversammlung 2. Planungsausschuß 3. Regionaler Planungsbeirat 4. Verbandsvorsitzender Möglichkeit weiterer Organe
Brandenburg	Regionale Planungsgemeinschaften	Eigenständige, kommunalverbandlich verfaßte Planungsstufe	1. Regionalversammlung 2. Regionalvorstand
Hessen	Regionale Planungsversammlung gemeinsam mit dem Regierungspräsidenten als oberer Landesplanungsbehörde	Staatliche Aufgabe (unter Beteiligung der Gemeinden und Landkreise der Regionen)	Planungsversammlung, keine weiteren Organe, die Geschäftsführung obliegt der oberen Landesplanungsbehörde
Mecklenburg-Vorpommern	Regionale Planungsverbände	Eigenständige, kommunalverbandlich verfaßte Planungsstufe	1. Verbandsversammlung 2. Verbandsvorstand
Niedersachsen	Landkreise und kreisfreie Städte (Sonderfall: Zweckverband Großraum Hannover)	Kommunale und kommunalverbandliche Aufgabe in eigener Verantwortung	Organe der Landkreise und der Gemeinden
Nordrhein-Westfalen	Bezirksplanungsräte beim Regierungspräsidenten	Staatliche Aufgabe (unter Beteiligung der Gemeinden und Landkreise der Regionen)	Bezirksplanungsräte, keine weiteren Organe. Geschäftsführung durch die obere Landesplanungsbehörde
Rheinland-Pfalz	Planungsgemeinschaften	Auf die Kreise und kreisfreien Städte der Region übertragene staatliche Pflichtaufgabe	1. Regionalvertretung 2. Regionalvorstand
Saarland	keine institutionalisierte Regionalplanung, nur die – bislang nicht genutzte – Möglichkeit der		
Sachsen	Regionale Planungsverbände	Eigenständige, kommunal-verbandlich verfaßte Planungsstufe, getragen von den Stadt- und Landkreisen einer Region	1. Verbandsversammlung 2. Planungsausschuß 3. Verbandsvorsitzender
Sachsen-Anhalt	Regionale Planungsbeiräte	Staatliche Aufgabe unter Beteiligung der Landkreise und kreisfreien Städte	Bezirksplanungsräte, Geschäftsführung durch die obere Landesplanungsbehörde
Schleswig-Holstein	Landesplanungsbehörde	Staatliche Aufgabe (ohne Beteiligung anderer Gebietskörperschaften)	keine Organe
Thüringen	Planungsgemeinschaften	Eigenständige, kommunalverbandlich verfaßte Planungsstufe	1. Verbandsversammlung 2. Präsidium mit Präsidenten

in der Bundesrepublik Deutschland

Zusammensetzung des Trägers (Mitglieder)	Zahl der Regionen	Bezeichnung der Regionalpläne	Genehmigungs-behörde
Keine mitgliedschaftliche Organisation. In der Verbandsversammlung von den Kreis- und Gemeinderäten gewählte Mitglieder. Region Stuttgart mit unmittelbarer Wahl durch die Bevölkerung.	Verband Region Stuttgart und 11 Regionalverbände, davon Region Donau-Iller grenzüberschreitend gemeinsam mit Bayern	Regionalplan	oberste Landesplanungsbehörde
Mitglieder: kreisfreie Städte und Landkreise, soweit ihr Gebiet innerhalb der Region liegt	18 Planungsregionen, davon Donau-Iller gemeinsam mit Baden-Württemberg (grenzüberschreitend)	Regionalplan	oberste Landesplanungsbehörde
Landräte, Oberbürgermeister und Bürgermeister sowie von Kreistagen und Stadtverordnetenversammlungen gewählte Mitglieder	5 Regionen	Regionalplan	Landesplanungsbehörde
Mitglieder: von den Vertretungen der kreisfreien Städte und der Landkreise sowie der kreisangehörigen Gemeinden mit mehr als 50.000 Einwohnern und des Umlandverbandes Frankfurt gewählt	3 Planungsregionen, die drei Regierungsbezirke des Landes	Regionaler Raumordnungsplan	Landesregierung auf Vorlage der obersten Landesplanungsbehörde
Landräte und Oberbürgermeister der kreisfreien Städte, weitere gewählte Vertreter	4 Planungsregionen	Regionaler Raumordnungsplan	Landesregierung
entfällt, da Gebietskörperschaften mit eigener Organisation die Träger sind	47 regionale Planungsräume	Regionales Raumordnungsprogramm	obere Landesplanungsbehörde (Bezirksregierung)
Mitglieder: von den Vertretungen der kreisfreien Städte und Landkreise gewählte und berufene Personen	5 Planungsregionen, die 5 Regierungsbezirke des Landes	Gebietsentwicklungsplan	oberste Landesplanungsbehörde
Zusammenschlüsse der kreisfreien Städte und Landkreise der Region, Möglichkeit weiterer Mitglieder	5 Regionen als Planungsräume	Regionaler Raumordnungsplan	oberste Landesplanungsbehörde
Übertragung von Aufgaben auf Gemeindeverbände als Pflichtaufgabe			
Kreisfreie Städte und Landkreise der Planungsregion	5 Planungsregionen	Regionalplan	oberste Landesplanungsbehörde
durch Landkreise und kreisfreie Städte gewählte Mitglieder	3 Planungsregionen, die Regierungsbezirke	Regionales Entwicklungsprogramm	Beschluß der Landesregierung
entfällt	5 Planungsräume	Regionalplan	entfällt
Vertreter der Landkreise und kreisfreien Städte der Planungsregion	4 Planungsregionen	Regionaler Raumordnungsplan	oberste Landesplanungsbehörde

Anhang B: Organisation, Pläne und Programme der

	Baden-Württemberg	Bayern
Landesplanungsgesetz	Landesplanungsgesetz (LplG) vom 10.10.1983 i.d.F. vom 7.2.1994	Bayerisches Landesplanungsgesetz (BayLplG) vom 4.1.1982 i. d. F. vom 28.6.1990
Fundstelle der Grundsätze der Landesplanung	Landesentwicklungsplan gem. § 3 LplG	Art. 2 BayLplG
Fundstelle der Ziele der Landesplanung für Landesteile	Landesentwicklungsplan gem. § 3 LplG	Landesentwicklungsprogramm gem. Art. 13 BayLplG
Fundstelle der Ziele der Landesplanung für das gesamte Land	Landesentwicklungsplan Teil 3 und Regionalpläne gem. §§ 8 bis 11 LplG	Regionalpläne gem. Art. 17 BayLplG
Titel der aktuellen Pläne/ Programme des Landes	Landesentwicklungsplan 1983	Landesentwicklungsprogramm Bayern
Rechtsnatur des Plans/ Programms (nicht in jedem Fall gesetzlich geregelt)	Rechtsverordnung	Rechtsverordnung
Jahr der Aufstellung/ Verbindlicherklärung	1983	1994
Oberste Landesplanungsbehörde	Wirtschaftsminister	Staatsminister für Landesentwicklung und Umweltfragen
Obere/höhere Landesplanungsbehörde	Regierungspräsidenten	(Bezirks-)Regierungen
Untere Landesplanungsbehörde	entfällt	Landratsämter
Wichtigste Aufgaben der obersten Landesplanungsbehörde	Erarbeitung des Landesentwicklungsplanes, Mitwirkung bei der fachlichen Entwicklungsplanung, Verbindlicherklärung der Regionalpläne	Erarbeitung des Landesentwicklungsprogrammes, Mitwirkung bei fachlichen Planungen, Verbindlichkeitserklärung der Regionalpläne

Landesplanung in den Flächenländern. Teil 1

Brandenburg	Hessen	Mecklenburg-Vorpommern
Landesplanungsgesetz und Vorschaltgesetz zum Landesentwicklungsprogramm für das Land Brandenburg vom 6.4.1995, Landesplanungsvertrag mit Berlin	Hessisches Landesplanungsgesetz (HLPG) vom 4.7.1962 i. d. F. vom 15.10.1980	Gesetz über die Raumordnung und Landesplanung des Landes Mecklenburg-Vorpommern – Landesplanungsgesetz – vom 31.3.1992 i. d. F. vom 5.5.1994
§ 3 LaPlaG	Landesraumordnungsprogramm gem. § 2 HLPG	§ 1 und 2 LaPlaG
§ 4 LaPlaG, Landesentwicklungsprogramm und Landesentwicklungspläne	Landesentwicklungsplan gem. § 3 HLPG sowie reg. Raumordnungspläne	Landesraumordnungsprogramm
Landesentwicklungsprogramm und Landesentwicklungspläne gem. Landesplanungsvertrag	Regionale Raumordnungspläne gem. § 4 HLPG	Regionale Raumordnungsprogramme
in Erarbeitung	Landesentwicklungsprogramm und Landesentwicklungsplan (LEP) „Hessen 80" mit Durchführungsabschnitten	Erstes Raumordnungsprogramm für das Land Mecklenburg-Vorpommern 1993
Staatsvertrag	Landesraumordnungsprogramm: Gesetz / Landesentwicklungsplan: Rechtsverordnung	Rechtsverordnung
in Erarbeitung	1970, 1971 regionale Raumordnungspläne 1995	1993
Minister für Umwelt, Naturschutz und Raumordnung Landesplanungskonferenz	Minister für Landesentwicklung, Wohnen, Landwirtschaft, Forsten und Naturschutz	Minister für Bau, Landesentwicklung und Umwelt
entfällt	Regierungspräsidenten	Ämter für Raumordnung und Landesplanung
entfällt	entfällt	entfällt
Mitarbeit in der gemeinsamen Landesplanung mit Berlin, Einwirkung auf raumbedeutsame Planungen, Abstimmung mit Nachbarländern und -staaten	Erarbeitung der Landesentwicklungspläne, Koordination der Fachplanungen, Feststellung der regionalen Raumordnungspläne	Erarbeitung des Raumordnungsprogramms, Durchführung von Raumordnungsverfahren, Abgeben landesplanerischer Stellungnahmen

Anhang B: Organisation, Pläne und Programme der

	Niedersachsen	Nordrhein-Westfalen
Landesplanungsgesetz	Niedersächsisches Gesetz über Raumordnung und Landesplanung (NROG) i. d. F. vom 27.4.1994	Landesplanungsgesetz (LPlG) i. d. F. vom 29.6.1994
Fundstelle der Grundsätze der Landesplanung	Landesraumordnungsprogramm Teil I gem. § 4 NROG	Gesetz zur Landesentwicklung (Landesentwicklungsprogramm) vom 5.10.1989
Fundstelle der Ziele der Landesplanung für Landesteile	Landesraumordnungsprogramm Teil II gem. § 4 NROG	Landesentwicklungsplan gem. § 13 LPlG
Fundstelle der Ziele der Landesplanung für das gesamte Land	Regionale Raumordnungsprogramme gem. § 6 NROG	Gebietsentwicklungspläne gem. § 14 LPlG
Titel der aktuellen Pläne / Programme des Landes	Landesraumordnungsprogramm Niedersachsen 1994, Teil I und II	Landesentwicklungsplan Nordrhein-Westfalen (LEP NRW)
Rechtsnatur des Plans / Programms (nicht in jedem Fall gesetzlich geregelt)	Landesraumordnungsprogramm Teil I: Gesetz Teil II: Rechtsverordnung	Landesentwicklungspr.: Gesetz Landesentwicklungspläne: Rechtsverordnung
Jahr der Aufstellung / Verbindlicherklärung	1994	1995
Oberste Landesplanungsbehörde	Minister des Innern	Minister für Umwelt, Raumordnung und Landwirtschaft
Obere / höhere Landesplanungsbehörde	Bezirksregierungen	Regierungspräsidenten als Bezirksplanungsbehörden
Untere Landesplanungsbehörde	Landratsämter und kreisfreie Städte	Landkreise (Oberkreisdirektoren)
Wichtigste Aufgaben der obersten Landesplanungsbehörde	Erarbeitung des Landraumordnungsprogramms, Fachaufsicht über die nachgeordneten Landesplanungsbehörden	Erarbeitung der Landesentwicklungspläne, Genehmigung der Gebietsentwicklungspläne

Landesplanung in den Flächenländern. Teil 2

Rheinland-Pfalz	Saarland	Sachsen
Landesgesetz über Raumordnung und Landesplanung (Landesplanungsgesetz – LPlG) i. d. F. vom 8.4.1991	Gesetz Nr. 1333. Saarländisches Landesplanungsgesetz (SLPG) i. d. F. vom 27.4.1994	Gesetz zur Raumordnung und Landesplanung des Freistaates Sachsen (Landesplanungsgesetz – SächsLPlG) vom 24.6.1992 i. d. F. vom 6.9.1995
§ 2 LPlG	§ 2 SLPG und Landesentwicklungsprogramm gem. § 4 Abs. 1 SLPG	Landesentwicklungsplan Sachsen
Landesentwicklungsprogramm gem. § 10 LPlG	Landesentwicklungsprogramme und Landesentwicklungspläne gem. §§ 5 und 6 SLPG	Landesentwicklungsplan Sachsen
Regionale Raumordnungspläne gem. § 12 LPlG	Landesentwicklungsprogramme und Landesentwicklungspläne gem. §§ 5 und 6 SLPG	Regionalpläne
Landesentwicklungsprogramm III	Raumordnungsprogramm des Saarlandes, sachliche Raumordnungsteilpläne (Landesentwicklungspläne) – Saarausbau, (1977/78) – Umwelt, (1979/89/90) – Siedlung (Wohnen), (1979)	Landesentwicklungsplan Sachsen 1994
Regioneneinteilung: Gesetz Landesentwicklungsprogramm: Rechtsverordnung	Landesentwicklungsprogramme und Landesentwicklungspläne: Rechtsverordnung	Rechtsverordnung
1995	Raumordnungspr.: 1967–1975 Landesentwicklungspläne: s.o.	1994
Ministerpräsident (Staatskanzlei)	Minister für Umwelt	Staatsminister für Umwelt und Landesentwicklung
Bezirksregierungen	entfällt (einstufiges Planungssystem)	Regierungspräsidenten
Landratsämter	entfällt	Landkreise
Erarbeitung des Landesraumordnungsprogrammes, Koordination der raumwirksamen Planungen, Genehmigung der regionalen Raumordnungspläne	Aufstellung des Landesentwicklungsprogramms und der Landesentwicklungspläne	Aufstellung des Landesentwicklungsplanes, Erarbeitung der Landesentwicklungsberichte, Verbindlicherklärung der Regionalpläne

Anhang B: Teil 3

Sachsen Anhalt	Schleswig-Holstein	Thüringen
Vorschaltgesetz zur Raumordnung und Landesentwicklung des Landes Sachsen-Anhalt vom 2.6.1992 i. d. F. vom 17.12.1993	Gesetz über die Landesplanung (Landesplanungsgesetz) i. d. F. vom 6.3.1995	Thüringer Landesplanungsgesetz (ThLPlG) vom 17.7.91
Landesentwicklungsprogramm (= Artikel II Vorschaltgesetz)	Gesetz über Grundsätze zur Entwicklung des Landes i. d. F. vom 19.11.1985	§ 2 ThLPlG
Landesentwicklungsprogramm (= Artikel II Vorschaltgesetz)	Landesraumordnungsplan gem. § 5 Landesplanungsgesetz	Landesentwicklungsprogramm
Regionale Entwicklungsprogramme	Regionalpläne gem. § 6 Landesplanungsgesetz	Regionale Raumordnungspläne
Landesentwicklungsprogramm (= Artikel II Vorschaltgesetz) vom 2.6.1992 i. d. F. vom 17.12.1993	Landesraumordnungsplan 1979	Landesentwicklungsprogramm Thüringen
Gesetz	Rechtsverordnung	Rechtsverordnung
1992/3	1979	1993
Minister für Umwelt, Naturschutz und Raumordnung	Staatskanzlei, Abteilung Landesplanung	Minister für Wirtschaft und Infrastruktur
Bezirksregierungen	entfällt	Landesverwaltungsamt
Landkreise und kreisfreie Städte	entfällt	entfällt
Aufstellung des Landesentwicklungsprogramms, Abstimmung raumbedeutsamer Planungen und Maßnahmen	Aufstellung der Raumordnungspläne (Landesraumordnungsplan und regionale Raumordnungspläne)	Aufstellung des Landesentwicklungsprogramms, Verbindlicherklärung der regionalen Raumordnungspläne, Untersagung raumordnungswidriger Planungen und Maßnahmen usw.

Literaturhinweise

Kapitel 1
BÖKEMANN, D.: Theorie der Raumplanung. München und Wien 1982
BÖVENTER, E.v.: Standortentscheidung und Raumstruktur. Hannover 1979. Abhandlungen der Akademie für Raumforschung und Landesplanung Bd. 76
BOUSTEDT, O.: Grundriß der empirischen Regionalforschung. 4 Bde. Hannover 1975. Taschenbücher zur Raumplanung Bd. 4 – 7
Bundesforschungsanstalt für Landeskunde und Raumordnung (Hg.): Laufende Raumbeobachtung. Aktuelle Daten zur Entwicklung der Städte, Kreise, Gemeinden 1992/93. Bonn 1995. Materialien zur Raumentwicklung H. 67
Bundesminister für Raumordnung, Bauwesen und Städtebau (Hg.): Raumordnungsbericht 1993. Bonn-Bad Godesberg 1991. Deutscher Bundestag, 12. Wahlperiode, Drucksache 12/2143
CHRISTALLER, W.: Die zentralen Orte in Süddeutschland. Jena 1933. Ndr. Darmstadt 1980
DIETRICHS, B.: Die Theorie der zentralen Orte. In: Raumforschung und Raumordnung 24 (1966), S. 259–267
FRIEDRICHS, J./HÄUSSERMANN, H. (Hg.): Süd-Nord-Gefälle in der Bundesrepublik? Opladen 1986
GIESE, E.: Manuskript zur Vorlesung Anthropogeographie II: Regionalanalyse. Gießen 1977
HAGGETT, P.: Einführung in die kultur- und sozialgeographische Regionalanalyse. Berlin, New York 1973
HEINRITZ, G.: Zentralität und zentrale Orte. Stuttgart 1979. Teubner Studienbücher Geographie
KLEMMER, P.: Die Theorie der Entwicklungspole – strategisches Konzept für die regionale Wirtschaftspolitik? In: Raumforschung und Raumordnung 30 (1972), S. 102–107
LÖSCH, A.: Die räumliche Ordnung der Wirtschaft. 3. Aufl., Stuttgart 1962
Statistisches Bundesamt (Hg.): Statistisches Jahrbuch für die Bundesrepublik Deutschland 1996. Wiesbaden 1996
PERROUX, F.: Notes sur la notion des pôles de croissance. In: Economie Appliquée Bd. 8 (1955)

Kapitel 2
Akademie für Raumforschung und Landesplanung (Hg.): Regionalprognosen. Methoden und ihre Anwendung. Hannover 1988. Forschungs- und Sitzungsberichte Bd. 175
BUCHER, H./GATZWEILER, H.-P./SCHMALENBACH, I.: Das regionale Bevölkerungs-Prognosemodell der BfLR. In: Informationen zur Raumentwicklung 12.1984, S. 1129–1180
GREWE-WACKER, M.: Kleinräumige Bevölkerungsprognosen – Beitrag zur kommunalen Planung. In: Geographische Rundschau 37 (1985), S. 560–564
GEHMACHER, E.: Methoden der Prognostik. Eine Einführung in die Probleme der Zukunftsforschung und Langfristplanung. Freiburg 1971
HANSMANN, K.-W.: Kurzlehrbuch Prognoseverfahren. Wiesbaden 1983
MÜLLER, J. H.: Methoden zur regionalen Analyse und Prognose. Hannover 1983. Taschenbücher zur Raumplanung Bd. 1
SCHWARZ, K.: Methoden der Bevölkerungsvorausschätzung unter Berücksichtigung regionaler Gesichtspunkte. Hannover 1975. Taschenbücher zur Raumplanung Bd. 3

Kapitel 3
EVERS, H.-U.: Das Recht der Raumordnung. München 1973
Sachverständigenausschuß für Raumordnung: Die Raumordnung in der Bundesrepublik Deutschland. Stuttgart 1961
UMLAUF, J.: Zur Entwicklungsgeschichte der Landesplanung und Raumordnung. Hannover 1986. Veröffentlichungen der Akademie für Raumforschung und Landesplanung, Abhandlungen Bd. 90
WURMS, C.: Raumordnung und Territorialplanung in der DDR. Dortmund 1976. Dortmunder Beiträge zur Raumplanung Bd. 2

Kapitel 4
BENZING, A./GAENTSCH, G./MÄDING, E./TESDORPF, J.: Verwaltungsgeographie. Grundlagen, Aufgaben und Wirkungen der Verwaltung im Raum. Köln 1978
BIELENBERG, W./ERBGUTH, W./SÖFKER, W.: Raumordnungs- und Landesplanungsrecht des Bundes und der Länder. Ergänzbarer Kommentar und systematische Sammlung der Rechts- und Verwaltungsvorschriften. Berlin. Stand: 25. Lieferung Okt. 1992
BULLING, M. : Der Aufbau der deutschen Verwaltung. In: KAISER, J. H. (Hg.): Verwaltung und Verwaltungswissenschaften in der Bundesrepublik Deutschland. Baden-Baden 1983. S. 50–59
FÜRST, D./HESSE, J. J.: Landsplanung. Düsseldorf 1981. Schriften zur Innenpolitik und Verwaltungswissenschaft Band 1

Kapitel 5
Bundesforschungsanstalt für Landeskunde und Raumordnung (Hg.): Atlas zur Raumentwicklung Bd. 9: Benachteiligte Gebiete. Bonn-Bad Godesberg 1982
Bundesminister für Raumordnung, Bauwesen und Städtebau (Hg.): Indikatoren zur Raum- und Siedlungsstruktur im bundesweiten Vergleich (Indikatorenkatalog). Bonn-Bad Godesberg 1983

Kapitel 6

Akademie für Raumforschung und Landesplanung (Hg.): Funktionsräumliche Arbeitsteilung. Teil I: Allgemeine Grundlagen. Hannover 1981. Forschungs- und Sitzungsberichte Bd. 138. Teil II: Ausgewählte Vorrangfunktionen in der Bundesrepublik Deutschland. Hannover 1984. Forschungs- und Sitzungsberichte Bd. 153. Teil III: Konzeptionen und Instrumente. Hannover 1986. Forschungs- und Sitzungsberichte Bd. 167

Akademie für Raumforschung und Landesplanung (Hg.): Gleichwertige Lebensbedingungen durch eine Raumordnungspolitik des mittleren Weges. Hannover 1983. Forschungs- und Sitzungsberichte Bd. 140

DIETRICHS, B.: Konzeptionen und Instrumente der Raumplanung. Eine Systematisierung. Hannover 1986. Veröffentlichungen der Akademie für Raumforschung und Landesplanung, Abhandlungen Bd. 89

DÖHNE, U./GRUBER, R.: Gebietskategorien, Zentrale Orte, Entwicklungsachsen und Entwicklungsschwerpunkte in den Bundesländern. Dortmund 1976. Schriftenreihe Landes- und Stadtentwicklungsforschung des Landes Nordrhein-Westfalen, Reihe Landesentwicklung Bd. 1.009

HOWARD, E.: Garden Cities of Tomorrow. London 1898. Dt.: Howard, E.: Gartenstädte in Sicht. Jena 1907

ISBARY, G./v.d. HEIDE,H.-J./MÜLLER, G.: Gebiete mit gesunden Strukturen und Lebensbedingungen. Merkmale und Abgrenzung. Hannover 1969. Akademie für Raumforschung und Landesplanung, Abhandlungen Bd. 57

KLEMMER, P.: Die Theorie der Entwicklungspole – strategisches Konzept für die regionale Wirtschaftspolitik? In: Raumforschung und Raumordnung 30 (1972), S. 102–107

KLUCZKA, G.: Zentrale Orte und zentralörtliche Bereiche mittlerer und höherer Stufe in der Bundesrepublik Deutschland. Bonn-Bad Godesberg 1970. Forschungen zur deutschen Landeskunde Bd. 194

MARX, D.: Zur Konzeption ausgeglichener Funktionsräume als Grundlage einer Regionalpolitik des mittleren Weges. In: Akademie für Raumforschung und Landesplanung (Hg.): Ausgeglichene Funktionsräume. Hannover 1975. Forschungs- und Sitzungsberichte Bd. 94. S. 1–18

PAPP, A.v.: Das Planungsphantom „Entwicklungsachsen". In: Raumforschung und Raumordnung 35 (1977), S. 15–18

WAHL, R.: Rechtsfragen der Landesplanung und Landesentwicklung. 2. Band: Die Konzepte zur Siedlungsstruktur in den Planungssystemen der Länder. Berlin 1978

Kapitel 7

BRENKEN, G.: Das Bundesraumordnungsprogramm. Entstehung, Inhalt und Bedeutung. In: Raumforschung und Raumordnung 33 (1975), S. 103–111

Bundesminister für Raumordnung, Bauwesen und Städtebau (Hg.): Raumordnungsprognose 1990. Aktualisierte Prognose der Bevölkerung und der Arbeitsplatzzahl in den 38 Gebietseinheiten der Raumordnung für die Jahre 1980, 1985 und 1990. Bonn-Bad Godesberg 1977. Schriftenreihe „Raumordnung" des BMBau Bd. 06.012

Bundesminister für Raumordnung, Bauwesen und Städtebau (Hg.): Programmatische Schwerpunkte der Raumordnung. Bonn-Bad Godesberg 1983. Schriftenreihe „Raumordnung" des BMBau Bd. 06.057

Bundesminister für Raumordnung, Bauwesen und Städtebau (Hg.): Raumordnerisches Konzept für den Aufbau in den neuen Ländern. Bonn 1991

Bundesminister für Raumordnung, Bauwesen und Städtebau (Hg.): Raumordnungspolitischer Orientierungsrahmen. Bonn 1993

Ministerkonferenz für Raumordnung (MKRO): Raumordnungsprogramm für die großräumige Entwicklung des Bundesgebietes (Bundesraumordnungsprogramm). Bonn 1975. BT-Drucks. 7/3584 vom 30.4.1975. Schriftenreihe „Raumordnung" des BMBau, Bd. 06.002

SEIFERT, V.: Regionalplanung. Braunschweig 1986. Das Geographische Seminar

SUDEROW, W.: Rechtsprobleme des Bundesraumordnungsprogramms. Münster 1975. Beiträge zum Siedlungs- und Wohnungswesen und zur Raumplanung Bd. 18

WILLE, E. (Hg.): Öffentliche Planung auf Landesebene. Frankfurt 1986. Staatliche Allokationspolitik im marktwirtschaftlichen System Bd. 15

Kapitel 8

BRÖSSE, U.:Raumordnungspolitik. 2. Aufl. Berlin, New York 1982, insbes. S. 105–142

BRUDER, W.: Wie wirksam sind die Instrumente der Raumordnungspolitik? Steuerungspotentiale und ihre Defizite. In: Der Bürger im Staat 31 (1981), S. 189–193

SCHARPF, F. W./SCHNABEL, F.: Steuerungsprobleme der Raumplanung. In: BRUDER, W./ELLWEIN, T. (Hg.): Raumordnungspolitik und staatliche Steuerungsfähigkeit. Opladen 1980. Politische Vierteljahresschrift, Sonderheft 10., S. 12–57

Kapitel 9

Akademie für Raumforschung und Landesplanung (Hg.): Grundriß der Stadtplanung. Hannover 1983

ALBERS, G.: Stadtplanung. Eine praxisorientierte Einführung. Darmstadt 1988

BRAAM, W.: Stadtplanung. Düsseldorf 1987

BRÖLL, H./DÖLKER, W./JÄDE, H.: Das neue Baugesetzbuch. Eine praxisbezogene Darstellung des öffentlichen Baurechts. Loseblattsammlung, Stand 29. Lieferung 1996

HOTZAN, J.: dtv-Atlas zur Stadt. München 1994

TEMLITZ, K.: Stadt und Stadtregion. Braunschweig 1982. Raum und Gesellschaft H. 1

VOGT, J.: Integrierende Bauleitplanung. Melle 1988

Kapitel 10
BENDER, B./SPARWASSER, R.: Umweltrecht. Heidelberg 1990
HAHN, K.-G.: Das Recht der Landschaftsplanung. Bestandsaufnahme, Würdigung und Fortentwicklungsmöglichkeiten. Münster 1991
NEEF, E u. V. (Hg.): Sozialistische Landeskultur. Leipzig 1977
STRAUCH, V.: Verbesserung des Instrumentariums der Landschaftsplanung. In: Geographische Rundschau 41 (1989), S. 38–43

Kapitel 11
ARNOLD-PALUSSIÈRE, M.: Die grenzüberschreitende regionale Zusammenarbeit auf dem Gebiet der Raumordnung. Fallstudie für das Rheintal. Hannover 1983. Beiträge der ARL Bd. 71
BAHR, G.: Raumordnungsvorstellungen der vier norddeutschen Länder. Hannover 1976. Deutscher Planungsatlas Bd. 7, Lfg. 11
BLEICHER, R.: Staatsgrenzen überschreitende Raumordnung und Landesplanung. Bestandsaufnahme, rechtliche Würdigung und Möglichkeiten der Fortentwicklung. Münster 1981. Beiträge zum Siedlungs- und Wohnungswesen und zur Raumplanung Bd. 67
BREUER, H.: Grenzgefälle – Hemmungs- oder Anregungsfaktoren für räumliche Entwicklungen. In: Aachener Geographische Arbeiten 14, II., S. 425–436
GALLUSSER, W.A./MUGGLI, H.W.: Grenzräume und internationale Zusammenarbeit. Beispiel: Region Basel. Paderborn 1980. Fragenkreise Bd. 42
ISTEL, W./ROBERT, J.: Raumordnung beiderseits der Grenze der Bundesrepublik Deutschland zu den Nachbarstaaten der europäischen Gemeinschaften sowie der Schweiz und Österreich – unter besonderer Berücksichtigung der Zentren und Achsen. 2 Bde. Hannover 1982. Beiträge der ARL Bd. 59/60
SCHMIT, G.: Der Saar-Lor-Lux-Raum. Köln 1989. Problemräume Europas Bd. 8
TROEDER, W.: Entwicklung von Grenzregionen im Bundesstaat durch ländergrenzüberschreitende Raumplanung. Frankfurt 1984

Allgemeine Literatur zum gesamten Themenkomplex
Akademie für Raumforschung und Landesplanung (Hg.): Grundriß der Raumordnung. Hannover 1982
Dies Handbuch ist – gemeinsam mit dem in Kapitel 9 genannten „Grundriß der Stadtplanung" – das einzige umfassende Lehrbuch zur Raumplanung. Es wurde von zahlreichen Fachvertretern gemeinsam erarbeitet. Mit der Einschränkung, daß Bezüge zu Gesetzen, Plänen und Programmen vielfach überholt sind, ist es eine immer noch sehr brauchbare systematische Darstellung.

Akademie für Raumforschung und Landesplanung (Hg.): Handwörterbuch der Raumforschung und Raumordnung. 3 Bde. 2. Aufl. Hannover 1970
Dieses Handbuch wird trotz seines Alters genannt, da es sich in Ermangelung neuerer entsprechend guter Fachwörterbücher noch großer Beliebtheit erfreut.
Akademie für Raumforschung und Landesplanung (Hg.): Daten zur Raumplanung. Teil A: Allgemeine Grundlagen und Gegebenheiten. Hannover 1981. Teil B: Überfachliche raumbedeutsame Planung. Hannover 1983. Teil C: Fachplanungen und Raumordnung. Hannover 1989
Diese umfangreiche Loseblattsammlung ist als Nachschlagewerk für Zahlen, Richtwerte usw. konzipiert und enthält daneben auch zahlreiche systematische Übersichten. Während erstere schnell veralten, sind letztere nach wie vor eine ausgezeichnete, weil kurze und zuverlässige Informationsgrundlage.
BIELENBERG, W./ERBGUTH, W./SÖFKER, W.: Raumordnungs- und Landesplanungsrecht des Bundes und der Länder. Ergänzbarer Kommentar und systematische Sammlung der Rechts- und Verwaltungsvorschriften. Berlin. Stand: 25. Lfg. Okt. 1992
Gesetzessammlungen sind im Bereich der Raumplanung die wichtigste Quelle. Die genannte enthält in der Textsammlung (Bd. 1) die wichtigsten Rechtsnormen von Bund und Ländern und in Bd. 2 einen Kommentar.
BORSDORF, A./FRANTZOK, K./KORBY, W./ROSTOCK, U.: Raumplanung und Stadtentwicklung in Deutschland. Stuttgart u.a. 1993. Arbeitshefte Geographie S II sowie
BORSDORF, A./FRANTZOK, K./KORBY, W./ROSTOCK, U.: Stundenblätter Raumplanung und Stadtentwicklung in Deutschland. Sekundarstufe II. Stuttgart, Dresden 1993. Stundenblätter Geographie
Erste geschlossene didaktische Aufbereitung des Stoffes auf aktuellem Stand in Form von fertigen Stundenentwürfen für die Hand des Lehrers (Stundenblätter). Die Arbeitsmaterialien für Schüler sind im zugehörigen Arbeitsheft enthalten, das aber auch autodidaktisch durchgearbeitet werden kann.
BRÖSSE, U.: Raumordnungspolitik. 2. Aufl. Berlin 1982
Dieses ursprünglich aus einem Taschenbuch hervorgegangene Lehrbuch informiert knapp und übersichtlich über die Raumordnungspolitik. Dadurch liegt das Schwergewicht auf der Zielformulierung sowie der Darstellung der Mittel, mit denen plan- bzw. programmkonformes Verhalten privater Investoren erreicht werden kann. Der hohe Abstraktionsgrad führt dazu, daß das Buch größtenteils noch nicht veraltet ist.
ERBGUTH, W.: Raumordnungs- und Landesplanungsrecht. Köln u.a. 1983. Studienreihe Wahlfach Bd.9
Diese systematische und vergleichende Darstellung des Raumordnungs- und Landesplanungsrechts erfreut sich wegen ihrer synoptischen Tafeln großer Beliebtheit. Da jedoch viele Rechtsgrundlagen in den zurück-

liegenden zehn Jahren verändert wurden und auch die neuen Länder hinzugetreten sind, ist eine Novellierung ein dringendes Desiderat. Wer anhand der ERBGUTH-schen Schemata unter Zuhilfenahme einer Gesetzessammlung diese selbst vornimmt, arbeitet sich am zuverlässigsten in die Thematik ein.

FÜRST, D./HESSE, J.J.: Landesplanung. Düsseldorf 1981. Schriften zur Innenpolitik und Verwaltungswissenschaft Bd. 1

Für den Bereich der Landesplanung in Deutschland ist dieses kleine Handbuch der empfehlenswerteste Einstieg. Jedoch leidet auch er mittlerweile unter der zwischenzeitlichen Novellierung vieler Grundlagen sowie der Erweiterung um die beigetretenen Länder.

HUBER, B. (Hg.): Städtebau – Raumplanung. 2 Bde. Zürich und Stuttgart 1992

Diese zweibändige Materialsammlung aus dem Institut für Orts-, Regional- und Landesplanung der ETH Zürich ist zwar auf die Ausbildung von Schweizer Planern hin angelegt, doch führt das starke föderative Element in beiden Ländern zu ähnlichen Problemen und viele allgemeine Beiträge gelten unverändert für die Bundesrepublik Deutschland.

SCHÄFERS, B. (Hg.): Gesellschaftliche Planung. Materialien zur Planungsdiskussion in der BRD. Stuttgart 1973

Diese Aufsatzsammlung entstammt der Blütezeit der Planungsdiskussion in der Bundesrepublik Anfang der siebziger Jahre und ist in vielen planungstheoretischen Teilen immer noch mit Gewinn zu lesen.

SCHLIEBE, K.: Raumordnung und Raumplanung in Stichworten. Unterägeri 1985. Hirts Stichwortbücher

HIRTs Stichwortbücher sind sehr komprimierte Darstellungen, die wegen ihres Stichwortcharakters zuweilen mehr additiv aneinanderreihend und weniger verknüpfend wirken. Auch dieser Band enthält auf wenig Raum eine knappe Darstellung der gesamten Raumplanung Deutschlands sowie wichtiger Nachbarstaaten.

SPITZER, H.: Raumnutzungslehre. Stuttgart 1991

Dieses Lehrbuch eines Hochschullehrers für landwirtschaftliche Betriebslehre untersucht Einflußfaktoren auf die Raumnutzung und entwirft eine Raumnutzungstheorie. Damit werden für die Raumplanung wesentliche Grundlagen in einer anschaulichen und durch viele Beispiele belegten Form erarbeitet.

SPITZER, H.: Einführung in die räumliche Planung. Stuttgart 1995

Diese sehr aktuelle Monographie legt ihren Schwerpunkt auf die wichtigsten Fachplanungen und ist damit eine sinnvolle Ergänzung zum vorliegenden Buch mit seinem Schwerpunkt auf den räumlichen Gesamtplanungen. Das Buch ist eine aktuelle, gut lesbare und zuverlässige, also sehr empfehlenswerte Einführung.

Hinweis:

Der Verlag hat sich nach bestem Wissen und Gewissen bemüht, alle Inhaber von Urheberrechten an Abbildungen zu diesem Werk ausfindig zu machen. Sollte das in irgendeinem Fall nicht korrekt geschehen sein, bitten wir um Entschuldigung und bieten an, ggf. in einer nachfolgenden Auflage einen korrigierten Quellennachweis zu bringen.